어떻게 고양이를 끌어안고
통닭을 먹을 수 있을까

어떻게 고양이를 끌어안고
통닭을 먹을 수 있을까

Once Upon a Time We Ate Animals

로아네 판 포르스트 지음

박소현 옮김

프런티어

내가 미처 알지 못했던 것을 줄곧 알고 있었던 리세트와
내 상상을 훌쩍 뛰어넘어 더 많은 것들에 눈뜨게 될 페데에게
이 책을 바친다

일러두기

'plant-based'는 함께 어울려 쓰이는 명사의 의미와 문맥에 따라 '식물 위주,
식물 기반, 식물성' 등으로 옮겼다.

———

미래는 이미 와 있다. 다만 고루 퍼지지 않았을 뿐이다.

- 윌리엄 깁슨 -

———

중요한 건 새로운 생각 자체가 아니라 낡은 생각에서 벗어나는
일이다.

- 존 메이너드 케인스 -

차례

세상에 없던 색을 만들어내는 방법

300년 전, 계몽주의가 태동하면서 누군가를 마녀로 몰아 화형하거나 신념이 다르다는 이유로 단죄하는 행위가 불법이 됐다. 150년 전쯤, 전 세계에서 노예제가 폐지되면서 남을 이용하거나 학대하거나 인두로 낙인찍거나 강제로 감금하는 행위가 불법이 됐다. 100년 전쯤, 서구 민주주의 사회에서는 여성이 선거권을 획득하면서 공식적으로 남성과 동등한 지위를 얻게 됐다. 그리고 지금, 여러분과 나도 이에 못지않게 중대하고도 파란만장한 격동의 시대를 살고 있다.

여러분이 이 책을 읽고 있는 '지금 이 순간'에도 엄청난 사회적·경제적·문화적 격변이 일어나고 있으며, 이로 인해 우리 시대는 역사에 한 획을 그을 것이다. 이 새로운 변화는 전 세계적으로 일어나고 있으며, 머지않아 여러분에게도 느닷없이 닥칠 것이다. 여러분이 구매하는 물건, 직업, 자녀 양육법, 심지어는 사고방식과 감정에서도 그 변화를 감지하게 될 것이고, 그 단계에 이르면 사실은 아무것도 달라진 게 없다는 듯 변화가 일상으로 자리 잡을 것이다.

우리 시대에는 동물에게 불필요한 고통을 가하는 일이 전세계 대부분의 나라에서 사라지게 될 것이다. 육류를 비롯한 동물성 제품을 이용하고 소비하는 행태가 지금 당장 없어지지는 않을지라도 앞으로 더욱더 드물어질 것이며, 가격 또한 더 크게 오를 것이다. 그것은 많은 사람들이 거부하게 될 선택지, 즉 규범(norm)에서 벗어난 선택지가 될 것이다. 여러분이 지지하든 반대하든 이 엄청난 변화는 이미 일어나고 있다. 우리는 그 한복판에 놓여 있기에 이 변화를 막을 수 없다.

여러분이 지금 푸른 언덕배기에서 거대하고 육중한 바위를 옮기려 갖은 애를 쓰고 있다고 생각해보자. 발뒤꿈치는 잔디에 단단히 고정시키고 아랫배와 양 다리에 바짝 힘을 준 채 양손으로 바위를 밀어낸다. ⋯⋯그래 봐야 소용없다. 바위는 꿈쩍도 않는다. 여러분은 욕을 내뱉고 거친 숨을 몰아쉬며 탄식한다. 그렇게 털끝만큼도 움직이지 않을 거라 생각하던 그 순간에, 별안간 바위가 조금씩 움직이기 시작한다. 용케도 티핑 포인트(tipping point, 급격한 변화가 시작되는 임계점-옮긴이)를 찾아낸 것이다. 처음엔 서서히 구르는가 싶더니 조금씩 빨라지다가 이제는 그 누구도 멈출 수 없을 만큼 급속도로 굴러 내려간다. 마찬가지로 우리도 이 티핑 포인트에 다다랐다. 우리는 이제 곧 더디게 진행되다가 급속도로 빠르게 번져가는, 더는 멈출 수 없는 사회 운동을 목도하게 될 것이다.

'뉴노멀'로 떠오른 비거니즘

비거니즘(veganism, 단순히 동물성 음식을 먹지 않는 식습관이 아니라 동물 학대와 착취로 얻은 유무형의 모든 생산물에 반대하는 철학·운동·생활 방식-옮긴이)은 전 세계에서 급성장하고 있는 사회 운동 중 하나다. 앞으로 육류와 유제품 소비가 크게 줄어들고 육식이 사회적 금기가 될지도 모른다고 예측하는 과학자와 미래학자 들이 많아지고 있다. 비거니즘이 기후 변화에 맞서기 위한 최후의 선택지 중 하나라는 목소리도 점점 더 커지고 있다. 1990년대에는 육류·유제품을 먹지 않거나 동물성 제품을 전혀 이용하지 않는 사람, 즉 비건(vegan, 채소와 과일, 해초 등 식물성 음식만 먹는 사람. 채식의 단계 중 가장 엄격한 단계로 '채식주의자'라는 용어과 구별해 사용한다-옮긴이)이 전 세계적으로 약 100만 명이었다. 동물의 처지가 딱해서라는 게 주된 이유였지만 환경이나 건강에 해롭다고 생각하는 사람들도 있었다. 2015년에는 그 수가 최소 100배 증가했고, 일각에서는 7억 5,000만 명에 육박하는 것으로 보고 있다.

2008년, 벨기에의 헨트(Ghent)시는 유럽 최초로 학교 및 공공기관에서 일주일 중 하루는 고기를 먹지 않는 '고기 없는 날'을 정하도록 했다. 이 발상은 이미 미국에서 관심을 끈 바 있다. 헨트에 뒤이어 영국에서도 고기 없는 날이 생겼다. 2019년에는 전 세계 40개 도시가 동참했고, 그 수는 지금도 계속 느는 중이다.

호주는 21세기 초만 해도 전 세계에서 고기를 가장 많이 소비하는 나라였지만, 2018년에는 비건 시장이 폭발적으로 급성장했다.[1] 스테이크가 아닌 콩을 택하는 호주인들은 점점 더 늘고 있다. 현재 호주는 아랍에미리트와 중국에 이어 비건이 세 번째로 많은 나라다.

미국에서는 최근 들어 대체육(맛이나 식감이 닭가슴살과 비슷한 식물성 고기와 콩버거 같은 식품) 판매량이 크게 증가했을 뿐 아니라 코코넛 요구르트, 아몬드 우유 같은 대체 유제품 판매량도 크게 치솟았다.[2] 2016년에는 이 대체 식품들이 우유맛(milk-style) 음료 중 25퍼센트를 차지했지만, 2021년에는 40퍼센트를 차지할 것이라는 전망도 있었다.[3] 반면, 우유 판매량은 폭락했다. 미국 최대 낙농업 협동조합이자 미국에서 소비되는 우유의 30퍼센트를 납품하는 미국 낙농업자협회(Dairy Farmers of America)의 2018년도 매출은 전년도에 비해 10억 달러 줄어들었다.[4] 이는 미국에만 국한된 현상이 아니다. 네덜란드, 영국, 독일, 호주, 이탈리아, 캐나다에서도 뚜렷하게 나타난다. 2019년 1월, 캐나다 식품검사청(the Canadian Food Inspection Agency)은 새로 다듬은 '전국민보건지침'에서 동물성 단백질을 '적게 섭취하라'고 권고했다.[5] 이들이 대신 권장한 것은 바로 단백질이 풍부한 식물성 식품이다.

동물성 제품의 수요가 급격하게 폭락하면서 전 세계 달걀 생산업계도 그 여파를 실감하기 시작했다. 미국의 거대 달걀 생산업체인 칼메인푸드(Cal-Maine Foods)는 최근 10년 만에 처음으로 연간 손실을 기록했다고 보고했다. 주식도 급락했다. 이 기업의 최고경영자는 이런 현상을 달걀 대체 식품의 인기가 높아진 탓으로 본다.

그런 의미에서 똑똑한 기업가라면 넛치즈(Nut cheese, 견과류로 만든 식물성 치즈-옮긴이) 같은 비건 식품업계에 투자해 더 짭짤한 수익을 거둘 것이다. 비건 식품 산업은 2024년에 전 세계 시장 가치가 5백억 달러에 달하고 연간 성장률도 약 8퍼센트를 달성할 것으로 전망된다.[6] 아니면 귀리·콩·쌀·아몬드 등으로 만든 우유맛 대체품에 투자하는 것도 방법이다. 미국 동부에서 가장 역사가 오래된 낙농업체 중 하나인 엘름허스트(Elmhurst)는 최근 창립 92주년을 맞아 식물성 우유를 중심으로 방향을 전환하기로 했다. 향후 손실을 막아줄 최선책이라는 게 최고경영자가 전한 이유다.

대체육 역시 판매 호조를 보이고 있다. 실상 전통적인 육류 생산업체들이 비건 기업들을 인수하며 일제히 투자에 나서고 있을 정도로 판매 실적이 크게 늘었다. 일례로 미국 최대 육류 생산업체인 타이슨푸드(Tyson Foods)는 미국 시장에서 가장 큰 인기를 얻고 있는 대체육 브랜드인 비욘드미트(Beyond Meat)에 일찌감치 투자한 상황이다. 캐나다 최대의 육류 유통업체인 메이플리프푸드(Maple Leaf Foods)는 유명 식물성 식품 브랜드인 필드로스트앤라이트라이프푸드(Field Roast and Lightlife Foods)를 인수했다. 세계 최대의 식음료 기업인 네슬레(Nestle)는 식물성 식품 전문 기업(이자 버거킹의 전 최고경영자가 설립한 회사)인 스위트어스푸드(Sweet Earth Foods)를 인수했다. 다논(Donone)은 식물성 식품업계 선구자인 화이트웨이브푸드(WhiteWave Foods)를 인수했고, 유니레버(Unilever)는 베지테리언부처(Vegetarian Butcher)를 인수했다.

네덜란드 신문 〈데폴크스크란트(De Volkskrant)〉는 100만 달러 규모에 달하는 유니레버의 인수 합의를 두고 "대체육 부흥"의 상징적 사례로 꼽았으며, 이제 다국적 회사들과 "육류 생산업체들까지" 채식 시장에 뛰어들기 시작했다고 강조했다.[7] 세계적인 비즈니스 잡지인 〈포브스(Forbes)〉는 "비건 사업으로 전향해야 하는 이유"라는 표제를 내걸고 식물성 열풍에 합류하라고 서슴없이 조언했다.

식물 기반 라이프스타일의 도래

대전환을 맞이한 건 관련 업계만이 아니다. 개인들도 의미심장한 변화를 경험하고 있다. 최근 미국인 중 39퍼센트는 플렉시테리언(flexitarian, 채식주의를 지향하지만 상황에 따라 유연한 채식을 실천하는 사람-옮긴이)이 되거나 일부러 고기를 줄였다. 건강에 더 좋다는 게 주된 이유다. 이들은 기존에 먹던 돼지고기와 소고기를 비욘드미트의 비욘드소시지(Beyond Sausage)로 대체했는데, 이 식물성 소시지는 돼지고기와 점성이 비슷하면서도 지방 및 나트륨 함량은 적고, 단백질은 실제 고기보다 더 많이 함유돼 있다. 같은 회사의 또 다른 제품인 비욘드버거(Beyond Burger)도 인기 있는 대체품이다. 거대 육가공업체인 타이슨 푸드와 빌 게이츠(Bill Gates), 레오나르도 디캐프리오(Leonardo DiCaprio), 트위터 공동 창립자인 비즈 스톤(Biz Stone)과 에반 윌리엄스(Evan Williams) 등이 이 두 제품을 생산하는 비욘드미트의 주주로 포진해 있다.

소시지 사랑으로 유명한 독일에서는 2018년에 소비자의 41퍼센트가 전년도보다 육류 섭취량이 줄었다(대체육 섭취량은 늘었다). 같은 해 네덜란드인들은 대체육에 8,000만 유로를 썼다. 10년 전만 해도 6,200만 유로에 불과했으니, 연구자들은 몇 년 후면 더 많은 네덜란드 소비자들이 식물성 대체품으로 옮겨갈 것으로 예측하고 있다.

이 예측은 실현 가능성이 크다. 엄격하든 유연하든 식물성 식단을 따르는 사람은 대게 젊은 세대고 장차 이들이 식료품의 주 소비자가 될 것이기 때문이다. 2017년, 영국의 비건 가운데 42퍼센트는 15~34세였다.[8] 호주의 비건은 대다수가 밀레니얼 세대다. 그 외 나라들에서도 채식주의자(vegetarian, 식물 위주 식단을 섭취하는 사람. 동물성 식품을 어느 단계까지 섭취하느냐에 따라 7가지 단계로 나뉜다-옮긴이)와 비건의 절대 다수가 새롭게 등장한 세대다. 식물성 식단을 택하는 어린이와 청소년들도 점차 느는 추세다. 기후를 걱정하거나 동물 식용에 반대한다는 게 그 이유다. 단순히 대체육과 대체 유제품의 맛이 좋아서라는 이유도 있다. 동물성 식품을 섭취하는 기존 소비자들이 식물성 식단을 따르는 젊은 인구보다 더 많다 보니 지금 당장은 '식물 기반 라이프스타일(A plant-based lifestyle)'이 사회적 규범으로 자리 잡지 못하고 있지만, 이처럼 눈에 보이는 통계상 변화는 비건 시장이 곧 폭발적으로 성장할 것임을 시사한다.

이 책에서 나는 가까운 미래에 실현될 생활 방식의 변화상을 보여주려 한다. 나는 미래 세계를 그려 보여줄 것이다. 먼 미래가 아니다. 여러분과 여러분의 자녀들이(자녀가 있든 자녀를 가질 계획이 있든) 살아생전에 경험하게 될 미래다. 이 미래는 여러분이 지금까지 살아온 세상과는 많은 측면에서 판이할 것이다. 지금까지와는 다른 방식으로 먹고 일하고, 지금까지와는 다른 물건을 사용하고 다른 반려동물을 키우게 될 미래는 생각보다 훨씬 더 빨리 당도할 것이다. 그리고 무엇보다도, 우리가 알고 있는 선악의 개념이 달라질 것이다.

'착한 우유'는 없다

우리가 나이를 먹고 이 변화들을 되돌아보면 너무도 오랜 시간이 걸렸다는 생각에 한숨을 내쉴지도 모를 일이다. 정말이지 너무도 오래 걸렸다. 우리는 우리 사회가 동물과 지구를 함부로 대한다는 사실을 오래전부터 알고 있었다. 다큐멘터리와 온라인 영상으로 접하고 책과 신문에서 읽었지만 대다수는 알면서도 손놓고 구경만 했다.

나도 죄책감을 느낀다. 나는 열여섯 살 때 채식주의자가 됐다. 고기는 끊었지만 유제품과 달걀은 계속 먹었고 가죽과 그 밖의 동물성 제품도 썼다. 고기를 더는 입에 대고 싶지 않았던 건 동물을 사랑해서였고, 먹어보니 맛이 좋더라는 이유로 동물을 죽이고 싶지 않았기 때문이다. 하지만 솔직히 말하면 학교에 같이 다니는 친구들과 '다른' 사람이 되고 싶기도 했다. 채식주의는 나만의 정체성을 만들어나가는 방식이자 내 맘대로 만들어낸 일종의 자선 활동이었다. 누군가 자선 활동으로 노인들을 돌본다면, 나는 야식으로 케밥이 아닌 구운 치즈 샌드위치를 먹겠다는 식이었다. 나는 이를 대단한 희생으로 여겼고, 이런 선행을 베풀었으니 식품의 생산부터 가공·소비·폐기에 이르는 복잡다단한 과정은 굳이 알지 않아도 된다고 생각했다. 아니면 너무 어려서 단순히 고기를 끊는 것만으로는 앞서 내가 그토록 열변을 토하며 말한 문제들을 전부 해결하지 못한다는 사실을 몰랐던 걸까. 나는 샌드위치에 들어간 치즈나 감자튀김을 찍어 먹는 마요네즈가 어떻게 만들어지는지, 멋들어진 뾰족코에 적당히 낡아 보이는 새 카우보이 부츠가 무엇으로 만들어지는지는 단 한 번도 자문해본 기억이 없다.

실제로 이런 궁금증이 들었던 건 그로부터 15년이 훌쩍 지난 뒤였다. 젖소 사육에 대한 기사를 읽었을 때가 30대였으니 말이다. 어느 일요일 오후, 나는 필라델피아에서 특히 좋아하던 커피숍에 앉아 있었다. "착한" 커피와 "윤리적으로 생산된 우유"만 쓴다는 곳이었다. 나는 흡족한 마음으로 카푸치노 한 잔을 음미하면서 그날 밤 남편에게 무슨 요리를 해줄지 궁리하며 〈뉴욕타임스(The New York Times)〉를 건성으로 넘겨보고 있었다. 그러다 그 기사가 눈에 들어왔다. 낙농장에서 태어난 새끼 수소는 아무 쓸모가 없어 한 마리도 남김없이 곧장 도살한다는 내용이었다. 표준 절차라고 했다. "수소는 젖이 나오지 않으므로 우유 생산 과정의 폐기물"이라고 적혀 있었다. 수평아리도 같은 운명에 처한다는 사실은 나중에 알았다. 수평아리는 성 감별 즉시 산 채로 분쇄되거나 질식사를 당한다. 알을 낳지 못해 달걀 산업의 '폐기물'로 여겨진다는 게 그 이유였다.

그전에도 그런 정보를 접했을 게 분명했다. 그 기사의 골자는 새로울 게 없었다. 그 정보가 핵심 뉴스인 것도 아니었다. 두툼한 주말판의 끄트머리에 실린, 미국 낙농업계의 연간 투자액에 관한 기사였기 때문이다. '폐기물'이라는 표현도 아무렇지 않다는 듯 당당히 쓰고 있었다. 신문을 접고 카푸치노 거품 속 작은 기포들을 오랫동안 멍하니 바라보던 기억이 난다. 혼란스러워한 기억도. 설마 사실일 리가. 아니, 사실일까? "윤리적으로 생산된" 거품이 올라간 "착한" 카푸치노를 사먹은 나도 지극히 건강한 수소를 도살하는 데 간접적으로 일조한 셈 아닌가? 그리고 채식주의자로 살면서 그동안 왜 이 사실을 몰랐던 걸까? 지극히 건강한 동물들에게 '폐기물'이라는 딱지를 붙이는 이토록 엽기적인 시스템이라니, 기가 막혔다.

그날 오후부터 나는 비거니즘을 주제로 기나긴 탐구에 나섰다. 동물성 제품 경제에 대한 과학적 조사이자 이 경제 시스템에서의 내 역할에 대한 사적인 탐색이었다.

이 책에서 나는 이 탐구 결과에 대해 이야기할 것이다. 설교를 늘어놓겠다는 얘기가 아니다. 내 (비건) 식단과 생활 방식이 예전의 생활 방식보다 '더 나은' 것인지 안 그래도 궁금하던 차였다. 동물성 원료를 사용하지 않고 만들어진 옷이 동물로 만든 옷보다 항상 더 친환경적인 건 아니라는 사실도 내가 맞닥뜨린 딜레마 중 한 가지였다. 정성을 다해 만든 요리를 비건식이 아니라는 이유로 거절하는 것도 무척이나 곤란한 일이었다. 이런 순간순간마다 나는 예의 바르고 유쾌하고 '정상적인' 사람이 되고 싶은 마음과 내가 지지하지 않는 시스템에 더는 일조하지 않겠다는 결심 사이에서 갈피를 못 잡고 갈팡질팡한다. 게다가 어느 쪽을 택하든 기분이 상하는 건 마찬가지다.

이처럼 개인적으로 겪는 고충도 전하려 한다. 내 이야기가 그만큼 중요하다거나 특별해서가 아니다. 내 이야기가 특별하지 '않아서'라는 게 더 정확한 이유다. 여러분이 그 과정을 이미 겪었든 현재 겪고 있든 앞으로 겪을 예정이든, 내 이야기는 여러분의 이야기와 그리 다르지 않을 것이다. 내 이야기 속에서 자신의 모습이 보인다면, 예전의 내가 그랬듯 선한 사람이라고 자처하면서도 어째서 이 잔인한 시스템을 떠받치는 일에 가담해온 건지 이해할 수 있을 것이다.

전쟁에서 죽은 사람 수보다 더 많은 동물이 매주 죽고 있다면
인간이라는 이유로 비인간적인 행동을 할 때가 많다는 게 인간이라는 존재의 가장 큰 역설일지도 모른다. 우리가 고르는 식품 때문에 해수면이 상승하고 다른 나라에 끔찍한 홍수가 일어난다는 사실을 알면 많은 이들이 두려움에 떤다. 그럼에도 현실은 변함이 없다.

　동물의 고기와 젖, 알과 가죽을 이용하려는 인간 때문에 동물이 이루 말할 수 없는 고통을 겪는다는 사실에도 마음이 복잡해진다. 하지만 역시나 현실은 그대로다. 불과 얼마 전, 유엔 대변인은 인간이 가축을 사육하고 키우고 도살하는 방식을 "고문"이라고 표현한 바 있는데, 여러분도 나처럼 고문에는 당연히 반대할 것이다. 우리가 개인적으로 동물의 코나 항문에 전기봉을 집어넣는 일은 절대 없을 것이다. 소가 엄청난 고통을 느끼리라는 것을 알면서도 꼬리를 비트는 일은, 마취 없이 새끼 수퇘지를 거세하는 일은 절대 없을 것이다. 닭을 걷지도 못할 만큼 살찌우거나, 건강한 동물을 총으로 쏴 죽이고 질식사시키고 신체 부위를 잘라내는 일도 절대 없을 것이다. 그런데도 우리는 거의 매일 이 일들을 하고 있다. 바로 육류업계와 낙농업계에 돈을 대주는 방식으로 말이다.

　'인류 역사의 모든 전쟁'에서 사망한 사람의 수를 합친 것보다 인간의 식용을 위해 '매주' 도살되는 동물의 수가 더 많다는 사실은 상상을 초월하는 일이다.[9] 아예 상상도 하기 싫을 만큼 너무도 터무니없는 얘기 아닌가? 나는 이 문장을 읽을 때마다 머릿속에 그려지는 이미지를 떨쳐버리고 얼른 다음 단락으로, 그나마 마음이 가벼워지는 다음 내용으로 넘어가고 싶은 충동에 사로잡힌다. 하지만 사실이다. 인류 역사상 전쟁에서 사망한 사람들을 전부 합친 것보다 더 많은 동물들이 매주 도살되고 있다.

연구자들에 따르면 20세기에 (양차 대전을 비롯한) 전쟁으로 사망한 사람은 1억 800만 명이다. 역사상 모든 전쟁에서 사망한 사람은 1억 5,000만~10억 명 사이로 추정된다.

인간이 도살한 동물이 정확히 얼마나 되는지는 출처마다 그 추정치가 다르지만 가장 통상적인 통계는 낙농업계와 육류업계에서 발표하는 수치로, 이에 따르면 연간 도살되는 가축은 총 660억 마리다. 이는 소·돼지를 비롯한 가축만 포함된 수치인데, 인간이 식용을 위해 잡는 어류의 수는 연간 1,500만 마리로 추산된다. 물고기·닭·돼지·소·염소·양 등 우리가 즐겨 먹는 방대한 종류의 동물을 전부 합치면 '하루에만' 1억 5,000만 마리라는 수치가 나온다. 하지만 이 통계에는 매년 실험실에서 죽어나가는 수백만 마리의 동물과 모피 때문에 도살되는 동물들, 태어나자마자 '폐기물'로 처리되는 수평아리와 새끼 수소는 빠져 있다('폐기물'은 이 통계에 포함되지 않기 때문이다). 매년 로데오나 투우 도중 죽어나가는 동물들, 은퇴 후 안락사당하는 경주마와 경주견, 감금 생활을 못 견뎌서 또는 '잉여'로 취급돼서 때 이른 죽음을 당한 동물원·수족관 동물들도 빠져 있다.

이 사실들을 비로소 실감한다면 여러분도 나와 똑같은 감정을 느낄 것이다. 그건 연민과 불신, 혐오와 수치심이다. 문명화된 인간의 징표는 연민을 느끼는 능력이다. 많은 이들이 이 능력이야말로 동물과 인간을 구분하는 기준이라고 믿고 있다.

그러나 나는 연민을 느끼는 능력이야말로 우리가 '반문명적인' 행동을 하는 이유라고 본다. 우리는 학대를 묵인한다. 무관심해서가 아니라 뿌리 깊은 휴머니즘이 이 시대가 동물을 대하는 방식과 상충하기 때문이다. 신문 기사와 소셜 미디어에 등장하는 충격적인 영상들, 그리고 이 책에 쓰인 말들은 못 견디게 불편하다. 그래서 외면하는 것 말고는 어찌해볼 도리가 없다. 못 본 체하며 없는 일로 치부하고 만다. 필라델피아의 카페에 앉아 있던 그날, 그 기사를 비로소 실감했던 그 오후까지 내가 낙농업과 관련된 수십 건의 기사를 외면해왔던 이유도 이 때문이 아닐까 싶다. 지적이고 품격 있고 배려할 줄 안다는 우리 인간이 이런 짓을 일삼는다는 사실이 너무 끔찍해서 부조리하게 느껴졌던 것이다.

암묵적인 범죄

그럼에도 우리의 행동은 변함이 없다. 역사학자 유발 노아 하라리(Yuval Noah Harari)는 2015년 〈가디언(Guardian)〉에 기고한 글에서 인간이 산업화된 농장 가축을 대하는 방식은 인류 역사상 가장 큰 범죄 중 하나라고 썼다.[10] 반인류적인 끔찍한 범죄들을 부정하려는 게 아니다. 홀로코스트를 비롯한 인종 학살에 희생당한 이들의 죽음과 인간의 생활 방식을 위해 희생당한 동물들의 죽음을 비교하는 건 유용하지도, 적절하지도 않다. 고통 경연 대회를 펼치자는 게 아니지 않은가. 하지만 그의 주장이 충격적인 결론으로 이어지는 건 분명하다. 알고 그러든 모르고 그러든 우리 대다수가 범죄 활동의 후원자라는 것, 우리가 개인적으로 동물에게 해를 가하는 건 아니지만 알고 보면 돈을 주고 매번 남한테 그 일을 시키고 있다는 결론 말이다. 달걀, 요구르트, 스테이크를 살 때마다, 육류업계와 낙농업계에서 벌어지는 학대 행위를 폭로하는 기사와 영상을 보고도 무심히 넘길 때마다 매번 그 일을 시키고 있는 것이다. 여기에 해치려는 '의도'는 전혀 없다. 그때마다 동물을 해치고 있다는 '느낌'도 들지 않는다. 우리는 그러면서 어쩔 수 없는 것 아니냐고, 세상이 원래 그런 거 아니냐고 합리화한다.

그러나 현실을 외면하려고만 한다면 실상을 암묵적으로 용인하는 격이 된다. 그러다 이런 상태가 규범으로 자리를 잡으면 그야말로 위험한 일이다. 보나마나 동물들이 계속 어마어마한 고통을 당하게 될 테니까 말이다. 이런 관점에서 보면 우리 세대는 매일 매순간 대대적인 동물 학대가 벌어지고 있다는 사실을 알고도 침묵한 죄가 있다. 산업화된 축산업으로 온실가스를 배출해 지구를 파괴한 죄도 있다.

우리는 바로 이 순간에도 죄를 짓고 있다.

바로 지금도.

알베르트 아인슈타인(Albert Einstein)은 이렇게 말했다. "실제로 악행을 저지른 자보다 악행을 부추기고 용인하는 자들이 세계를 더 큰 위험에 빠트린다." 철학자 해나 아렌트(Hannah Arendt)도 여기에 한몫 거든다. 세상에서 가장 극악한 만행은 반성 없이 악행을 저지르는 자들이 아니라 남들이 하는 대로 부화뇌동하는 자들과 시류에 영합하는 자들이 저지른다고.

이런 설교에 벌써부터 질린다면 걱정 붙들어 매시라. 이 책은 우리 사회가 동물과 지구를 대하는 방식을 일일이 고발하는 데에서 한 발 더 나아간다. 다른 이들이 나보다 앞서 책과 기사, 보고서, 다큐멘터리 등의 형태로 밝혀온 만큼 똑같은 내용을 되풀이하는 건 우리의 생활 방식과 소비 습관을 살피는 데 별 도움이 되지 않으리라는 게 내 생각이다(그래도 관심이 있다면 뒤에 실은 참고문헌 목록을 살펴보길 바란다).

우리는 이 주제에 대한 지식이 없지 않다. 기꺼이 받아들일 마음만 있다면 이 정보들은 얼마든 무료로 얻을 수 있다. 물론 공감 능력이 없는 것도 아니다. 이는 앞서 전쟁 사망자와 도살당하는 동물을 비교하는 사고 실험(머릿속에서 어떤 상황을 가정해 실험하는 상상을 해보는 것-옮긴이)을 했을 때 실감했을 것이다.

정작 우리에게 필요한 건 대안적인 삶이 어떤 모습으로 드러날지 구체적으로 알아보는 일이다. 내 직업은 미래인류학자다. 나는 (2014년에) 인류학 박사 학위를 받았고 미래 예측을 전문으로 하는 교육을 받았다. 지난 수년간 내 연구 주제가 다양한 분야를 넘나들긴 했지만, 학문 특성상 사고 실험을 통해 특정 시나리오가 우리 사회와 일상, 행동과 정서에 미치는 영향을 살펴 미래의 세계를 예측하는 일이 늘 중심을 차지했다. 미래인류학이라는 관점에서 지금 우리가 해야 할 일은 음식과 의복, 상품에 더 이상 동물성 원료를 쓰지 않는 식물 기반 라이프스타일이 보편화될 세계를 심도 있게 탐구해보는 것이다.

미래의 눈으로 현재를 바라보기

그런 세상이 어떤 모습일지 그려지기는커녕 그런 세상이 과연 실현될지 의구심이 든다 해도 이상한 일은 아니다. 지금까지 존재한 것과는 전혀 다른 새로운 색, 새로운 맛, 새로운 냄새를 한번 상상해보자. 이제껏 그 누구도 본 적 없는 색, 맡아본 적 없는 냄새, 맛본 적 없는 맛을.

벌써 포기하고 싶다고? 자학할 필요까진 없다. 사실상 불가능한 일이니까.

우리 뇌가 할 수 있는 일이라곤 기껏해야 익히 알고 있는 색과 냄새, 맛을 섞어보는 게 다일 것이다. 그러다 보면 이전에는 없었던 조합이 탄생할지도 모르지만, 그렇다고 그 조합이 전적으로 새로운 건 아니다.

식물 기반 라이프스타일의 경우에도 우리는 이와 똑같은 문제에 봉착하는데, 이게 두 번째 이유가 아닐까 싶다. 분명 그런 정보를 전에 접했을 텐데도 무심하게 넘겼던 이유 말이다. 완전히 새로운 세상을 상상할 수 없으니 알게 뭐냐는 심정으로 무심히 넘기는 도리밖에 없었던 것이다. '세상은 늘 그런 식으로 돌아가는 거 아닌가? 원래 다 그런 거 아닌가?'

그렇다, 오랫동안 세상은 그렇게 돌아갔다. 나나 여러분이나 동물을 먹고 이용하는 게 전혀 이상할 게 없는, 이를 지극히 정상으로 여겼던 시대를 살았다. 동물은 인간의 의복, 신발, 양초, 사과 주스[11]도 모자라 심지어 콘돔에도 쓰이고 있다! 우리는 부모, 의사, 교사가 육류와 유제품을 사용하는 게 건강에 유익할 뿐 아니라 건강한 생활 방식을 위해서도 '필수'라고 가르치던 시대에 자랐다. 연구 결과 이는 잘못된 정보로 판명됐다. 이에 대해서는 뒤에서 자세히 다루기로 하자. 어찌됐든 그토록 오랫동안 지켜온 신념을 하루아침에 저버리기란 쉬운 일이 아니다. 좋은 음식을 먹고 체력을 유지하고 건강을 지킬 대안이 딱히 없는 상황이라면 더더욱 그렇다.

이 책에서 나는 그 대안을 그려 보이려 한다. 새로운 색과 새로운 맛, 새로운 냄새가 등장하는, 보다 친환경적이고 동물 친화적인 꿈같은 미래상을 제시해보려 한다. 다가올 미래에 우리는 무엇을 지금까지와 다르게 할 수 있을지 구체적으로 이야기하려 한다. 거듭 말하지만 거대한 바위는 이미 구르기 시작했다.

나는 이 책에서 더 이상 동물 도살로 돈을 벌고 싶지 않아 경종 농업(씨를 뿌려 작물을 기르는 농업—옮긴이)으로 전환한 전직 돼지고기·양고기·소고기·유제품 생산자들을 두루 소개할 것이다. 이들은 전부 실제 농부들이다. 나는 온라인에서 이들에 대한 자료를 찾아 그중 여러 명과 인터뷰를 진행했다. 이들의 변신을 내 두 눈으로 직접 목격하기도 했다. 그리고 이 책을 쓰기 위해 수년간 자료를 찾아보는 동안 머잖아 수많은 이들이 그 전례를 따르게 되리라고 확신하게 됐다. 또한 식물 기반 라이프스타일이 삶의 기준으로 자리 잡아 별도의 라벨이 필요 없어지면서 더는 자신의 요리를 '비건 메뉴'라고 부르지 않는 요리사들과 음식점 주인들, 인권에 준하는 권리를 얻어낸 원숭이를 비롯한 많은 동물들과 반려로봇을 소개하려 한다. 각자의 몸에 필요한 영양소를 알려주는 주방 도구와 비건-논비건(nonvegan) 관계(커플이든 가족 구성원이든)의 갈등 해결을 전문으로 하는 심리 치료사도 소개하려 한다. '비건섹슈얼(비건과만 연애하는 비건들)', 이전보다 더 상승한 해수면 위를 떠다니는 집들, 허리케인에 대비해 설계된 마을도 소개하려 한다. 이 이야기들은 터무니없는 공상의 산물이 아니다. 이미 2019년에 전 세계 곳곳에서 벌어진 일들이다. 멀리 떨어진 곳에서 일어난 일이라 여태 모르고 있었을 뿐이다.

지극히 현실적인 미래주의

중요한 건 다음 사실을 충분히 숙지하는 것이다. 이어질 장들에서 들려줄 이야기는 대체로 미래의 일이긴 하지만 내 머릿속에서 나온 창작물은 아니다. 지금부터 여러분이 책장을 넘기며 읽게 될 내용들은 모두 이미 실현된 상태다. 아직 대규모로 상용화되지 않았을 뿐 실재하며, 미래의 모습이긴 하지만 현실이기도 하다.

나는 동물 친화적이고 친환경적인 세상이 어떤 모습일지, 식물 기반 라이프스타일이 더욱 확산될 경우 경제·기후·건강·문화에 어떤 파급 효과를 미칠지를 보여주려 한다. 이 생활 방식이 대세가 된 세상이 완벽하지 않다는 것도 드러낼 것이다. 동물이 학대받고 인간에 이용당하지 않는 세상에서도 해결해야 할 윤리적 딜레마들은 존재할 것이다. 이는 주로 우리가 닭·소·돼지 이외의 다른 생명을 대하는 방식과 관련된 문제들이다. 동물 복지·환경과 관련된 대대적인 문제들에 우리 세대가 공모해온 사실을 후세대가 반성하며 느낄 수치심도 피할 수 없다. 모두가 일제히 고기를 끊고 식물을 더 많이 섭취한다 하더라도 하루아침에 건강이 좋아지는 것도 아니다(비건 식품이 항생제로 범벅된 고기를 먹는 것만큼이나 건강에 좋지 않은 경우도 있다). 특정 제품과 직업이 사라지는 등 지금까지와는 다른 해결책이 필요한 문제들도 떠오를 것이다. 나도 몇 가지 해결책을 제시하려 한다.

이런 미래 세계를 어떻게 받아들일지는 여러분이 결정해야할 몫이다. 개인적으론 이 미래가 절대 이상적인 세계는 아니라고 생각하지만(어떤 경우는 그저 섬뜩하기만 하다) 새롭게 생겨날 문제들이 현 시스템하에서 우리가 당면한 여러 문제들보다 더 심각해 보이지는 않는다. 내가 축산업·먹거리·기후··에너지 분야의 세계적인 전문가들과 수십 차례 인터뷰를 진행하고 방대한 조사를 수행한 끝에 내린 결론은 명확하다. 동물성 제품을 더는 쓰지 않는 세상, 즉 '단백질 혁명(the Protein Revolution)' 이후의 세상에서라면 암울한 기후 변화 시나리오에도 성공적으로 대처할 수 있을 것이고 세상 모든 이들의 건강이 대체로 더 좋아질 것이며 스트레스와 고통에 시달리는 동물도 지금보다 훨씬 더 줄어들 것이다.

변화는 멈출 수 없다

이는 우리가 재빠르게 결속할 경우 빠른 속도로 전개될 미래 시나리오 중 하나다. 이 말 자체에 의구심이 들 수도 있다. 아마 여러분은 이렇게 생각할 것이다. '다 좋은 얘긴데, 나 한 사람이 생활 습관을 송두리째 바꾼다 해도 나머지 사람들이 그대로라면 결국 변하는 건 없을 테니 다 소용없는 일 아닌가.' 여러분만 이런 생각을 하는 게 아니다. 실상 이는 일상을 바꿔야 한다는 제안에 반박할 때 가장 흔히 내세우는 논거다. 하지만 흔히 내세우는 논거라고 해서 그 논거가 설득력이 있는 건 아니다.

사회가 매우 광범위하게 급변할 때 그 한복판에 있는 사람들은 그런 변화를 꿈에도 생각하지 못했다는 것을 우리는 역사를 통해 배웠다. 변화에 반대했을 때도, 애초에 변화를 원하지 않았거나 변화의 흐름에 올라탈 엄두조차 내지 못했을 때도 그랬다. 노예 해방을 처음 논의할 때 회의주의자와 반대론자 들은 그처럼 급진적인 변화를 사람들이 결코 받아들이지 못할 것이라고 주장했다. 그러한 변화는 경제를 크게 위협할 테고 그러면 사회가 심각한 위험에 처할 거라는 게 이들이 내세운 논거였다. 다행히도 선구자와 운동가 들은 굴하지 않았다. 혁명은 어떤 식으로든 도래했고, 반대론자들은 별안간 자신들이 시대에 뒤처진, 소수의 고리타분한 구닥다리 범법자 무리로 전락한 데에 충격을 받았다. 이 책을 다 읽고 나서 자신이 어떤 미래에 살고 싶은지, 역사 속에서 어떤 역할을 할지(여러분은 어떤 역할이든 하게 돼 있다. 인생이라는 게임에는 휴가도 병가도 없다)를 결정하는 건 여러분의 몫으로 남을 것이다.

이 책은 여느 미래 예측서들보다 훨씬 더 유쾌하다. 홍수가 지구를 집어삼키거나 나무와 식물을 비롯한 온 생명체들이 산불로 일시에 몰살되는 종말을 예견하는 책들과 달리 이 책은 새 출발을 이야기한다. 여러분의 미래는 바로 다음 페이지부터 시작된다.

Once Upon a Time We Ate Animals

1장

돼지 농장을 떠난
축산업자

스웨덴 양돈업자 구스타프 쇠데르펠트가 돼지를 모조리 팔아
버린 날, 농장을 에워싼 푸르른 초원은 평소보다 훨씬 드넓어
보였다. 이상하리만치 고요했다. 축사는 텅 비어 있었다. 공기
가 그의 어깨를 묵직하게 짓눌렀다. 어쩔 줄 몰라 하던 그가 축
사와 초지를 오가며 서성댔다. 축사로 돌아온 그는 할 일을 또
다시 잊은 사람처럼 보였다. 잊은 게 아니었다. 딱히 할 일이
없는 거였다. 그는 정신을 딴 데 두고 있었다. 이제 평일을 어
떻게 보내면 좋을지 생각할 준비가 돼 있지 않았다.

　때는 2017년이었다. 그에게는 어린 자녀가 둘이 있었고 모
아둔 돈은 거의 없었다. 앞으로 살아갈 일이 막막했다. 가족을
부양하려면 어떻게든 돈을 벌어야 한다는 막연한 생각만 있었
다. 그런데 그런 불안과 회의에 시달리면서도 이루 말할 수 없
는 안도감을 느꼈다. "기뻐서 눈물이 날 지경이었죠. 두 번 다
시 돼지를 도살할 일은 없을 테니까요. 그럴 필요가 없어진 거
예요."

　그렇다고 그에게 다른 선택지가 있었던 건 아니었다. 다만

자신의 유기농 양돈장을 찾아온 사람들에게 축사를 구경시키며 돼지들을 '동물 친화적'으로 사육한다는 말을 더는 못할 것 같았다. 방문객들은 대낮에 돼지들이 한가로이 노니는 드넓은 초원을 보고 그의 정육점에 들어와서는 인도적인 사육 방식 때문인지 돼지고기 맛이 확실히 다르다고 입이 마르게 칭찬했다. "다른 양돈장에 비하면 돼지가 살 만했는지는 몰라도, 그건 어디까지나 상대적인 문제였어요. 어떤 의미에서 저는 제 자신과 고객들을 기만한 겁니다. 제 상품을 팔려고, 제 마음이 편해지려고 하는 수 없이 그렇게 말했던 거예요. 돼지들을 도살장에 끌고 가면 무슨 일이 벌어지는지 훤히 알고 있었어요. 인도적인 구석이라곤 전혀 없는 일이죠."

구스타프는 온실 구석에 놓인 안락의자에 앉아 내게 자신의 사연을 들려줬다. 그는 의자를 두어 번 앞뒤로 흔들더니 말을 이었다. "도살장에서 난생처음 돼지 도살을 돕던 날 자부심을 느꼈어요. 강한 남자라도 된 듯했죠." 그는 계속 말을 해야 할지 말지 고민하는 것처럼 잠시 입을 다물었다. 그러곤 입을 떼는가 싶더니 다시 꾹 다물었다. 그리고 마침내 이렇게 내뱉었다. "강자가 된 느낌이었어요."

지금 와서 생각해보니 수치심이 든 걸까? "그렇기도 하고 아니기도 해요. 돼지들에게 몹쓸 짓을 한 건 맞습니다. 모종의 쾌감을 느꼈다고 생각하면 끔찍하기도 하고요. 저는 원래 순한 사람이에요. 그땐 이런 감정을 느낄 줄 몰랐던 거죠. 어쩌면 제

본모습을 알고 싶지 않았던 건지도 모르고요. 그래도 수치심은 정확한 표현이 아니에요. 양돈업을 시작하고 초기 몇 년 동안은 옳은 일을 한다는 생각으로 임했다는 걸 알아주셔야 합니다. 이건 제 운영 방식을 집약적인 공장식 축산과 비교해보고 하는 말이에요. 전 악덕 축산업자나 그런 식으로 운영한다고 생각했어요. 동물에게도 해롭고 그렇게 생산한 오염된 고기도 건강에 좋을 게 없으니까요. 환경에도 당연히 안 좋고요. 저는 어딜 봐도 정반대였습니다. 규모도 작았고 인도적 도축 인증마크가 붙은 고기를 팔았으니 스스로 착한 양돈업자라고 생각한 거죠."

양돈업자가 되기 전, 구스타프는 평생 도시에서 살았다. 파트너인 캐롤라인과 그는 20대 후반에 시골로 이주하기로 마음먹었다. 두 사람은 초야에 묻혀 모든 것을 두 손으로 직접 일궈나가는, 평온하고 고요한 삶을 원했다. 시골에서 살며 돈을 버는 가장 손쉬운 방법은 농부가 되는 거였다. 알고 지내는 농부들은 전부 가축을 키웠다. 듣던 중 반가운 소리였다. 두 사람은 동물을 사랑했다. TV에서 한 번씩 마주치는 공장식 축산 농가의 과밀 축사 행태, 동물이 빽빽하게 들어찬 트럭이 고속도로를 달리는 광경, 스트레스 호르몬과 항생제에 절은 슈퍼마켓 고기에 진저리를 치던 때였다. "우리는 다르게 하고 싶었어요. 우리가 키우는 동물들이 행복하길 바랐죠. 제대로 보살펴줄 수 있는 곳에서 고통과 스트레스 없이 도축하고 정직하게 고기를 생산하고 싶었어요."

돼지들의 비명 소리

두 사람은 도시에서 살던 집을 팔아 작은 마을에 땅 한 뙈기를 샀고 책과 강좌를 통해 영농인이 됐다. 돼지 두어 마리와 양, 염소, 닭, 오리도 몇 마리 샀고 틈새시장도 찾아냈다. 인근 주민들은 이 새내기 농부들이 꾸려가는 농장에 이끌렸다. 이들은 재래식 소규모 농장의 감성을 느끼러, 마음껏 돌아다니는 방사 가축과 이상적인 미래상을 펼쳐나가는 젊은 농장주들을 만나러 이곳을 찾았다. 농장에 찾아와 가이드 견학을 요청하는 사람들이 점점 더 늘어갔다. 사람들은 '정직하게 생산한' 고기를 사고 싶어 했다. 고기는 비쌌다. 슈퍼마켓이나 동네 정육점보다도 훨씬 더 비쌌다. 그럼에도 사람들은 사갔다. 맛이 좋아서만은 아니었다. 그들은 양심을 달래기 위해 더 비싼 값을 치렀다. 착한 양돈업자가 생산한 착한 고기를 사먹으니 그걸로 그만이었다. 돈육 수요가 순식간에 폭증하면서 구스타프와 캐롤라인은 돼지를 더 많이 사들였고 돈육 제품을 판매할 상점도 열었다.

이들의 양돈 사업은 번창했다. 하지만 구스타프는 갈수록 망설여졌다. "몇 년 지나고 보니 이상한 마음이 들더군요. 도축장으로 갈 트럭에 돼지들을 몰아넣을 때마다 녀석들의 눈을 들여다보는 경우가 많아졌어요. 겁에 질린 게 뻔히 보였어요. 소리를 질렀다면 돼지들도 제 말에 따랐을 테죠. 주인의 말에 따르던 습관이 몸에 배기도 했고 빠져나갈 구멍도 없으니까요. 그러니 다른 식으로 버틴 거예요. 저를 쳐다보는 눈빛으로요. 앞으로 가라고 하면 뒤돌아 가기도 했는데, 그럴 땐 돼지들을 강제로 끌어올렸죠. 겁을 먹으면 으레 내는 듣기 싫은 비명도 지르더군요."

구스타프는 고객들에게 도살장과 농장을 구경시킬 때 돼지가 도살장에서 내지르는 소리를 있는 그대로 전하면 어떤 반응을 보일지 궁금했다. 그가 기억하기로는 "등골이 서늘해지는 비명 소리"다. "높고 새된 소리예요. 극심한 공포에 떨고 있는 거죠. 돼지는 도살장에 들어서면 대번에 알아요. 도살장으로 들어갈 차례를 기다리면서 다른 돼지들의 비명을 듣고 있으면 모를 리가 없죠. 피 냄새도 나고요. 피비린내가 진동하거든요."

구스타프는 돼지들이 도살장에 가까워지면 몸부림을 친다고, 그래서 작업자들이 거칠게 돼지를 제압할 수밖에 없다고 솔직하게 털어놓으면 고객들이 어떤 반응을 보일지 궁금했다. "새끼가 태어나는 즉시 어미 돼지와 떨어뜨려 놓는다고 말하면 뭐라고 말할지도 궁금했죠. 통상적인 일이에요. 그럴 때 어미는 제 새끼를 쫓아가려고 하고 소동을 피워요. 이 사실을 말하면 어떤 반응을 보일지도 궁금했어요. 어미는 제 새끼를 더이상 보살필 수 없으면 으레 그런 모습을 보이죠."

그는 결국 한마디도 하지 않았다. "고객들이 다 떨어져나갈 거라는 걸 알고 있었으니까요." 그는 미소를 지어 보였고, 침묵했고, 마음만 더 불편하게 할 뿐인 칭찬을 들었다. 삶이 어긋난 것 같았지만 별다른 방법이 없었다. 그게 바로 농부가 하는 일이고 자신과 캐롤라인이 원하는 것이며 두 사람의 생계였으니까. 어찌 됐건 정직하게 농장을 꾸려가고 있지 않은가.

같은 지역의 다른 농부들은 껄끄러운 도축 작업을 더 저렴하고 무자비한 도살장에 위탁했다. 구스타프는 그러지 않았다. "저는 잘게 잘라 알아볼 수 없게 포장된, 대량 생산 육가공품을 사먹는 도시 사람처럼 되고 싶지 않았어요. 동물 학대에 반대한다면서 접시 위에 놓이기까지 동물들이 무슨 일을 당하는지 알고 싶어 하지 않는 사람들 말이에요. 다른 사람한테 자기 가축을 도살하는 일을 떠맡기는 농부도 되고 싶지 않았어요. 저는 끝까지 책임지고 싶었습니다."

그래서 그는 기르던 가축을 직접 도살장으로 데려갔다. 제 손으로 돼지 머리에 핀을 박거나 다른 사람이 핀을 박는 동안 돼지를 제압했다. "처음 몇 번 직접 할 때는 짜릿한 쾌감을 느꼈어요. 그 뒤부터는 갈수록 기분이 나빠졌죠. 한편으론 감정에 더 둔감해졌고요……. 그런데도 대체 내가 왜 이렇게 변한 건지 이해가 안 되더군요."

내가 키운 동물을 내가 죽인다는 것

그러던 어느 날, 돼지들을 실어 나르고 온 오후에 주방으로 들어간 구스타프는 핏기 없는 창백한 얼굴로 탁자 위에 놓인 노트북 앞에 앉은 캐롤라인을 봤다. 그녀는 비거니즘에 관한 유튜브 영상들을 몇 시간째 보고 있는 중이라고 말했다. 영상 속 활동가들은 인도적인 고기란 없다고 말하며 그 이유를 설명했다. 여느 생명이 그렇듯 건강하고 어린 동물은 죽고 싶어 하지 않으므로, 도살되기 직전까지 수년간 극진한 보살핌을 받았다 한들, 비교적 재빨리 숨통을 끊는다고 한들 새끼를 도축하는 건 극심한 스트레스를 유발할 수밖에 없다고 말했다. 건강하고 젊은 사람이 목숨을 보존하고 싶어 하고 누군가가 죽이려 들면 겁을 먹는 것과 다르지 않다면서, 제아무리 부드럽게 숨통을 끊어준다 해도 마찬가지라고 했다. 캐롤라인이 연신 마우스를 클릭하며 영상을 들여다보고 있을 때 구스타프가 곁으로 와 함께했다. 멈출 수가 없었다. 그들은 그날 저녁 내내 그 영상들을 봤다.

"그들이 하는 말은 전부 제 직감 그대로였어요." 구스타프가 회상했다. "착한 양돈업자가 돼 인도적으로 도축한 고기를 팔겠다는 계획이 전부 착각이었다는 사실을 그때 깨달은 거예요. 사업은 성공했지만 우리는 잔인한 도살자였어요. 돼지들을 자유롭게 방목하고 양껏 먹인 건 사실이지만, 결국 돈이 될 만큼 살을 찌우고 겁을 줘서 도살했습니다. 자연적인 수명을 다할 때까지 살날이 아직 많이 남았는데도 말이에요. 수컷은 생후 수개월이 지나면, 암컷은 생후 수년이 지나고 새끼를 낳으면 도축했죠. 새끼를 빼앗고 고통을 가하고 돼지들의 의사와 상관없이 숨통을 끊었던 거예요. 자칭 '동물 애호가'라면서 그런 식으로 돈을 번 겁니다!"

깨달음이 몰고 온 충격은 상당했다. "감정이 마비된 것 같았던 이유가 문득 이해가 되더군요. 제 가치관과 어긋나는 삶을 살고 있어서 그런 느낌을 받았던 거예요! 도살장에서 벌어진 일들을 떠올리면 제 행동에 넌더리가 납니다. 진정한 동물 애호가라면 고기를 얻으려고 사육하는 일은 없을 거예요. 새끼와 어미를 떼어놓고 스트레스를 주는 일도, 살날이 한참 남은 동물을 죽이는 일도 없을 거고요."

바로 그날 밤, 두 사람은 이대로는 더 이상 못하겠다고 마음을 굳혔다. 둘 다 비건이 됐고 돼지를 내다 팔았으며 그렇게 번 돈을 새로운 사업을 구상하고 추진하는 데 썼다. 그들은 채소만 재배하는 경종 농업에 뛰어들기로 했다.

그때만 해도 구스타프와 캐롤라인은 자신들과 같은 심적 변화를 먼저 경험한 농부들이 전 세계 곳곳에 있다는 사실을 미처 알지 못했다. 미국, 캐나다, 영국, 이스라엘, 독일 등지의 농부들은 구스타프가 내게 설명했던 심리적 단계를 거의 비슷하게 거쳤다. 이들은 '착한' 농부로 살았으니 스스로를 선량한 사람이라고 굳게 믿었지만 곧이어 내면의 가치관과 어긋나는 일을 하고 있다는 께름칙한 기분에 시달렸고, 결국 괴롭고 섬뜩하기만 한 결론에 도달했다. 지금껏 서슴지 않고 의도적으로 동물에게 고통을 안긴 자신들의 행동이 '비도덕적'이었다는 결론 말이다.

이는 많은 이들이 불쾌하게 여길 일이다. 하지만 이러한 변화를 거치며 농부들이 느꼈던 감정은 비슷했다. 가령 밥 코미스는 자신이 키우는 돼지와 양이 "초원에서 풀을 뜯으며 자라는 인도적인" 목축장을 바라보며 다음과 같이 블로그에 썼다. "이 아침, 창밖으로 즐겁게 뛰놀던 양들이 순식간에 초원으로 모여드는 풍경을 보고 있으니 고기를 먹는 것이 잘못된 일이라는 생각에, 동물을 죽이는 일로 생계를 유지하는 나는 정말 몹쓸 인간이라는 생각에 사로잡힌다."

낙농업에 종사했던 이스라엘 출신의 미셸도 그 못지않게 자학하며 괴로워했다. 그녀는 열다섯 살 때부터 낙농업체에서 일했고 낙농업자와 결혼했다. 온라인 인터뷰에 임하는 그녀 뒤로 사진들이 보였다. 행복한 미소를 짓고 있는 금발 머리의 젊은 그녀가 송아지에게 분유를 먹이는 사진들이었다. 그녀는 이 사진들만 보면 감정이 북받친다고 털어놨다. "농부로 살았던 과거를 아직도 못 받아들이겠어요. 낙농장의 '낙'자만 봐도 괴로울 지경이죠. 한 시간짜리 농장 체험을 얘기하는 게 아니에요. 현장을 겪어본 사람이라면 거기가 어떤 곳인지 잘 알 겁니다. 거긴 지옥이에요. 끔찍한 학대가 벌어지는 곳이죠. 소가 두들겨 맞고 송아지를 어미와 강제로 떨어뜨려 놓고 어미 소는 괴성을 지르면서 착유를 거부하고……. 그래서 네 다리를 단단히 묶어놔요. 어미가 내지르는 비명 소리가…… 아직도 귀에 생생해요. 그 소리가 죽을 때까지 따라다니겠죠."

낙농장 일을 그만둔 그녀는 이젠 눈물 없이 입에 담을 수 없는 일을 당시엔 휘파람을 불며 했다는 사실에 더 큰 충격을 받은 듯했다. 그녀는 과거의 자신이 낯선 사람처럼 느껴졌다. 지금과는 전혀 다른 사람, 뒤늦은 깨달음 덕분에 지금은 혐오하게 된 사람이다. "농부로 일할 때 송아지 뿔을 불로 지져 없애는 일을 했어요. 송아지가 너무도 고통스러워했죠. 유두를 잘라내는 일도 했는데(낙농업계에서는 송아지가 태어나면 훗날 착유 시 감염 위험이 있다는 이유로 잉여 젖꼭지를 잘라낸다) 고통스러운 건 매한가지죠. 저는 어미와 새끼들을 도살장으로 보냈어요. 어미와 새끼들을 떨어뜨려놨고요. 그런데도 그게 잘못된 일이라는 생각은 해본 적이 없었죠." 이는 흔한 일이다. 미셸은 낙농업계의 규정을 하나부터 열까지 충실하게 따랐을 뿐이다.

구스타프와 마찬가지로 미셸도 정체성 위기를 겪으면서 축산업을 그만뒀다고 말했다. 발달심리학자 에릭 에릭슨(Erik Erikson)에 따르면, 정체성 위기는 자신의 이미지가 거울에 실제로 비춰진 모습과 다를 때 자신이 진정 누구인지 의문을 갖게 되는 상태를 말한다.

"힘든 시기였어요." 구스타프에게 정체성 위기가 찾아왔을 때 어떤 기분이었는지 묻자 그는 이렇게 말했다. "갈피를 못잡고 방황했죠……. 단시간에 현실적인 판단을 내려야 할 일이 많았던 사업에서도 그랬고 무엇보다 나 자신에 대해서도 그랬습니다. 지금껏 내가 어떤 사람이었나 하는 의문에 시달렸죠."

그 시기에는 모든 게 회의적이었지만 기분은 예전보다 나아졌다. "억누르고 있던 게 터져 나온 느낌이었죠." 그는 자기 가슴을 가리켰다. "목가적인 시골 생활이라는 꿈같은 삶을 누리면서도 불행했던 이유를 양돈업을 관두기로 결심한 그날 밤에 깨달은 거예요. 저는 농부라면 응당 해야 할 일이라는 생각에 키우던 가축들을 도살했습니다. 그 일이 저를 갉아먹고 있었다는 걸 그제야 알게 된 거죠. 옳지 않은 일을 하고 있다는 사실이 제 정신을 좀먹고 있었던 겁니다. 그 일을 계속 할 수 있는 유일한 방법은 감정을 묻어두는 거예요. 저도 무감각해졌죠. 그 일이 사람을 그렇게 만들어요. 그러다가 제 본모습을 찾은 거고요. 저는 더 잘해보고 싶었어요. 경제적으로 어려워지더라도 상관없었죠. 제 눈에 비건 농업은 성공할 수 있는 '유일한' 길이었습니다."

미셸도 똑같은 경험을 했다. "저 때문에 동물들이 비참하게 살았다는 사실은 마음속 깊이 각인될 거예요. 저는 헤아릴 수 없을 만큼 많은 어미와 새끼를 트럭에 실어 도살장으로 보냈어요. 새끼와 떨어져 홀로 남은 어미 소들은 내내 악을 써댔고요. 누가 제 자식을 건드리기라도 한다면…… 생각만 해도 덜컥 겁부터 나요."

축산업자가 채식을 하는 아이러니

몬태나주의 소 목축업자 하워드 라이먼은 화장실에서 손을 씻으며 거울에 비친 자신의 얼굴을 들여다보고는 혼잣말로 중얼거렸다. 혈색이 좋구먼. 그는 몇 년 전 건강 때문에 채식주의자가 됐다. 건강이 좋아지면서 최근에는 유제품도 식단에서 빼버렸다. 그 이후로 몸 상태는 더 좋아졌다.

적어도 몸 건강은 그랬다.

마음은 그렇지 않았다.

하워드는 어릴 적부터 사람은 고기와 유제품을 먹어야 건강하게 살 수 있다는 부모님의 가르침을 받으며 자랐다. 증조부와 조부, 아버지로 대대손손 이어온 가업에 자부심을 가졌던 것도 그런 이유에서였다. 그는 그 길을 자진해서 택했다. 그의 집안은 윗대부터 소를 사육해 우유와 유제품을 판매하는 중요한 사회적 사업에 몸담아왔다. 당시 미국인들은 굶주림에 허덕였고, 사람을 먹여 살리는 일이 급했다. 그의 가업이 그 일에 보탬이 되고 있었다. 그가 기르는 소만 7,000마리에 달했다. "저나 축산업계에 종사하는 지인들은 자기 분야에서 최선을 다하는 좋은 사람들이었어요. 그들은 그 일에 정당한 이유가 있다고 생각했거든요. 없어서는 안 될 필수품을 제공하고 있다고 믿었던 거죠. 최상급 단백질 말입니다. 고기를 먹어라, 우유를 마셔라, 그러면 건강해진다는 말을 어렸을 때부터 골수에 박힐 만큼 들으며 자랐으니까요."

하지만 그는 한참 전에 둘 다 끊었다. 우유도 마시지 않았고 버터나 치즈도 일절 입에 대지 않았다. 그러고 나니 기분도, 건강도 그 어느 때보다 좋아졌다. 자신의 신념에 부합하지 않는 신체적 반응이었다. 하워드는 생각했다. 혹시 다른 사람들도 '꼭' 동물성 제품을 먹지 않아도 괜찮았을까? 동물성 단백질이 생사를 좌우할 만큼 중요하다고 가르쳤던 이들과 부모님, 교사들이 여태 잘못 알고 있었던 건 아닐까? "그럴 리가 없어." 하워드는 중얼거렸다. 사실일 리가 없었다. 사실이라면 그의 아버지나 조부, 증조부가 지금껏 쓸데없이 동물을 도살해왔다는 얘기밖엔 안 됐다. 그건 받아들이기 어려웠다.

그래도 몸은 거짓말을 하지 않았다. 그는 어느 때보다 건강했고 힘이 넘쳤다. 이런 생각도 스쳤다. '맙소사, 지금껏 내가 아무 근거도 없이 가축들을 죽였던 걸까?' 하워드는 온라인에서 우연히 접한 기사를 회상하며 말했다. "그때 처음으로 내가 하는 일이 도덕적으로 옳지 않다는 생각을 했어요." 그는 손에서 물기를 털어내고 거울에 비친 두 눈을 깊이 들여다보며 우사와 소들, 도살장을 떠올렸다. 머릿속에서 차츰 그 윤곽을 드러낸 답은 그의 표현에 따르면 "하마터면 세면대를 확 뜯어낼 뻔할 만큼 너무도 충격적"이었다.

그 생각을 떨쳐버리려고 별수를 다 써봤지만 소용이 없었다. 어떻게 4대에 걸쳐 내려온 가문의 전통을 단절시킬 생각을 할 수 있단 말인가? 화장실 문을 열고 곧장 아내에게 가서 100만

어떻게 고양이를 끌어안고 통닭을 먹을 수 있을까

달러짜리 사업을 접어야겠다고 어떻게 말할 수 있단 말인가? 그녀에게 뭐라고 해야 하나? "생각해보니 우리가 하는 일이 옳지 않은 것 같아."라고?

하워드는 눈가와 이마에 자리잡은 주름들을 쳐다봤다. 두려웠다. 자신들의 생계 활동을 떠받치는 기반이 허술하다 못해 언제라도 무너질 수 있다는 사실을 깨달았다. "평생 굳게 믿었던 것들이 다 위태로워졌죠. 동물을 도살하는 일이 밑바탕이 된 사업이라는 이유로 말입니다."

하지만 구스타프와 미셸처럼 하워드도 이런 당혹감에 뒤이어 뚜렷한 자각의 순간을 경험했다. 멈추는 것만이 그가 할 수 있는 유일한 일이었다.

"동물들이 도살장으로 들어가면 어떻게 반응하는지 잘 알고 있었죠." 그가 말했다. "눈빛만 봐도 알았어요. 그런데 동물을 그곳으로 데려간 사람이 바로 저였던 겁니다. 가축이 도살되기 직전에 얼마나 끔찍한 상황에 놓이는지 한번 상상해보세요. 주변 환경에 민감하게 반응하고 지능도 높은 생명체가 옴짝달싹 못한 채 빠져나갈 구멍 하나 없는 곳에 갇혀서 곧 무슨 일이 벌어질지 뻔히 아는 상황에 처해 있다면 어떤 느낌일지 한번 떠올려보세요."

그는 화장실 문을 열고 아내를 불렀다.

농장을 떠나는 축산업자들

물속으로 낙하하는 물방울을 슬로우 모션으로 촬영한 영상을 본 적이 있다면, 물방울이 수면에 닿는 순간 아주 조그만 동심원이 생기면서 가장자리를 빙 둘러 작은 물방울들이 맺히는 장면을 봤을 것이다. 이 모양은 육안으로도 보이지만 매우 느린 슬로우 모션이 아니면 놓치기 쉽다. 물방울이 되튀어 오르며 가느다란 물줄기를 늘어뜨리는 데는 100분의 6초가 걸린다. 이제 슬로우 모션으로 이 모습을 관찰한다고 해보자. 물줄기에서 생겨난 물방울이 눈 깜짝할 사이에 수면에 닿아 파문을 일으켰다가 되튀어 오르고 이내 다시 낙하해 물에 흡수되면서 곧 수면이 평평해지고 다시금 잔잔해지는 모습을.

농부들이 겪은 정체성 위기는 물방울이 물웅덩이로 낙하하는 모습과 닮았다. 자신의 핵심 가치(core value, 의사 결정·가치 판단·행동의 기준으로 삼는 믿음 체계-옮긴이)에 어긋나는 일을 수년간 해왔다는 깨달음(물방울)이 자신이 택한 직업과 자기 자신에 대해 가지고 있던 이미지에 균열을 만들어낸다. 이 깨달음은 느닷없이 엄습하고 트라우마로 자리 잡는다. 이 트라우마는 그들을 수치심과 죄책감, 분노와 몰이해로 가득한 음울한 수렁으로 내몬다. 그러다 물방울이 빛을 향해 또다시 튀어 오르는 순간이 찾아온다. 이 단계에서는 안도감이 더 커진다. 자신의 참모습과는 어울리지 않았던 과거를 과감히 끊어내는 것이다. 농부들은 더 잘 해낼 기회를, 뿌리 깊은 내면의 가치와 일치하는 삶을 살 수 있는 기회를 발견한다. 이 기회를 살린다면 수면은 다시 잔잔해질 것이다. 다른 사람의 눈에 비친 자신의 이미지가 거울에 비친 자신의 모습과 도로 일치하는 것이다.

요즘 구스타프는 콩과 식물(legume) 및 채소를 재배한다. 또 예비 농부들을 상대로 농학 강의를 다니며, 농부로 생존하려면 축산업자가 되어야 한다는 말은 신화(이 책에서는 '근거 없는 믿음'을 뜻한다-옮긴이)에 불과하다고 설파한다. 사람들이 빽빽이 들어찬 강의실에서 그는 말한다. "우리도 양돈업에서 채소 농사로 전환할 때 확신이 없었습니다. 그런데 정작 방향을 바꾸고 나니 돈벌이가 쏠쏠했죠. 분뇨를 쓰지 않는데도 토양이 비옥합니다. 지금은 채소 농사가 농업의 미래라고 굳게 믿고 있습니다." 그는 다른 이들을 제 편으로 끌어들이는 데 열과 성을 다하고 있다. "캐롤라인과 제가 그랬듯 도시에서 벗어나고 싶어 하는 젊은이들이 우리 농장을 많이 찾아옵니다. 모두들 우리처럼 과일과 채소를 재배하고 싶어 하죠. 이 길이 가장 인도적인 생존 방식입니다. 현명한 방법이기도 하고요. 가축을 키우지 않으면 경비가 엄청나게 절감되니까요."

목축업자였던 미셸과 하워드도 다른 농부들에게 자신들의 사연을 전하고 있다. 이들은 인터뷰와 책, 강의와 신문 기사, 영상 등으로 자신들의 깨달음에 귀 기울이는 이들에게 자기 경험을 들려준다. 하워드는 〈오프라 윈프리 쇼(The Oprah Winfrey Show)〉에 출연하는 것도 마다하지 않았다. 그의 이야기를 접한 오프라 윈프리(Oprah Winfrey)는 햄버거를 두 번 다시 먹지 않겠다고 공언했다. 양 목축업자였던 밥은 새롭게 꾸린 채소 농장에서 비건 농부들을 위한 워크숍을 진행한다. 염소를 키웠던 수사나도 같은 길을 걷고 있다. 그녀는 농장을 찾는 사람들에게 염소젖을 쓰지 않고 헤이즐넛으로만 치즈를 만들어 먹으면서 건강이 훨씬 좋아졌다고 열성껏 설명한다. "유제품이나 고기를 생산하지 않는 영농은 힘들지 않아요. 자신의 핵심 가치와 어긋나는 결정을 내리며 하루하루 살아가는 사람들을 볼 때가 힘들죠. 우린 더 나은 길을 택할 수 있고, 또 더 나은 길을 택해야만 합니다."

심리학자들은 농부들의 이런 변화를 '교정 행동(corrective action)'이라고 부른다. 이는 사람이 취할 수 있는 긍정적인 행동으로, 트라우마와 직결된다. 교정 행동을 하면 긍정적인 자기 이미지를 만들어낼 수 있다. 이 농부들은 남을 돕고 교육하는 일을 통해 지난날의 과오와 수치심의 의미를 재발견한다. 이들의 실천은 파문을 일으키고 있다. 물방울이 동심원을, 동심원이 파문을 만들어내듯이 말이다.

소를 보내며

제이와 카차는 모든 게 일사천리로 진행된 데에 아직도 어리둥절해한다. 일찌감치 진로를 바꾼 한 농부가 축산업을 관두고 싶은지 물었을 때만 해도 망설이면서 "그렇습니다."라고 우물쭈물 답했던 두 사람이 어느새 소를 팔아치우고 그만둔 것이다. "소들이 너무 그립네요." 제이가 숙연하게 말한다. 머리가 벗겨지고 있는 중년의 그는 녹색 스웨터 차림에 안경을 쓰고 있다. "그래도 이제 생크추어리(sanctuary, 피난처 또는 보금자리. 구조된 야생 동물이나 농장 동물들이 여생을 보낼 수 있도록 마련한 동물 보호 구역을 의미한다-옮긴이)에 살면서 즐겁게 지내고 있을 생각을 하니 흐뭇하죠." 우리는 스카이프로 이야기를 나누고 있다. 제이는 웹캠 앞에, 파트너인 카차는 그의 왼편 바로 뒤에 앉아 있다. 기억이 잘 안 나거나 적당한 표현이 떠오르지 않는 제이가 어깨 너머로 카차에게 눈길을 주면 그녀가 큰 목소리로 그의 문장을 대신 끝맺는다. 두 사람이 키운 70마리의 소 가운데 20마리는 여전히 그들 곁을 지키고 있다. "죽을 때까지 곁에 둘 거예요." 제이가 말한다. "분뇨가 생기니 퇴비로 써서 작물을 재배할 수 있어요. 녀석들은 그 대가로 좋은 먹거리와 애정 어린 보살핌을 받습니다. 우유나 고기를 얻는 일을 두 번 다시 없을 거예요. 예전보다 더 공평한 관계가 된 거죠."

제이가 말하는 "예전"은 이 대화를 나누기 불과 몇 주 전이다. 수년간 채소 농사로 생계를 꾸려가던 어느 영국인 농부가 찾아와 축산업을 관두고 채소 농사를 시작해보라고 설득한 게 계기가 됐다. 그는 이렇게 말했다. "채소 농사가 미래입니다. 게다가 툭 까놓고 말해서 다시는 동물에게 고통을 줄 일이 없다면 더 좋지 않겠어요?"

제이와 카차는 이 말에 정곡을 찔린 느낌이었다. "우리가 실제로 소를 대하는 방식과 우리가 원하는 방식이 일치하지 않는다고 생각한 지는 오래됐죠. 그 농부의 말은…… 하나도 틀린 게 없었어요. 솔직히 얘기하면 받아들이기는 어려웠습니다. 여태까지 우리가 잘못된 방식으로 해왔다는 말이나 다름없었으니까요." 이들의 사연은 이 책을 쓰기 위해 만난 다른 농부들의 이야기와 크게 다르지 않았다. 한 가지 다른 점이라면, 전에는 미처 몰랐던 사실에 이제 막 눈을 뜬 터라 엄청난 변화들을 말로 설명하는 데 여전히 어려움을 느끼고 있다는 사실이었다. 이들의 경우, 우리가 대화를 나누던 바로 그 순간에 물방울이 물의 심연에서 수면 위로 떠오르고 있었던 셈이다. 제이와 카차는 안도감이 컸지만 애석한 마음도 들었다. 걱정도 있었지만 미래에 대한 희망도 있었다.

"저는 제 소들을 사랑했어요." 제이가 머뭇거리며 말한다.

"한없이 사랑했죠." 카차가 덧붙인다.

그가 고개를 끄덕인다. "소들을 잘 돌보고 있다고 생각했어요. 그래도 도살장으로 보내거나 송아지를 빼앗을 때는 늘 죄책감이 들었죠. 죄책감을 억누르고 있었다는 게 더 정확한 말이겠네요. 이제와 생각하면 다른 길이 안 보여서 그 감정을 이해하지 못했던 것 같아요. 카차, 내가 제대로 설명하고 있는 거야?"

그녀가 고개를 끄덕인다. "너무 괴로웠어요."

"맞아요. 그래서 속으로 혼잣말을 했죠. 별다른 대안도 없을 뿐더러 다들 이렇게 동물을 대한다고, 그게 정상이라고요. 그게 농부가 해야 할 일이라고요." 하지만 자신들을 찾아온 농부 활동가가 말하길 동물을 도살하거나 스트레스를 주는 건 말할 것도 없고, 농부라고 해서 꼭 가축을 기를 필요도 없다고 했다. 그러자 수년간 억눌러온 죄책감이 불현듯 제이의 머릿속에 떠올랐다. "그 순간 소를 보내야 한다는 생각이 들었어요. 소들이 저에게서 벗어나야 마땅하다고 생각한 거죠." 채소 농사를 하는 그 농부가 생크추어리를 몇 군데 알아봐주기로 했다. 하지만 적당한 곳을 찾아보는 데는 수개월이 소요될 수도 있다고 말했다. 제이와 카차로서는 시일이 늦춰져 차라리 다행이었다. 새로운 사업 계획을 세우고 전환 보조금을 신청하고 낙농업자로 보낸 지난 시절에 작별을 고하기 전에 마음속으로 정리할 시간이 충분히 있겠다 싶었다.

일주일도 채 안 돼 전화가 울렸다. 그 농부는 열의에 찬 목소리로 수십 명의 비건들이 생크추어리를 물색하는 일에 자원했다고, 소들이 여생을 보낼 수 있는 곳을 찾았노라고 말했다. 그리고 언제쯤 소들을 데리러 가면 좋겠느냐고 물었다.

"그 편이 더 나았죠." 카차가 말한다. 나보다는 남편을 향한 말처럼 들린다.

그도 동의한다. "제가 소들을 배신한 거예요. 저를 믿었는데, 수년 동안 젖을 짜게 해줬는데 저는 고통만 주는 사람이었어요. 호의적이었던 녀석들에게 우리가 입에 담을 수도 없는 짓을 했으니. 그간 왜 모르고 살았나 싶어요. 그래도 돌이켜보면……."

무슨 말을 하고 싶으냐고 묻자 제이는 어깨를 살짝 으쓱하고는 심란해하는 기색을 내비친다. 농장에 남은 20마리의 소에 대해 물었을 때라야 그의 두 눈이 다시 반짝인다. "지금은 전과 비교도 안 될 만큼 더 끈끈해졌죠." 그가 말한다. "이제야 진심으로 사랑하게 됐달까요. 좀 신비주의처럼 들리지, 카차?"

그녀가 발끈하며 답한다. "아냐, 그 말이 딱 맞아. 이제 우리가 느끼는 감정을 억누르지 않아도 돼."

제이가 이어서 말한다. "저는 이제 우리 소들이 곧 도살당할 거라는 생각에 시달리지 않아요. 예전에는 오로지 그 생각뿐이었죠. 몇 년 뒤면 도살해야 할 테니 마음 한편으로는 동물에 정을 붙이지 말아야 한다고, 감정을 이입하면 안 된다고 생각했어요. 그래서 새끼를 떼놓아도 어미는 아무런 감정도 느끼지 못할 거라고, 송아지도 죽어갈 때 아무런 감정도 느끼지 못할 거라고 자기 최면을 거는 거예요. 어서 해치워버리고 너무 깊은 생각은 하지 말자고 말이에요."

카차는 안도의 한숨을 내쉬며 말한다. "하지만 다행인 건 이제 그럴 필요가 없다는 거예요."

왜 이런 일이 일어나고 있을까?

이 장에 소개한 농부들의 이야기도, 뒷장에서 소개할 다른 수많은 농부들의 이야기들도 한결같은 패턴을 보인다. 이들은 동물 애호가를 자처하며 평생 살아온 농부들이다. 이들은 가축을 "애틋하게", "정성스레" 대했다고 말한다. 그러다 어떤 일을 계기로 스스로를 보는 관점이 완전히 뒤바뀐다. 이들은 자신이 하루아침에 '동물 학대자'처럼 느껴졌고, 부도덕한 일을 돈벌이로 삼은 사람처럼 느껴졌다. 어떻게 이런 일이 일어날 수 있을까? 이 세상을 위해서든 동물들을 위해서든 가족을 위해서든 좋은 일을 하고 있다고 굳게 믿었던 사람이 어떻게 일주일 만에, 하루 만에, 한 시간 만에 자신의 생활 방식 자체를 비윤리적으로 보게 된 걸까? 자기 일에 자부심을 느끼며 수십 년을 살던 그들이 어쩌다 느닷없이 지독한 수치심에 사로잡혀 눈물 없이는 그 일에 대해 말할 수 없는 지경이 된 걸까? 21세기에, 그것도 전 세계 곳곳에 사는 사람들이 일제히, 자신이 잘못을 저지르며 살았다는 사실을 자각하게 된 걸까?

이는 내가 '우리 시대의 마인드퍽(mindfuck)'이라고 부르는 현상이 빚어낸 결과다. 이 현상에 대해서는 차차 설명하려 한다. 마인드퍽은 여러분의 정신세계를 혼란에 빠뜨리거나 여러분을 잘못된 방향으로 이끄는 현상이다. 이 현상이 21세기의 농부들에게, 우리에게, 그리고 수백만 명에게 일어나고 있다.

Once Upon a Time We Ate Animals

2장

개를 사랑하는 사람이
소를 학대하는 이유

빅뱅(Big Bang) 이야기를 모르는 사람은 없을 것이다. 서구 사회에서 가장 잘 알려진 이야기 중 하나인 빅뱅 우주론을 우리는 대대손손 전하고 있다. 어렸을 때 학교 선생님과 부모님으로부터 듣고 어른이 된 후 자식들에게 또다시 들려준다. 사람마다 설명하는 방식은 제각각이지만 그 내용은 대체로 이렇다. 137억 년 전, 무에서 유가 탄생했다. 태초에는 지구도, 하늘도, 시간도, 암흑도, 빛도 없었지만 갑자기 우주가 팽창하면서 항성이 탄생하고 지구를 비롯한 행성들이 생겨났으며 지구에 생명체가 출현했다. 이 이야기 속 팽창의 순간을 가리켜 빅뱅이라고 부르고, 이 이론은 빅뱅설(Big Bang Theory)로 널리 알려져 있다.

여러분은 어떻게 생각할지 몰라도 나는 빅뱅 이야기를 접했을 때 이게 무슨 헛소리인가 싶었다. 이 이야기에 붙인 명칭은 오해의 여지가 있다. 실제로 폭발이 있어났는지 과학자들도 전적으로 확신하지 못하는 데다, 설령 폭발이 일어났다 하더라도 폭발로 이야기가 시작될 리 없기 때문이다. 우주는 끊임없이 팽창하고 있다. 즉 지금 이 순간에도 우주는 여전히 왕성하게 폭발하고 있다는 얘긴데, 그렇다면 '여전히 진행 중인 태초의 폭발'이 더 어울리는 명칭이다. 하지만 더 정확하긴 해도 입에 착 감기는 맛은 떨어지는 이 명칭은 어딘가 어설퍼 보여서, 해답보다 궁금증을 더 많이 가져다준다. 이야기의 후반부가 어느 정도 논리를 갖추고 있다 해도, 신빙성 없는 이 엉터리 초반부는 소설이라고 해도 의구심을 불러일으키기 십상인 설정이다. 태초 이전의 무(無) 공간도 어딘가에서 비롯된 건 아닐까? 아무것도 없는 공간은 왜 있었던 걸까? 그 공간이 지금은 어디로 사라진 걸까? 아무것도 없다는데 어떤 공간을 상상해보라는 말인가?

이쯤 되면 이 불확실한 이론을 내놓은 과학자들에게 불만을 토하고 싶은 사람도 있을 텐데, 그들 역시 불만스럽기는 마찬가지일 듯싶다. 그들도 자조의 웃음을 띤 채 어깨를 으쓱하고는 한숨을 내뱉으며 왠지 모르게 허술한 구석이 있는 이야기임을 인정할 것이다. 그리고 이렇게 덧붙일 것이다. 넓게 보면 일리가 없지는 않지만, 너무 복잡다단한 이야기라 우리의 이해를 넘어서기 때문에 설득력 있게 이야기를 전달하지 못하는 거라고. 그럼에도 우리는 이 이야기를 철석같이 믿는다. 그보다 더 그럴싸한 이야기가 아직 없기 때문이다.

사람들은 이야기를 좋아한다. 얼마간 비논리적이고 결론이 나지 않은 이야기라도 아예 없는 것보다 있는 편이 낫다. 우리는 인간이란 무엇이며 그 기원은 무엇인지, 인간의 행동 저변에 깔린 숨은 동기는 무엇인지를 드러내는 이야기들에서 안정감을 느낀다. 과거에 일어난 일을 해명할 수 있다면 앞으로 일어날 일을 더 쉽게 예측할 수 있다. 그러면 우리는 우연이나 운명, 또는 인간의 이해를 벗어나는 온갖 것들에 속수무책으로 좌우되며 살지 않아도 된다.

그런 까닭에 그보다 더 그럴싸한 이야기가 등장해 인간이 우주의 역사를 다시 쓰는 그날이 올 때까지 이 허술한 빅뱅 이야기를 전하고 있는 것이다. 그 새로운 이야기가 우리 마음에 들 때라야 고리타분한 빅뱅설을 회상하며 이렇게 말할 것이다. "정말이지 말도 안 되는 헛소리였어, 안 그래?"

진리는 끊임없이 수정된다

오랫동안 많은 사람들이 믿어온 또 다른 이야기도 비슷했다. 다름 아닌 인류의 진화와 기원에 대한 이야기다. 역사책에 실린 이 이야기는 수차례 수정됐고 수정 전 초기 버전들은 조롱거리로 전락했다. 사람들은 20만 년 전쯤 아프리카 동부에서 살았던 인류가 우리의 조상이라는 이야기를 오랫동안 서로에게 전하며 살아왔다. 여기에는 확실한 과학적 근거가 있었다. 에티오피아에서 그 시대에 살았던 고대 인류의 화석이 발견됐고[12] 이를 전 세계인의 DNA와 비교했기 때문이다. DNA가 일치하자 과학자들은 환호했고 이 소식은 신문들의 1면 머리기사로 실렸다.

이 이야기는 수년 동안 술자리의 좋은 안줏거리였다. 2017년 봄까지 말이다. 그 후 일단의 고생물학자들은 근대 인간이 우리 믿음과는 달리 그보다 10만 년 더 앞선 시기에, 전혀 다른 곳에서 살았다는 사실을 밝혀낸다.

민망하기 짝이 없는 일이었다.

이들은 현재의 모로코를 포함한 대다수 아프리카 지역에서 호모 사피엔스의 유물을 골고루 발굴했다. 술집에서 죽치는 이야기꾼들과 매한가지로 과학자들도 그 한 달간은 혼돈의 도가니에 빠져 있었을 게 분명하다. 안 그래도 진화 이야기의 근간을 흔드는 놀라운 발견이 그보다 몇 주 앞서 세상에 알려진 터였다. 한때는 호모 사피엔스가 인류의 유일무이한 조상이라고 생각했건만 알고 보니 전 세계 곳곳에서 까마득하게 먼 조상들이 천차만별로 살고 있었다는 것이다.

이는 엄청난 뉴스였다. 많은 사람들이 알고 있는 인류의 진화 이야기가 난데없이 의심을 샀기 때문이다. 우리는 침팬지로 시작해 서서히 직립 보행하는 모습으로 바뀌고 머리도 점점 더 커져 인간을 닮은 형상으로 진화하다가, 마지막으로 현대 인간의 모습에 이르는 이미지에 익숙하다. 인류의 족보를 따져보면 이 이미지의 바탕에는 결국 현대 인간이 가장 우월하다는 기능주의(functionalism, 진화는 보다 나은 방향으로 점진적으로 발전하는 것이라고 보는 관점-옮긴이)가 깔려 있다. 최초에 동물이었던 우리가 조금씩 몸집도 커지고 머리도 똑똑해지면서 점점 더 인간다워졌다는 말이다. 하지만 새롭게 알아낸 사실들은 이 관점이 앞뒤가 전혀 들어맞지 않는다는 점을 여실히 보여준다.

한편, 과학자들은 인류의 진화 이야기가 그보다 파란만장했다고 생각한다. 30만 년 전에는 호모 날레디를 비롯한 다양한 '사피엔스' 집단들이 아프리카 대륙에서 살았다. 이 시기, 네안데르탈인은 유럽을 누볐고, 데니소바인은 남동 아시아에서, 난쟁이를 닮은 호모 플로리엔시스는 플로레스 섬에서 살았다. 이들 인류 가운데 다수는 유인원에 더 가까운 모습이었으며 두개골은 호모 사피엔스보다 더 작았다. 네안데르탈인은 실제론 뇌가 더 컸다. 현재의 인류는 동물과 기타 인류 모두의 자손이다. '사피엔스'가 네안데르탈인과 데니소바인, 심지어는 호모 날레디와 낭만적인 밀회를 즐겼다는 근거가 있기 때문이다.

학술 서적의 저자들도 그에 따라 발 빠르게 기록을 수정하는 중이다. 일례로 1950년대 네덜란드 백과사전에는 네안데르탈인의 두개골이 "바보의 그것과 유사한" 병리학적 형태를 보인다는 내용이 실려 있었다. 이 내용은 나중에 일부 수정됐다. DNA 연구자들이 우리 몸에 이 '바보들'로부터 물려받은 유전자가 있다는 사실을 밝혀냈기 때문이다.

고작 인간에 불과한 전문가들

과학자들을 헐뜯으려는 작정으로 이런 이야기를 하는 건 아니다. 과학자들은 당대에 알아냈던 정보로 제 소임을 다했을 뿐이다. 빅뱅과 인류의 진화, '바보 같은' 조상들에 대한 이야기들을 언급한 건 우리가 '진리'라고 여기는 것들이 끊임없이 바뀌고 있음을 보여주기 위해서다. 과학이 '사실'과 '근거'로 뒷받침된다면 마땅히 진리로 볼 수 있다. 우리는 전문가들의 지식을 신뢰하며, 그들 역시 연구 방법의 제약 때문에 알고 싶은 것들을 완전히 알아내지 못하는 인간에 불과하다는 사실을 쉽게 잊어버린다. 인간은 새로운 정보를 접했을 때라야 비로소 기존의 이야기에서 잘못된 점을 찾아내고 그 대안으로 떠오른 이야기로 옮겨간다. 이는 과거의 경험을 통해서도 알 수 있다. 뚜렷한 대안이 없다면 새로운 이야기를 적극 찾아 나설 이유가 없다. 우리가 교과서에서 읽은 이야기들은 논리적이고 사실이며 신뢰할 만한 것처럼 보였다. 더 그럴듯한 이야기가 곧 등장하게 되리라는 것을 몰랐기 때문에 그 이야기들을 믿을 수밖에 없었다는 건, 세월이 흐른 뒤에야 알게 됐다.

이는 새롭게 등장한 인간 행동에 관한 이야기들을 분석할 때도 다르지 않다. 이번에는 그 내용이 불편하게 느껴질지도 모른다는 점만 빼면 말이다. 태초의 우주나 인류의 진화처럼 아득히 멀게 느껴지는 이야기일 때나 우리가 믿었던 '진리'의 변화가 흥미롭게 보일 뿐이다. 이 허술한 이야기들을 읽으면서 어쩌면 이런 생각을 했을지도 모른다. '연대를 추정할 때 사소한 오류가 생길 수도 있지. 그래 봤자 얼마나 달라지겠어?' 과

거의 실수에서 교훈을 얻었으니 됐다, 우리도 이제 그만큼 분별력이 생겼다고 위로한다. 하지만 그리 오래되지 않은 과거에 떠돌던 이야기라면 사정이 달라진다. 지금 보면 미심쩍기만 한 것들을 우리를 닮은 주인공들이 진리라고 믿었던 이야기라면.

마녀와 노예, 그리고 비거니즘

계몽주의를 예로 들어보자. 1700년쯤 영국과 프랑스에서 세 가지 주요 사상이 부흥했다. 학교에서 여전히 가르치고 있는 이 사상들은 이후 우리 사회를 형성하는 결정적인 요소가 됐다. 바로 관용주의, 이성주의, 인간 평등주의다.

지금은 너무도 당연해 보이지만 이는 당대에만 해도 혁명적이었다. 그것은 마녀를 이제 화형할 수 없다는 의미였다. 인간이 새롭게 깨우친 지식에 따르면 마법은 불가능한 것이기 때문이었다. 그러니 무고한 여성들을 화형시킬 이유도 없다. 수년이 흐른 뒤에야(그리고 수많은 화형이 있은 뒤에야) 이 새로운 시각이 유럽 전역에 퍼졌다. 독일에서는 1749년에, 스위스에서는 1783년에 마지막 '마녀'가 화형당했다.

사람들은 변화하는 사고에도 적응해야 했다. 이제 길거리의 거지들을 마구 때리면 안 된다, 이제 비신자를 쫓아내거나 투옥하면 안 된다, 이제 여자아이들을 생면부지의 늙은 남성에게 시집보내면 안 된다, 농부는 부유한 지주에게 봉사하며 입다물고 일만 하려고 태어난 것이 아니다 등등의 사고가 퍼져

나갔다. 이전까지만 해도 전 세계 곳곳에서, 전 사회 계층에서 정반대의 상식이 통하던 때였다.

지금에 와서 보면 당대인들이 그 같은 일을 옳다고 생각했다는 사실을 믿기 어렵다. 그렇지만 그게 당시의 상식이었고 압도적인 다수는 자신들이 무지몽매한 사회에서 살고 있다는 사실을 알지도 못했다. 그들은 마녀와 비신도를 화형했다. 가족을 '악'으로부터 보호하고 싶었기 때문이다. 그들은 부랑자를 구타했다. 더럽고 위험하다고 생각했기 때문이다. 그들은 미신으로 질병을 고치려 했다. 그러면 사랑하는 이의 병이 낫는다고 배웠기 때문이다. 이런 일들을 저지르지 않는 것이 규범으로 자리 잡고 그전까지 가능했던 일들이 법으로 금지된 뒤에야, 사람들은 과거의 행동을 새로운 시각으로 되돌아봤으며 공정과 이성의 개념에 대한 새로운 이야기들을 만들어냈다. 훗날 역사책에서는 이 대안적 이야기를 가리켜 '계몽주의'라고 부르게 된다.

에른스트 곰브리치(Ernst Gombrich)는 《곰브리치 세계사(원제: A Little History of the World)》에서 '선'에 대한 우리의 사고방식이 시대가 흐름에 따라 얼마나 크게 달라질 수 있는지를 다음과 같이 매력적으로 기술한 바 있다.

학창 시절에 쓰던 교과서를 어쩌다 발견해…… 안을 훑어보다 그 짧은 시간에 자신이 얼마나 변했는지를 깨닫고 놀란

적이 있는가? 이치에 안 맞는 말을 써놓은 걸 보고서, 자신이 써놓은 '좋은 글귀'를 보고서 놀란 적이 있는가? 하지만 그때만 해도 자신이 변화하고 있다는 사실을 모르고 있었을 것이다. 세계사도 매한가지다. 전령들이 말을 타고 난데없이 길거리에 나타나 이렇게 외치고 다닌다면 얼마나 좋겠는가. "알려드립니다! 새로운 시대가 밝았습니다!" 하지만 세상은 그렇게 돌아가지 않는다. 사람들은 자신도 모르는 사이에 견해를 바꾼다. 그러다 옛날 교과서를 보면서 문득 이를 자각한다. 그러고는 자부심에 차 이렇게 단언한다. "우리는 새 시대 사람이야." 종종 이렇게 덧붙이면서 말이다. "옛날 사람들은 참 어리석었단 말이야!"

이와 비슷한 현상은 계몽주의 시대에도, 이후 노예 해방 시대와 여권 신장 시대에도 나타났고, 육식주의(carnism, 동물을 착취·학대하고 도살해 그 살을 먹는 행위를 정당화하는 지배적인 신념 체계로, 사회심리학자 멜라니 조이가 제안한 개념-옮긴이)에서 비거니즘으로 전환하는 시기에도 마찬가지였다.

고양이를 끌어안고 통닭을 먹다

1983년에 네덜란드 도시 위트레흐트에서 태어나 "카이." 하고 부르면 반응하는 개와 크라위트예(스크래치를 심하게 하는 버릇 때문에 붙인 이름으로 '발톱'이라는 뜻이다)라고 부르는 작은 회색 고양이, (크라위트예와 운율이 맞아서) 바우트예(네덜란드에서 이름으로도 쓰이는 말로 '경찰'이라는 뜻-옮긴이)라고 부르는, 그보다 훨씬 뚱뚱한 연한 적갈색 고양이를 키우는 화목한 가정에서 자란 나 같은 사람이라면 누구나 진정한 동물 애호가를 자처했을 것이다. 다 크면 수의사가 되고 싶다고, 아픈 동물들을 싹 낫게 해주는 사람이 되고 싶다고 했을 것이다. 고양이들을 불멸의 몸으로 만들겠다는 목표를 세웠을 것이다. 고양이 없는 삶은 생각하고 싶지도 않았을 테니까. 이웃이 기르는 개를 산책시켜 용돈을 벌고, 아침마다 치즈를 넣은 갈색빵과 우유 한 잔을 먹고 개와 산책을 나가고, 산책 후에는 빵 한쪽에 잼이나 초콜릿을 발라 오렌지 주스와 함께 꿀꺽 삼켰을 것이다. 그 편이 더 맛있긴 해도 유제품을 먹는 게 건강에 더 좋다는 말을 들었을 것이다. 오후에는 버터와 (맛있는) 햄 또는 (그보다 더 맛있는) 살라미가 들어간 샌드위치를 먹고, 저녁에는 토마토소스 미트볼 스파게티나 여러분이 가장 좋아하는 메뉴인, 겉은 바삭하고 속은 촉촉한 통닭구이를 먹었을 것이다. 밤에는 침대에 누워 고양이를 옆에 두고 이불을 뒤집어쓰고서 몰래 책을 읽었을 테고 부모님은 아직 잠들지 않은 여러분을 모른 척하고 넘어가셨을 것이다. 마침내 눈꺼풀이 무거워지면 고양이가 깨지 않게 조심하며 독서등과 책을 한쪽으로 치워뒀을 것이다.

인간이 개와 고양이를 겁주고, 발로 차고, 두들겨 패고, 걷지도 못할 만큼 엄청나게 살을 찌우고, 움직일 수 없을 정도로 비좁은 우리에 평생 가두고, 태어난 지 몇 달이 채 지나지 않은 데다 어디 하나 아픈 곳 없이 건강한데도 식용 가능하다는 이 유만으로 도살한다고 누군가 어린 여러분에게 말했다면, 여러분은 눈물을 터뜨리곤 부모님이 차려주신 고기 음식을 손도 대지 않겠다며 거부했을 것이다. 그 생각만으로도 분노가 치밀고 욕지기가 솟았을 것이다. 그렇게 순한 녀석들을 어떻게 먹을 생각을 할 수 있단 말인가.

하지만 이것이 바로 여러분이 매일 먹다시피 하는 소, 돼지, 닭이 당하는 일이다. 여러분은 그게 잘못됐다는 생각은 추호도 해본 적이 없다. 그러니 (정성을 다해 보살펴야 하는) 반려동물로서의 동물과 (병에 걸리거나 도살당하거나 고기로 먹혀도 괜찮은) 농장 동물의 삶에는 괴리가 존재한다. 이 격차를 당연시하는 풍조가 우리 세대에서는 만연하다. 그리고 그 이유는, 통념으로 굳어져 있지만 논리적으로 따져보면 허술한 또 다른 이야기를 들어야 이해할 수 있다. 그것은 다름 아닌 육식주의 이야기다.

육식주의

여러분과 나뿐만 아니라 앞선 수많은 세대들은 이후 육식주의라고 불리게 될 이데올로기를 신봉했다. 육식주의 사회에서 아이들은 어려서부터 동물의 고기와 젖을 먹도록 길들여진다.

먹을 수 있는 동물과 그렇지 않은 동물을 구분하는 기준은 그 사람이 자라난 나라에서 가축으로 키우는 동물 및 이들 동물과 연관된 문화적 신화에 따라 달라진다. 대다수 서양 국가에서는 닭, 돼지, 소, 염소, 말, 물고기를 먹는 것(과 학대하는 것)이 전적으로 정상적인 반면에 고양이와 개, 햄스터를 먹는 것은 금기다. 고양이와 개, 햄스터는 사람의 친구 또는 식구로 여겨지는 데 반해 닭, 돼지, 소, 염소, 말, 물고기는 음식이나 물건으로 여겨진다. 다른 나라들에서 이 분류는 또 달라진다. 중국, 대한민국, 필리핀, 태국, 라오스, 베트남, 캄보디아, 나이지리아, 인도네시아 일부 지역, 인도 나갈랜드에서는 개고기를 먹는 것이 금기가 아니고, 인도에서는 소를 먹는 것이 금기다.

육식주의 시대에 사는 사람들은 자신이 하나의 이데올로기에 사로잡혀 있다는 사실을 자각하지 못했다. 대개는 자신이 잘못을 저지르고 있다는 사실 자체를 깨닫지 못했다. 계몽주의 이전 시대에 살던 사람들이 자신이 수십 년간 무지몽매에 빠져 있었음을 알지 못했듯 육식주의 시대에 살던 사람들은 자신이 육식주의 사회에서 살고 있음을 미처 깨닫지 못했다.

그 까닭은 육식주의 이야기가 그 시대의 지배적인 이데올로기였기 때문이다. 하나의 이데올로기가 지배하면, 즉 그 이데올로기가 압도적 다수의 신념 체계로 자리 잡으면 개인들은 이를 자유롭게 선택하거나 거부할 수 있는 문제라고 생각하지 못한다. 그러나 육식주의는 분명 하나의 이데올로기다. 육식이 생존에 필수가 아니므로(전 세계 대다수 지역에서 그러하다) 육식은 선택이다. 선택은 언제나 신념의 결과다. 달리 말해, 꼭 그럴 필요가 없는데도 그럴 만한 타당한 이유가 있다고 믿기 때문에 실천하는 것이다.

육식주의의 세 가지 신화

육식을 하는 우리가 육식주의 이데올로기를 따르며 살아야 할 타당한 이유는 세 가지였다. 하버드대학교 출신 심리학자 멜라니 조이는 육식주의 이데올로기를 정당화하는, 즉 육식이 '정상적'이고, '자연스러운' 일이며, '필요한' 것이라고 말하는 세 가지 신화가 널리 유포됐다고 지적한다. 의사, 과학자, 영양학자, 교사, 부모는 이를 적극적으로 홍보하고 나섰다. 수많은 사람들로부터 듣다 보니 이 신화들은 도무지 반박할 수 없는 것처럼 보였다.

이 신화들이 진실이 아님이 폭로되기까지는 긴긴 세월이 흘러야 했다. 맨 먼저 영양학자와 건강 전문가들이 인간의 오래된 믿음과 달리 육식은 건강한 식습관이 아니라는 사실을 알게 됐다. 일부 고기가 암이나 비만처럼 치명적이고 흔한 질병을 불러일으키는 원인으로 지목되는 경우가 많아졌기 때문이다. 뒤이어 과학자들은 고기를 먹지 않는 사람들이 대체로 고기를 많이 섭취하는 사람들보다 더 건강하고 튼튼하다는 사실을 알아냈다. 고기가 건강한 음식이 아니라는 말은 고기가 건강에 필수 요소가 아니라는 말이기도 하다.

그러던 차에 원시인들은 육식을 하지 않았다는 소식이 당도

했다. 육식 그 자체는 '자연스러운 일'이 아니었던 것이다. 앞서 잠깐 언급한 호모 날레디는 채식을 한 것으로 보인다. 초기 호모 사피엔스는 몽둥이로 몸집이 큰 동물을 잡으러 다닌 게 아니라 거대한 몸집의 포식자가 먹고 남긴 사체 찌꺼기를 먹고 다녔다. 실제로 대부분의 현대 인류는 산업 혁명이 시작되고도 한참 동안 곡식과 뿌리를 먹고 살았다. 그 기나긴 세월 동안 육식은 부자들만 즐겼다는 얘기다. 가난한 이들은 그럴 만한 형편이 못 됐고, 한 술 더 떠 여성의 체질에는 부적합하다는 주장까지 나왔다. 인류 역사 대부분의 시기 동안 고기가 '정상적인' 식량이었던 것은 아니라는 말이다.

새롭게 발견된 사실들에 대해서는 뒤에서 자세히 설명하기로 하고, 여기서 알아두어야 할 가장 중요한 사실은 바로 이것이다. 육식주의 이데올로기를 믿는 사람(육식인, animal-eater)은 폭력적인 성향을 가진 사람이 아니라 별 생각 없이 폭력적으로 행동한다는 점이다. 육식이 정상적이지도, 자연스럽지도, 필요하지도 않다면 육식을 하는 것은 지극히 폭력적인 선택이다. 폭력 없이는 고기를 생산할 수 없다. 달걀과 유제품 생산 시스템은 동물을 해한다. 그런데도 대다수 육식인들은 자신들이 연민, 공감, 정의의 가치를 안다고 말한다. 특정 동물이나 타인에 대해서라면 맞는 얘기다. 그러나 육식인들이 식용 가능하다고 생각하는 동물에는 적용되지 않는다.

2017년에 발표된 대규모 연구에 따르면 70퍼센트가 넘는 미국인들은 인간이 동물을 제대로 보살펴야 할 의무가 있다고 생각한다.[13] 1장에 소개한 농부들도 동물 애호가를 자처하며 이와 다르지 않은 신념을 갖고 있었지만(대다수는 애초에 농부가 되고 싶었던 이유가 동물을 너무도 사랑해서였다) 한편으론 자신의 농장에서 키우던 동물들을 해치고 스트레스를 주고 도살하는 일이 지극히 정상이라고 여겼다. 반려동물을 보살피던 어린 시절에 비춰보면 내게도 동물 애호가라는 신념이 있었다. 그럼에도 나는 농장 동물의 살을 먹었다.

쉽게 말해, 육식주의는 평화를 사랑한다는 수백 만 명의 사람들이 열렬히 받드는 극히 폭력적인 이데올로기라고 정의내릴 수 있다. 이들은 자신들의 핵심 가치와 정면으로 배치되는 이데올로기를 고집스레 믿고 있다. 똑똑하고 온순한 사람들이 자신의 뿌리 깊은 신념에 반하는 행동을 하면서 어떻게 만족감을 느낄 수 있는 걸까? 이 질문에 답하려면 동시에 작용하는 여러 요인을 살펴봐야 한다. 첫 번째는 빅뱅과 진화 이야기를 예로 들어 앞서 언급한 바 있다. 사람들은 달리 대안이 없어서 논리와 근거가 허술한 이야기를 철석같이 믿는 경향이 있다는 점 말이다. 육식주의라는 폭력적인 생활 방식은 날 때부터 몸에 배어 있는 것이다. 이렇게 생활화하는 과정에서 이와 다른 생활 방식을 불가능하게 여기게 되고, 그 결과 육식주의가 올바른 생활 방식으로 자리를 잡는다. 육식주의 시대의 권력자들이 객관적인 현실을 왜곡해 대중을 기만한 사실과 대중 역시 객관적인 현실을 끊임없이 부정하는 심리가 있었다는 점에 대해서는 이 장의 마지막 부분에서 더 살펴볼 것이다.

육류·낙농·수산업의 대기업화

현실은 이렇다. 오늘날 육류·낙농·수산업체들은 대개 소규모 가족 기업이라는 인상을 주지만 사실 이들은 수억 달러 규모의 대기업으로 오랫동안 입지를 굳혔다. 2018년 이래로 채식인(plant-eater)들과 비건의 수가 기하급수적으로 증가하면서 같은 기간 연간 육류 생산량도 늘어났는데, 이는 특히나 중국과 인도 같은 비서구 국가의 육류 시장이 팽창했기 때문이다. 1961년에 연간 780만 톤이던 전 세계 육류 생산량은 2018년에 3,400만 톤으로 약 네 배가 늘었다. 2018년 여름에는 'Beef2Live' 웹사이트("소고기를 먹고 더 건강하게 삽시다"를 슬로건으로 내세운다)에서 전 세계 육류 생산량이 신기록을 달성했다고 발표하기도 했다.

낙농업계도 막대한 돈을 벌어들이고 있다. 서구 국가들에서 대체 유제품 수요가 급격히 증가해 전통적인 유제품 매출이 급락했음에도 아시아권으로의 유제품 수출이 늘어나 자국에서의 손실액을 상쇄하고 있다. 특히 치즈는 사치품이라는 이유로 매출 효자 상품으로 거듭났다. 유독 중국에서 부유층이 늘고 있는 현상[14]도 이 같은 고급 식품에 대한 수요를 끌어올리고 있다.

수산업도 전에 없는 호황을 누리고 있다. 이 부문만 살펴봐도 21세기 식품 시스템 자체가 동물과 환경에 얼마나 가혹하게 바뀌었는지 쉽게 알 수 있다. 하지만 내가 속한 사회적 반경에 있는 사람들이 모두 이렇게 생각하는 건 아니다. 이 중 대부분은 아직도 '낚시'라는 단어를 들으면 아버지나 할아버지, 이웃 노인들이 툭하면 화제에 올리던 느긋한 활동을 떠올린다. 도시 끄트머리에 있는 개천에 나가 물에 낚싯대를 드리우고 잔잔한 수면을 굽어보며 몇 시간이고 보내다 마침내 4인 가족 점심거리로 딱 좋은, 구이로 제격인 큼지막한 물고기를 낚아 올리는 낚시 말이다.

그것도 다 옛날이야기다.

수산업은 스캐너와 거대한 그물, 자동화 낚시 기술을 활용하는 방대한 규모의 최첨단 산업으로 바뀌었다. 가령 물고기를 잡을 때 흔히 자망(gillnet)을 쓴다. 자망 어선은 몇 시간씩, 심지어는 며칠씩 그물에 잡힌 물고기를 끌고 다니는데, 이 때문에 살아 있는 물고기들이 끊임없는 고통을 당한다. 또 다른 어획 방법은 저인망(dragnet) 조업이다. 그물로 물고기 떼를 포위해 포위망을 좁혀가면서 잡는 방법으로, 물고기들이 서로 짓눌리거나 뭉개지고 어선으로 끌어올리고 나면 다른 물고기들의 무게에 못 이겨 서서히 질식사한다. 게다가 저인망 어선이 지나가면서 산호 군집을 파괴하기도 하고 대상 어종을 잡으려다 우연히 걸려든 다른 해양 생물을 포획하거나 상처를 내고 심지어는 죽이기도 한다.

더욱이 이 그물 때문에 대다수의 물고기가 이유 없이 혼획된다. 이렇게 우연히 그물에 걸려든 부수적인 어획물의 양은 어마어마하다. 2010년 네덜란드 해역에서 새우 조업 시 혼획된 타 어종은 그 비율이 10~50퍼센트에 달하며 혼획된 사체들은 바다에 그대로 버려졌다. 수리남 해역에서 주로 포획되는 열대지방 새우 조업의 경우, 그물에 걸려든 부수적 어획물이 최대 90퍼센트를 차지한다. 네덜란드 사람들이 좋아하는 또 다른 어종인 가자미 조업 시 함께 걸려드는 부수적 어획물은 최고 70퍼센트를 차지한다. 어획물이 100킬로그램이라면 30킬로그램만 육지에 도달해 팔려나가고, 70킬로그램의 다른 어종은 죽은 채로 바다에 내던져진다는 얘기다. 그 결과 전 세계 어획량은 급감하고 있고 바닷물고기는 말 그대로 씨가 마르고 있다. 전 세계에서 식용되는 수산물의 약 절반은 자연산이 아닌 양식 어종이다. 양식업자들은 최대한 싼 가격에 최대한 많은 수산물을 공급하려는 사람들이다. 이들은 그물, 케이지, 트레이에 물고기와 새우를 빈틈없이 욱여넣고 약물, 호르몬제, 살충제를 사용해 양식한다. 그 결과 물고기가 건강을 위협받고 생물 다양성도 훼손된다. 양식장은 가축 농장 못지않게 엄청난 양의 유해가스를 배출한다. 일부는 축산업보다 더하다. 수많은 물고기를 한꺼번에 키우기 때문에 양식수가 금세 오염되고 그 때문에 양식장에는 해충이 득실거리는데, 예방 차원에서 항생제를 양식수에 퍼부어대도 양식어의 20~40퍼센트는 질병과 감염으로 죽고 만다.

초원에서 풀을 뜯는 소는 어디에 있을까

수많은 과학자들은 육류·낙농·수산업계가 정치보다 더 큰 영향력을 행사한다고 생각한다. 예를 들어 이 기업들은 육식주의 이데올로기를 사수하려는 목적으로 두둑한 홍보 예산을 쌓아둔다. 특히 고기와 우유를 어린이들의 식단을 구성하는 필수 요소로 인식시켜 더 많이 섭취하게끔 권장한다는 구체적인 목표를 세우고 현란한 광고를 만든다.

1990년대에 개와 고양이를 보살피느라 대부분의 에너지를 썼던 나도 육가공품과 유제품을 먹으며 다시 기운을 얻었고, 당시 TV에 빈번히 등장했던 네덜란드 낙농업계의 유명한 슬로건 "우유, 하얀색 연료"가 낯설지 않았다.

육류·유제품 기업들이 육식주의를 부추기는 또 다른 방법은 고기가 실제로 어떻게 생산되는지 알 수 없도록 젊은이, 노년층을 가리지 않고 육류 소비자들의 눈과 귀를 최대한 가리는 것이다. 도살된 닭은 잘 알아볼 수 없게 토막 난 '너깃(nugget)'으로 팔려나가고, 소와 돼지의 살은 부위별로 갈리고 얇게 잘려나간다. 햄버거는 그중에서도 슈퍼마켓에서 가장 불티나게 팔리는 고기로, 죽어 고기가 된 소의 생전 모습은 온데간데없다.

어떻게 고양이를 끌어안고 통닭을 먹을 수 있을까

내가 이 책을 집필하기 위해 자료 조사를 하던 기간 동안 슈퍼마켓과 정육점에서 팔린 고기의 95퍼센트는 공장식 농장에서 사육한 동물의 살이었다. 하지만 내가 이 기간 동안 본 육류·유제품 광고들은 축산이 산업화되기 이전의 재래식 농장에서 생활하던 동물들의 낭만적인 삶을 그리고 있었다. 가령 육류 제품 포장지에는 소와 양이 푸른 초원에서 풀을 뜯고 있는 모습이 등장한다. 고기로 변한 이 동물들은 그 짧은 생애 동안 바깥 구경을 거의 하지 못했을 텐데도 말이다. 우유·요구르트 포장지에서는 유방염에 걸린 거대한 젖과 발굽질병에 걸린 젖소의 모습을 보기가 어렵다. 이 두 가지 질환은 유럽과 미국에서 가장 흔한 홀스타인-프리지안 품종(Holstein Friesian, 이하 홀스타인종)이 주로 걸리는데, 이 축종은 비정상적으로 많은 양의 원유를 생산하기 위해 만들어낸 개량종이다.

육류·수산물·유제품 생산업체는 포장 용기에 오해의 소지가 있는 인증마크를 붙여 대규모(인 데다 친환경적이지도 않은) 동물성 식품 기업에 대해 떠도는 소문들이 거짓이라고 소비자들을 안심시키고 있다. 이 인증마크는 이들이 여전히 가족 사업체라는, 즉 동물들을 제각각 이름으로 불러주고 각별하게 대하며 평온한 죽음을 맞이하게 하는 가족 농장이라는 착각을 불러일으킨다.

'자유 방목'의 숨은 뜻

닭고기 제품에 붙는 인증마크는 육식인들이 어떻게 현혹되는지를 잘 보여주는 한 가지 예다. '자유 방목 닭고기'와 '자유 방목 달걀'이라는 말은 소비자들로 하여금 이 닭들의 삶이 공장식 축사에서 사는 닭보다 더 낫다고 착각하게 만든다. 이 말이 틀린 건 아니지만 '더 낫다'는 말의 의미는 상대적이다. 더군다나 눈을 씻고 찾아본들 포장 용기 어디에도 그런 말은 없다. 패스트푸드점과 일부 음식점에서 쓰는 육계는 성장 속도가 빨라 금세 살이 찌는 개량 품종이다. 쉽게 말해 잘 걷지 못하며 무게가 2.5킬로그램이 되는 6개월 이내에 도축된 닭이라는 의미다. 육계는 도축되기 전까지 약 0.9제곱미터당 열 마리의 닭을 욱여넣은 양계장에서 지내는데, 이는 들판에 심은 콜리플라워 하나가 차지하는 면적보다도 작은 곳에서 사는 셈이다. 이렇게 빽빽하게 들어찬 닭들은 서로를 해치거나 질병에 걸릴 가능성이 높기 때문에(두 경우 모두 농부에게는 손실을 뜻한다. 성계로 자라지 못하고 일찍 죽은 닭이나 병든 닭의 고기는 판매할 수 없기 때문이다) 예방적 항생제를 투여하고 부리 끄트머리를 불로 지져 없앤다.

마취도 하지 않은 채 말이다.

중요한 건 부리가 가장 중요한 감각 기관이라는 점이다.

가금류 축산업자들은 고통을 초래하는 원인(손톱만큼 비좁은 공간에 많은 가축을 밀집 사육하는 것)을 그대로 둔 채 동물을 고통에 적응시키는 편을 택했다. 이 또한 포장 용기에는 언급돼 있지 않다. 깨알 같은 글씨로도.

그러니 인증마크에 찍힌 '자유 방목'은 그 닭이 공장식 축사에서 사는 닭보다 조금 나은 삶을 산다는 인상을 줄 수밖에 없다. 자유 방목 달걀과 자유 방목 닭고기를 구매하는 이들은 대개 자유 방목 닭이 드넓은 초원에서 흙을 쪼고 헤집으며 맘껏 노닐 것이라고 생각한다. 하지만 다른 열 마리의 닭들과 약 4제곱미터에서 함께 지내는 것이 자유 방목 닭의 현실이다. 밀집 사육되는 닭과 달리 자유 방목 닭은 바깥으로 나갈 수 있긴 하지만 '닭이 발톱으로 할퀸 자국'이 여기저기에 난 거대한 폐쇄형 방사 양계장에서 수백 마리의 닭들과 함께 지낼 뿐이다. 자유 방목 닭이 바깥으로 이어진 출입구를 드나드는 양계장도 있긴 하지만, 이것이 허가증을 받는 데 반드시 필요한 요건은 아니다. 일반적인 육계와 마찬가지로 자유 방목 닭 역시 예방적 항생제를 투여하고, 부리는 지져 없애며, 급속 성장을 시켜 생후 9주가 되면 도살해야 가금류 축산업자의 수익성이 높아진다.

인증마크의 진실

동물을 해치는 그 밖의 밀집 사육 관행에도 이와 비슷하게 오해의 여지가 있는 인증마크가 쓰이고 있다. 예를 들어 미국 동물 복지 인증 기관들은 새끼 돼지와 수소를 '인도적으로' 거세하는 세 가지 방법을 제안한다. 수술, 고무링 이용, 고환 압착

이 그것이다. 그런데 세 가지 방법 모두 마취 없이 행한다. 한편 농장 동물에 '인도적 보호'를 제공한다는 취지로 축산업계와 미국 정부가 공조해 도입한 이른바 '28시간 법'은 가축을 차량으로 도축장까지 수송할 경우 28시간마다 멈춰 가축들이 먹이를 먹고 마시고 움직일 수 있도록 강제한다. 달리 말하면 동물이 움직이는 트럭에 빽빽하게 들어차 물과 먹이 없이 추위와 더위에 노출된 채 실려 가는 경우도 있다는 의미다. '28시간 이상 지속되지 않는 한' 이렇게 수송하는 것은 '인도적'으로 여겨진다.

대다수 육식인들은 이 인증마크에 쉽게 속아 넘어간다. 동물성 식품이 제조되는 거대 사업체에 가볼 일이 전혀 없기 때문이다. 소도시와 마을에서 흔히 볼 수 있는 체험 동물원이나 염소 농장 같이 교육적·상업적·관광 목적으로 동물을 키우는 소규모 농장을 방문하는 경우는 있지만, 이 농장들은 닭고기·돼지고기·소고기를 생산하는 일반적인 대기업과는 전혀 다르다. 대기업에서 운영하는 축산 농가들은 인구가 띄엄띄엄 흩어져 있는 곳에 전략적으로 위치하여 육식인의 눈과 귀에서 벗어나 있다.

의심 많은 육식인이 이 초대형 축사나 도축장에 가보고 싶다 한들 방문하기가 여간 어려운 게 아니다. 외부인을 차단하는 데다 (동물권 활동가들이 잠입 촬영을 목적으로 항상 시도하는) 펜스를 넘어가는 것은 불법이다. 미국에서는 동물권 활동가가 〈동물 기업 테러법(Animal Enterprise Terrorism Act)〉(동물 기업에 경제적 손실을 끼치는 동물권 운동가들의 활동을 테러로 규정한 법. 동물 기업이란 식품 생산, 농업, 학술 연구 등을 목적으로 동물 또는 동물성 제품을 판매·사용하는 기업으로, 동물원과 애완동물 가게 등도 포함된다-옮긴이)을 위반하면 테러리스트로 규정된다. 유럽에서도 이 못지않게 효과적인 다른 방법을 쓰고 있다. 가령 네덜란드에서는 TV에서 일련의 공익광고 형식으로 '동물권 극단주의(animal rights extremism)'에 대한 경고를 내보낸다.

하지만 육류·유제품 업계의 효과적인 마케팅 수법 때문에 육식인들이 육식주의 이데올로기를 충실히 따르는 건 아니다. 육식주의의 광적인 신도는 우리 몸속에도 있다. 육식인조차 알아채지 못하는 이 지지자는 바로 우리의 뇌다.

그리고 우리는 부인한다

우리 뇌는 일종의 개인 경호원이다. 뇌는 복잡하고 고통스럽고 혼란스러운 정보를 어떻게든 차단하려 한다. 덕분에 우리는 평정심과 행복한 기분을 유지한다. 심리학자들은 신념과 행동이 일치할 때, 신념과 사고와 견해가 합치해 일관된 내러티브를 형성할 때 우리의 기분이 가장 좋아진다는 사실을 알아냈다. 스스로 신념에 반하는 행동을 하거나 나와는 다른 신념·사고 방식·견해와 충돌할 때 우리는 불쾌한 긴장감을 느낀다. 전문가들은 이러한 긴장을 '인지 부조화'라고 일컫는다. 다행히도 인간은 긴장감이 고조되면 곧장 출동하는 건장한 경호원을 고용하고 있다. 바로 우리 뇌가 이 같은 부조화를 감소시키는 다양한 응급조치를 취할 수 있도록 단련돼 있는 것이다.

뇌가 자주 쓰는 대처 전략 중 하나가 기존 신념을 새로운 정보에 부단히 적응시키는 것이다. 뇌가 내적 평정심을 위협하거나 흐트러뜨리는 새로운 정보를 침입하지 못하도록 막아주는 방어벽을 세우는 이 과정은 매우 빠르게 진행되므로 우리 스스로도 미처 인식하지 못한다.

육식인들은 자신들이 먹지 않는 동물의 지적 능력과 어릴 적부터 식용으로 분류된다고 배워온 동물의 지적 능력을 비교할 때, 체계를 나눠 후자를 낮잡아 본다. 돼지가 적어도 영장류만큼 지능이 높고(가령 돼지는 컴퓨터 조이스틱을 조작하는 법을 익힐 수 있다), 두려움과 행복감 등의 감정을 느끼며, 개들처럼 장난치는 것을 좋아하고 사교성이 있으며, 친구 돼지가 죽으면 슬퍼할 줄 알고, 혼자 먹기보다 다른 돼지와 함께 먹는 것을 선호하며, 인간과 매한가지로 연민을 느낄 수 있다는 사실을 21세기의 과학자들이 밝혀냈다. 하지만 돼지의 지적 능력이 떨어진다는 생각은 육식인들 사이에서 지금까지도 굳건히 자리하고 있다.

증거가 명백히 존재하고 저명한 언론사의 기자들이 기사로 다루고 TV 뉴스 앵커들이 보도하고 있는데도 이러한 정보의 파급 효과는 여전히 대다수 육식인들에게 미치지 않는 듯하다. 열정만 앞세운 경호원처럼 우리 뇌는 이 정보를 즉시 차단하

어떻게 고양이를 끌어안고 통닭을 먹을 수 있을까

고, 초대형 축사에 갇혀 살며 어미와 너무 빨리 떨어지고 단 한 번도 놀아보지 못하고 얼마 살지도 못한 채 도축되는 삶이 돼지에게 그리 나쁘지 않은 이유를 찾아내려 한다. 그러고 나서 이렇게 말한다. "그래, 뭐, 우리가 생각하는 것보다 돼지가 더 똑똑할 수는 있겠지. 그래도 돼지에게는 시간 개념이 없잖아." 라고 말이다. 아니면 이렇게 말할지도 모르겠다. "돼지는 '죽음'을 이해하지 못하니 돼지를 죽이는 게 꼭 나쁜 짓이라곤 볼 순 없어." 또는 이렇게 말할지도 모른다. "딱히 대안이 없는 걸 어쩌겠어. 우리 몸이 건강하려면 고기가 필요한걸."

동물학자와 건강 전문가 들이 밝혀낸 새로운 사실들은 앞에 열거한 명분들이 근거가 없음을 알려주고 있다. 한편 신념과 행동을 일치시키고 인지 부조화에서 벗어나려는 인간의 욕구는 이 명분들을 넘어선다. 따라서 이 욕구를 충족시키는 단 하나의 방법이란 행동을 바꾸는 것, 즉 육식을 끊는 것이다. 그러려면 부단한 노력과 적응, 불편을 감수해야 한다. 주변의 많은 이들이 여전히 육식을 즐기는 사회에서라면 더더욱.

그러나 인지 부조화를 막는 또 다른 방법이 있다. 신념을 행동에 들어맞게 조정하는 것이다. 육식인들은 자기 자신을 선량하고 우호적인 문명인으로 여긴다. 선량하고 우호적인 문명인이라면 감정을 느끼는 영리한 생명체가 불필요한 고통을 당하는 것을 좌시하지 않을 것이다. 그래서 우리는 속으로 돼지가 멍청하고 감정을 느낄 줄 모르는 동물이라고, 돼지고기는 건강에 꼭 필요하다는 자기 암시를 되뇐다.

결국 경호원이 1승을 거둔다.

예외라고 생각하면 편하다

우리 뇌는 신경에 거슬리는 긴장감을 해소할 때마다 두고두고 써먹을 수 있는 또 다른 비책을 갖고 있다. 이 비책이란 바로 처리하기 어려운 정보에 '예외'라는 딱지를 붙이는 것이다. 똑똑한 우리 뇌는 동물이 온당한 대우를 받을 권리가 있다고 생각하지만, 인간에게 이용되기 위해 이 땅에 태어난 일부 동물은 예외로 치부한다. 유사 이래로 우리의 마음속 경호원은 이 수법을 육식주의는 물론이요, 여타 이데올로기들과 저마다 다른 시대에 입맛대로 적용해왔다.

1920년까지만 해도 여성에게는 투표권을 부여하면 안 된다는 사고가 팽배했다. 여성은 투표권을 행사할 만큼 이성적이지 않다는 게 이유였다. 여성들은 "달랐고",[15] 따라서 예외였다.

1865년의 대다수 백인들은 흑인들이 태생적으로 지능이 더 낮고 더 게으르며 신용이 더 떨어지고 더 폭력적이라고 믿었고, 그 결과 흑인들은 교육의 혜택을 받을 수도, 좋은 직업을 가질 수도 없었다. 실상 흑인들이 지극히 유능하고 청결하며 준법정신도 투철하다는 것을 몸소 증명해내는 건 일도 아닐 테니, 이 모두가 근거 없는 소리라는 걸 당대인들도 곧 알아내지 않았을까 싶을 수도 있다. 그러나 이는 머릿속 경호원과 이런 지배 이데올로기의 끈질긴 생명력을 과소평가하는 생각이다. 신봉자는 결국 주관적인 믿음과 객관적인 증거 사이의 악순환에 빠지므로, 그의 머릿속 경호원은 대안적 주장과 사고방식을 만나도 꿈쩍하지 않는다. 대다수의 좋은 일자리는 백인들이 장악하고 있다는 현실 때문에 흑인들이 열등하다는 사고방식은 끊임없이 강화됐다. 평범한 백인들은 이렇게 말했을지도 모른다. "이봐, 흑인들은 이제 노예가 아니라고. 그런데도 흑인 교수나 흑인 판사는 아직도 없잖아. 그게 흑인이 우리보다 멍청하고 성실하지 못하다는 사실을 보여주는 확실한 증거가 아니고 뭐겠어?" 그 결과 흑인들은 좋은 일자리에서 배제됐고, 고위 권력자가 된 흑인이 없다는 사실이 다시 열등함의 증거가 되는 악순환이 초래됐다.

이 '예외 전략'은 흑인이었던 클레넌 킹(Clennon King)이 미시시피대학교에 입학 지원을 했다는 이유로 정신병원에 감금된 1958년까지 오랫동안 유지됐다. 당시 판사가 그 같은 판결을 내린 이유는 이랬다. 미치지 않고서야 어찌 흑인이 감히 그런 일을 벌일 생각을 할 수 있느냐는 것이었다. 판사의 눈에는 백인 우월주의가 정상이고 자연스러우며 필요한 일이었던 것이다.

어디서 들어본 것 같다고?

내 백인 조상들이 흑인들을 모멸적인 방식으로 지독하게 대했던 역사와 육식주의 시대의 동물이 당하고 있는 일을 비교하려고 잠깐 옆길로 샌 게 아니다. 논리도 없고 인간의 핵심적인 가치관에 정면으로 위배되는 이야기들이 어떻게 수년, 수십년, 심지어 수백 년 동안 존속할 수 있었는지를 보여주고자 한 것뿐이다. 이 이야기들은 사회의 권력자들과 문화적 사고, 미처 자각하지 못한 선입견에 힘입어 계속해서 이어지고 있다.

비정상적인 비건

지금은 이런 심리적 속임수가 더는 통하지 않는, 이 신화들을 꿰뚫어보고 있는 이들이 수없이 많다. 바로 비건들이다. 이들은 여전히 극소수고(사회학자라면 비건들의 이데올로기가 '지배적이지 않다'고 말할 테지만) 그런 까닭에 우리 사회는 이들을 고기나 유제품을 먹지 않는 사람이 아니라 비정상적이고 몰상식한 신념을 지닌 사람으로 취급한다. 이 '예외들'을 위한 특별한 음식점들이 생겨났다. 이들은 '정상적인' 음식점에 가고 싶은 경우, 동물성 원료가 전혀 들어가지 않은 메뉴가 있는지 요리사에게 물어봐야 한다. 기내식을 이용할 때도 '종교나 건강상의 이유에 따른 특별 기내식'을 미리 예약해둬야 한다. 친구나 친인척의 초대를 받아 식사를 할 때도 '특별 식단'을 고려해달라고 정중하게 요청해야 한다. 그러면 동물성 재료를 쓰지 않는 요리에 서툰 집주인이 스트레스를 받는 일도 있다. 그런 요청이 별나고 무례하다는 생각에 짜증을 내는 일도 있다. 내 양고기 요리가 얼마나 끝내주는데, 그냥 순순히 먹어주면 안 되겠니?

다음 장에서는 비건이 언제, 어떻게 정상이 됐는지를 보여 줄 것이다. 육식주의의 전성기에도 비건의 이미지는 놀랄 만큼 시시각각 변하고 있다. 지난 수년간 소수자였던 비건들은 문신을 새긴 사람들, 살집 두툼한 사람들, 동성애자들, 그 외 '정상적인' 사람들까지 광범위하게 아우르며 확장했고, 핏기 없는 얼굴의 우울한 비호감 집단에서 섹시한 복근을 자랑하는 소수 정예 클럽으로 탈바꿈했다.

"우리는 몰라서 먹었던 거란다"

부엌에서 짭짤한 향이 난다. 찰흙이 생각나는 냄새다. 요리 담당 로봇이 삑삑 소리를 내자 수비드 장비가 저절로 꺼진다. 윈스턴 스미스는 벽에 붙은 화면에 뜬 시내 지도에 눈길을 준다. 빨간 점 세 개가 제각각 다른 위치에서 이동해 한곳으로 모여들고 있다. 아내와 아들, 손자가 그의 집으로 오는 중이다. 곧 있으면 도착이다. 기가 막힌 타이밍이다.

그는 요리 담당 로봇에게 말한다. "이제 미지근해질 때까지 빠르게 식혀." 이 로봇을 구입할 때 '오브라이언'이라는 이름을 붙여줬는데, 그 이유는 잊은 지 오래다. 윈스턴은 양손으로 둔부를 짚고 몸을 뒤로 젖혀 어깨를 쫙 편다.

"빨리 식히기 모드를 시작합니다." 기계음이 주방에 울린다. 이제는 제 식구처럼 느껴지는 친근한 남자 목소리다. 윈스턴은 손뼉을 친다. "오브라이언, 요리할 때 듣는 음악을 틀어줘."

그 즉시 부엌에 색소폰 선율이 울려 퍼진다. 윈스턴은 선율에 맞춰 휘파람을 분다. 그는 칼을 숫돌에 대고 두어 번 쓱싹간다. 자신이 배운 옛날 방식대로 이렇게 직접 칼을 간다. 그래야 칼날의 각도를 원하는 대로 조절할 수 있는데, 자동 칼갈이로는 각도 조절이 어렵다.

"미지근해질 때까지 요리를 식힙니다." 오브라이언이 말한다.

윈스턴은 수비드 장비에서 진공 포장된 내용물을 흔들어 꺼내 육중한 목재 도마에 올려둔다. 검붉은 액체가 목재에 난 홈을 따라 흘러내린다. 그는 칼끝을 도마에 대고 천천히 자르는 동작을 취한다. 이 조리법의 핵심은 정확성이다. 가늘게 썰수록 더 좋다. 손끝이 붉게 물든다. 앞치마를 매서 다행이다.

별안간 음악이 잦아든다. 예상대로 손자 사임이 천천히 걸어 들어오는 모습이 보인다. 키가 훤칠한 손자의 형체 뒤로 그의 아들 조지가 곧장 뒤따라온다. "아버지, 잘 지내셨어요?" 조지가 쾌활하게 인사를 건넨다.

사임과 조지는 윈스턴, 줄리아 부부와 같은 주택 단지에서 살고 있다. 아들네 집은 두 동 떨어진 거리에 있다. 그들은 일주일에 한 번씩 가족 모임을 열어 진짜 음식을 먹는다. 바로 이 부엌에서 말이다. 가족과 함께하는 저녁 식사 시간에 요리를 도맡아 하는 사람은 대개 윈스턴이다. 그에게는 요리할 시간이 차고 넘친다. 아내는 그렇지 않다. 아직은 체력이 따라주는 대다수의 동년배 연금 수령자들과 마찬가지로 줄리아도 늦게까지 자원 봉사를 한다. 그녀는 환경에 끼친 피해를 보상한다는 마음으로 대기·해양 환경 미화 프로그램에 매우 적극적으로 참여하고 있다. 윈스턴은 작년 일흔다섯 번째 생일에 그만뒀다. 허리 통증이 못 견딜 만큼 심해졌기 때문이다.

혹시라도 입 밖에 내는 일은 결코 없을 테지만, 윈스턴은 이제 집에서 더 많은 시간을 보낼 수 있게 된 것에 내심 쾌재를 부른다. 그는 로봇 반려견인 미스터 채링턴과 함께 주택 단지 둘레에 있는 수중 농가(the underwater farmers)를 둘러보고 장을 보고 가족을 위해 요리하는 일이 얼마나 즐거운지, 무엇보다 접시와 날붙이가 놓인 식탁에 앉아 함께 저녁 식사를 할 수 있어서 얼마나 즐거운지 은퇴 직후에 새삼 깨달았다.

줄리아와 달리 그는 식사 대용 알약과 셰이크에 도무지 적응이 안 됐다. "시간을 절약해줘서" 유용하다는 게 아내 생각이다. 그는 그런 즉석 식품이, 홀로 덩그러니 식탁에 앉아 저녁을 먹는 시간이나 진짜 음식을 차리고 먹는 데 드는 시간이 줄어드는 바람에 왠지 더 길게 느껴지는 저녁 식사 시간만큼이나 무미건조하다고 생각한다. 그는 그 약 때문에 체중도 늘었다. 줄리아는 말도 안 되는 소리라고 잘라 말한다. 이론상 맞는 말이다. 그도 그 이유를 모르는 바는 아니다. 그 약들은 딱 필요한 만큼의 칼로리와 영양소를 함유하고 있어 하루 동안에 필요한 에너지를 공급해주면서도 잉여 지방이 축적되는 것은 막아주기 때문이다. 하지만 실제론 그렇지 않았다. 윈스턴의 위는 약 한 알이 예전에 먹던 삼시 세끼를 대신할 수 있다는 사실을 잊고 싶은 듯했다. 약을 먹은 날에는 늘 허기가 몰려왔다. 요 몇 년 사이에 더는 체중이 불지 않은 건 냉장고에 음식이 얼마나 남아 있는지(그리고 누가 그 음식을 먹는지) 자동으로 기록되는 시스템 덕분이었다. 격일에 한 번씩 먹는 셰이크는 포만감은 주지만 곤죽 같은 식감이 영 마음에 들지 않는다.

"내 새끼들, 어서 와라!" 그가 손자와 아들을 맞이한다. 전동 부엌문이 뒤에서 조용히 닫힌다. 윈스턴이 한 손에 들고 있던 식칼을 등 뒤로 안전하게 숨긴 채 상체를 숙여 손자를 안으려 하자 사임은 할아버지가 내민 손의 손가락을 보고 질색하며 매몰차게 무시한다.

"징그러워요, 할아버지." 가방을 내려놓으며 사임이 중얼댄다. "그러다 셔츠에 묻으면 어떡해요. 그 성가신 음식을 왜 아직도 만들려고 하시는지 전 도저히 이해가 안 돼요." 사임은 냉장고 쪽으로 가더니 암녹색 비타민 주스 한 잔을 따른다. 사임의 등 뒤로 조지가 눈살을 찌푸리며 눈을 흡뜬다. 윈스턴은 조지를 보고 미소로 답한다. 최근 뉴스에 나온 신경학자들의 주장에 따르면 자신이 속한 육식 세대보다 젊은 세대에서 공감을 관장하는 뇌의 영역이 훨씬 더 발달했다고 한다. 하지만 윈스턴은 사임이 저기압일 때마다 어쩌면 자기 손자는 예외일지도 모른다는 생각이 든다.

"둘 다 즐거운 하루 보냈니?" 윈스턴이 묻는다. 그는 주방 조리대에 몸을 기대고 사임과 조지의 얼굴을 번갈아 쳐다본다.

"보람찬 하루를 보냈죠." 조지가 답한다. 조지는 고속 태양광 버스로 세 시간이면 닿는 유라시아 소재의 초대형 건강 실험실에서 장기를 배양하는 일을 한다. '안색은 밝은데 좀 지쳐 보이는걸.' 윈스턴은 생각한다. 어쩌면 그리 놀랄 일도 아니다. 제 나이보다 어려 보이지만 아들도 어느덧 50세. 피부에는 주름 하나 없고 운동선수 같은 체격에 몸은 호리호리하고 새까만 머리카락은 풍성하다.

"기증자의 폐가 진전을 보이고 있어요." 조지가 방수 신발을 벗으며 말한다. 실험실이 물 위에 뜬 건물 단지 내에 있다는 건 윈스턴도 알고 알지만 아들이 환한 방수 작업복을 입고 돌아다니는 모습은 여전히 낯설어 보인다. 이 지역은 모든 게 극히 건조하기 때문이다(주택 단지 건물은 침수 방지 설계가 필요 없지만 단열 및 태풍 방지 설비는 필수다). "오늘 아침에는 희소식이 있었죠. 피험자 전원이 해당 세포 조직에 거부 반응이 없었다는 결과가 나왔거든요. 그래서 다음 주 수술은 예정대로 진행될 것 같아요."

"그거 잘됐구나!" 윈스턴이 소리친다. 그러다 고개를 절레절레 젓는다. 요즘은 세상이 변하는 속도를 따라잡기가 벅차다. 젊은 시절에 봤던 폐암으로 죽어간 많은 사람들……. 이제 폐암은 몸이 아프긴 해도 직장을 쉴 정도로 심각하지는 않은 병이 됐다. 곧 있으면 폐암보다 끈질긴 추위가 더 골치 아픈 문제가 될 것이다.

"그렇다면 축하해야지." 그가 말한다. "백포도주 한잔 하겠니? 고급 와인이 여기 어디 있을 텐데." 그는 대답도 듣지 않고 와인랙이 있는 쪽으로 걸어가 와인 한 병을 꺼내 와인 냉장고에 넣어둔다.

사임은 유난히 조용하다. 하지만 오브라이언에게 와인을 알맞은 온도로 차갑게 해달라고 말하는 순간 윈스턴은 조지의 표정에서 이상한 낌새를 알아차린다. 자신을 바라보는 아들의 눈이 무언가를 경고하고 싶어 하는 눈치다. 하지만 윈스턴은 그의 눈을 읽을 수 없다. 아들이 입은 셔츠도 스트레스 신호를 보내지 않는다. (조지가 사생활을 어찌나 중요시하는지) 그 기능을 꺼놓은 게 분명하다.

윈스턴이 조리대로 돌아가 저녁 준비를 마저 한다. "사임, 너는 어떠니?" 그가 묻는다. 두 눈은 손에 쥔 칼에 고정돼 있다. "오늘 학교는 어땠니?"

손자는 윈스턴이 알아들을 수 없는 말을 중얼댄다. 손자가 보드에서 뛰어내려 부엌 바닥에 폴짝 착지하는 소리가 들린다. "태양광 보드랑 학용품은 '당장' 복도에 놔두게나, 젊은이." 짜증이라기보다 인내심이 묻어나는 말투다. "안 그러면 할머니가 들어올 때 발에 걸려 넘어지실 거다." 그는 똑똑히 들리는 사임의 한숨을 짐짓 못 들은 처한다. "그나저나, 오늘 밤 에어축구 시합이 몇 시지? 30분이면 식사 준비가 다 끝날 텐데."

"34분입니다." 보조 요리사가 그의 말을 정정한다.

"딱 좋아요, 아버지." 등 뒤에서 들려오는 조지의 목소리에서 온기가 느껴진다. 어쩌면 사임에겐 딱히 문제가 없는지도 모른다. 아들도 직장에서 정신없는 하루를 보내느라 지쳐 있었을 테지. "서두르실 필요 없어요. 사임이 오는 길에 그러는데, 오늘 밤에는 훈련을 하지 않을 거래요. 컨디션이 별로라면서요."

"컨디션은 좋아요." 사임이 쏘아붙인다. "그리고 훈련에 빠질 거란 말은 안 했다고요!"

윈스턴이 손자 쪽으로 몸을 돌리자 자기 아빠를 화난 눈으로 노려보는 얼굴이 보인다. "제가 언제 몸이 안 좋다고 했어요?" 사임이 떨리는 목소리로 묻는다. 두 눈은 이글거리고 목은 벌겋게 달아오른다. "전 그냥 이 음식을 먹고 싶지 않은 것뿐이라고요! 차라리 약을 먹고 말래요!" 사임은 부엌 의자에 털썩 주저앉아 분을 못 이긴 채 보드 신발을 벗어 던지기 시작한다. 윈스턴의 눈에는 사임의 티셔츠가 집에 들어올 때보다 더 어두워 보이는 듯하다. 하지만 상상에 불과한지도 모른다. 양육 코치의 말에 따르면 후세대는 청소년기 후반에 접어들면서 어두운 색을 더 자주 발산하는 게 정상이라고 한다. '성인이 돼가는 과정일 뿐이야.' 그는 생각한다.

윈스턴은 수도꼭지를 틀어 손을 씻는다. "진심이니?" 심란한 기색이 묻어나지 않도록 조심스레 묻는다. "바다 스펠트 밀가루와 넛치즈로 만든 바다 비트 요리를 했단다! 네가 좋아하는 거잖니?" 그는 속마음을 내비치지 않는다. 육식 세대와 비육식 세대가 한데 섞인 가족은 자주 모여 식사를 하는 게 특히 중요하다고 했다. 예민한 청소년기를 통과 중인 비육식주의 식구가 있는 경우라면 더더욱. 알약이 편하고 건강에 좋을지는 몰라도 영양학 코치와 여타 전문가들 말마따나 유대 관계를 형성하게 해주는 전통적인 식사 시간을 대신하진 못한다. 식탁에 둘러 앉아 저녁 식사를 함께하고 느린 손놀림으로 날붙이를 사용하고 음식을 씹는 활동 모두가 정서적인 정보뿐만 아니라 깊은 대화를 나누는 시간을 마련해준다.

그는 사임 쪽으로 눈길을 주지 않으려 애쓰며 찬장에서 접시 네 장을 꺼낸다. '또 상황이 나빠진 걸까? 아냐.' 그는 생각한다. 조지와 사임의 사이가 틀어지기라도 한 걸까? 학교에서 무슨 문제라도 생겼나? 실연을 당한 걸까? 곧 있으면 진정되겠지. "오늘 오전에 네 혈액 상태를 보니까 마그네슘 수치가 좀 떨어졌던데." 조지가 사임에게 하는 말이 들린다. 그는 아들이 이 말을 하면서 시계를 들여다보곤 엄지와 검지로 사임의 혈액 수치를 확대하는 모습을 머릿속에 그린다. "할아버지께서 오늘 네 훈련에 딱 좋은 요리를 하고 계신 것도 그래서야."

"바다 비트와 바다에서 난 곡물은 우리 식구 사임에게 권장되는 메뉴입니다. 아질산염과 니코틴산 함량이 비교적 높기 때문입니다." 요리 로봇이 덧붙인다. "아질산염은 미토콘드리아

효율을 높여 운동선수의 기량을 향상시키는 데 도움이 됩니다. 니코틴산은 스트레스 관리 및 생식과 관련이 있죠."

"닥쳐, 브라이언!" 사임이 소리친다.

윈스턴이 주방 한복판에서 갑자기 멈칫한다. 접시가 아직 손에 들려 있다. 주방에는 여전히 색소폰 가락이 흐른다.

손자의 티셔츠는 이제 검은색에 가깝다.

"애야, 대체 뭐 때문에 그러는 거니?" 그가 묻는다. 조지가 사임을 향해 고개를 끄덕이고 말없이 아들의 보드와 가방을 한쪽으로 치우기 시작한다.

"사임?"

무슨 말인지 알아들을 수 없을 만큼 손자의 목소리가 기어 들어 간다. "할아버지랑 할머니가 동물을 죽이고 그 고기를 먹 었다는 게 도저히 믿기지 않아서 그래요."

어쩐지, 그래서 그랬던 거다.

"'내 손으로' 도살한 건 아니란다!" 윈스턴은 자신도 모르게 목소리가 커진다. 그래도 어쩔 수 없다. 그는 일부러 심호흡을 해본다. 젠장. 최근 들어 툭하면 이 주제로 대화를 나눴다. 그 는 둥근 탁자에 접시를 내려놓는다. "사임, 그건 정말 중요한 차이란다."

이제 진정하자. 생각부터 하고 말하자. 한 마디 한 마디가 중요하다. 머릿속에서 영양학 코치, 가족 상담사, 뉴스 앵커 의 말들이 한데 뒤섞이기 시작한다. 전문가들이 뭐라고 했더라? 이건 단백질 혁명을 거친 세대에서 나타나는 정상적인 과정이라고, 후세대에 속하는 식구가 예전에 육식을 했던 식구에게 비판적인 태도를 보인다고 했지. 이제 솔직하게 털어놓고 참을성 있게 대응하는 게 중요하다. 하나도 감춰서는 안 된다. 그랬다간 상황만 악화될 뿐이다. 한편으론 육식이 개인적인 선택이라기보다 사회적인 압박에 더 가까웠다는 사실을 지속적으로 강조한다. "당시에는 그 차이가 중요했단다." 마음을 가라앉힌 후 윈스턴이 말한다. "그런 관점에서 생각해준다면 좋겠구나." 그는 가족 치료 상담 시간에 연습했던 것처럼 친근한 목소리를 쥐어 짜낸다. 그는 서랍장에서 포크와 수저를 꺼내 접시 양쪽에 늘어놓는다. 참, 냅킨이 필요하지! 냅킨도, 와인 잔도 절대 잊으면 안 된다(얘기 도중 술 한잔이 간절해질 수도 있으니). 그는 사임의 반대편 의자에 앉아 손가락을 피냐텍스(piñatex, 폐기된 파인애플 잎으로 만든 가죽 대체용품-옮긴이) 앞치마에 닦는다. 깨끗하게 닦이지 않는다. 손가락이 아직도 붉게 물들어 있다. "옛날엔 다 그러고 살았단다, 얘야. 그땐 잘못된 일이라고 생각하지 못했어. 모두가 육식을 했으니 말이다."

"저도 알아요." 사임이 나지막이 말한다. 얼굴이 초췌해 보인다. 카메라 화면이나 뷰티 필터로 처리되지 않은 손자의 맨얼굴을 볼 때마다 이마에 난 자그마한 붉은 여드름이 선명하게 눈에 띈다. "지난번 가족 상담 때 할아버지의 선택을 이해한다고 말했던 건 제 진심이었어요. 그런데 오늘 역사 시간에 옛날 식습관에 관한 다큐멘터리를 봤는데 내용이 너무 충격적이어서 그런지 종일 그 생각이 나요." 사임은 윈스턴을 애걸하듯 쳐다본다. "그러니까, 소고기를 드셨던 거죠? 우유를 드신 거죠?"

윈스턴이 끄덕인다. 등 근육이 바짝 긴장하는 게 느껴진다. 최근 들어 손자가 하루에도 열두 번씩 이런 질문을 던질 때마다 답하기가 점점 더 망설여졌다. 오늘밤은 그저 가족과 함께하는 시간을, 자신이 만든 음식을 즐기고 싶을 뿐이다. 과거를 파헤치기보다 후세대를 위해 조지가 그간 기울인 노고의 결실을 자축하고 싶다. 이제 모두 과거지사다. 그땐 그랬다. 육식을 한 건 정부가 가축 사육을 금지하기 훨씬 전의 일이었다. 그 뒤로 사육두수는 70퍼센트나 급감했다. 그전만 해도 네덜란드 사육두수의 70퍼센트는 수출용이었다. 정부가 우유 생산업체에 자금 지원을 중단하고 채소 농사 종사자들에게 보조금을 지급하기 훨씬 전의 일이었다. 단백질 혁명이 본격화되기 훨씬 전의 일이었다. 기후 변화의 여파를 늦추려는 최후의 노력으로 동물성 식품 소비를 중단해달라고 시민들에게 호소하는 TV 방송이 나오기 훨씬 전의 일이었다.

당시에는 그도 식물성 대체품을 구해 먹었던 여느 나라의 주민들처럼 줄리아와 함께 식물성 식단으로 바꿨다. 어차피 다른 선택지도 없었다. 정부가 축산 농가와 낙농가에 대한 지원 정책을 폐기하자 가격이 치솟았다. 공장식 축산이 등장하기 이

전에 수백 년 동안 그랬던 것처럼 대부분의 사람들은 더는 고기를 사먹을 형편이 못됐다. 그러자 고기 제품은 오명을 얻었다. 고기를 먹을 수 있는 장소라곤 별도로 마련된 고기 구역이 유일했다. 창문 하나 없는 이 자그마한 공간에서 천정부지로 가격이 치솟은 고기를 사먹을 여유가 있는 육식인들은 후세대의 눈을 피해, 이들의 심사를 건드리지 않기 위해 남몰래 야금야금 고기를 뜯어먹었다.

줄리아와 윈스턴은 한 번도 그러고 싶은 마음이 들지 않았다. 캡슐 속에 들어앉아 있던 고기 중독자들은 늘 서글픈 표정이었고 건강도 나빠 보였다. 눈빛만 봐도 알 수 있었다. 초기에 두 사람은 귀뚜라미 버거를 먹기도 했지만(그때만 해도 곤충 섭취가 가능했다) 나중엔 실험실에서 만든 배양육으로 바꿨다.

윈스턴은 곁눈질로 조지가 사임을 바라보는 표정을 본다. 아들의 얼굴엔 안쓰러워하는 기색이 어려 있다. 그는 조지의 속마음을 알고 있다. 조부모가 육식인으로 살았던 과거를 허심탄회하게 털어놓지 않을 때 어떤 일이 벌어지는지 둘 다 목격한 적이 있어서다. 가족 상담가는 사임이 분노하고 혼란스러워하고 조부모에게 따져 물었던 일이 효과적이었다면서 그러지 못한 자녀 세대는 가족과 단절될 가능성이 더 커진다고 했다.

그런 이유로 조지가 있어 다행스러웠다. 조지는 그와 줄리아, 사임 사이에서 늘 중재자로 나섰다. 단백질 혁명 이후, 부모를 이해하지 못하는 자식들이 무수히 생겨났다. 그들은 환경 오염, 기후 변화, 동물의 고통이 제 부모 탓이라며 분노했다. 육식인 부모와 연을 끊은 자식들이 수천 명에 달했고, 조부모를 다시는 보지 않겠다는 손주들도 더더욱 늘어갔다. 그들은 외딴 주택 단지나 과거의 육식인들과 최대한 멀리 떨어진 다른 나라에서 함께 모여 사는 길을 택했다. 윈스턴은 자기 가족이 그렇게 되는 것만은 막고 싶다. 그러니 다시 한 번 사임과 대화를 나눌 것이다. 오늘밤이든 나중이든, 필요하다면 몇 번이고 다시.

그가 운을 뗀다. "단백질 혁명이 일어나기 몇 년 전부터 네 할머니와 나는 동물성 식품을 일절 입에 대지 않았단다." 그는 벽에 걸린 지도에 잠깐 눈길을 보낸다. 빨간색 불빛이 주택 단지 가장자리에서 점멸한다. 줄리아는 경비원들과 시시콜콜 수다를 떨 테니 10분은 족히 바깥에 더 있다 들어올 것이다. 그는 아내가 단 한 번만이라도 제시간에 와주길 바란다. 아내는 사임이 화가 머리끝까지 난 상태로 집에 들어서는 날마다 늦게까지 미화 작업에 매달렸다. 사임을 달래는 일은 꼼짝없이 그의 몫이다. "고기를 먹었던 젊은 시절에도 우리는 유기농 고기만 사먹었단다." 그가 사임에게 말한다. 그러곤 팔꿈치를 식탁 위에 올려놓고 사임 쪽으로 몸을 기울인다. "물론 그렇다고 달라지는 건 없겠지. 하지만 우린 몰랐단다. 유기농 축산과 도축법이 비유기농 방식보다 스트레스도 적고 고통도 덜할 거라

진심으로 믿었던 게야." 그는 비트 때문에 새빨갛게 물든 손끝을 빤히 쳐다본다. 불현듯 피로감이 엄습한다. 환경 얘기는 아직 꺼내지도 못했다.

Once Upon a Time We Ate Animals

3장

비건이라는
'뉴섹시'의 탄생

육식주의 시대의 기득권 세력을 잠깐 두둔하자면, 분명 초창기 비건들은 그다지 연대하고 싶지 않은 부류였다. 솔직히 말해 좀 특이하고 거슬리는 사람들이었다. 그들의 주장 때문은 아니다. 일부 옳은 소리를 한 건 사실이니까. 그보다는 그들이 자신들의 메시지를('스스로를'이 더 정확한 표현이리라) 제시하는 방식이 특별히 호감을 불러일으키지 못했기 때문이다. 아돌프 히틀러(Adolf Hitler)가 채식주의자라는 둥 비건이라는 둥 항간에 떠돌던 소문들도 도움이 되지 않았다.

인류 최초의 채식주의자

초기 인류는 씨앗, 과일, 식물을 먹고 살았다는 점에서 사실상 최초의 비건이었다. 일부러 비건식을 택했다고 하기에는 다소 무리가 있지만 말이다. 손에 잡히는 대로 먹다 보니, 동물보다 얻기 수월했던 식물을 먹은 것이다. 기후 변화 시기들이 지나고 식물 종이 줄어들자 인류는 일말의 거리낌 없이 잔혹한 식단으로 돌아섰다. 그들은 단백질 혁명 직전까지 줄곧 동물을 사냥했고, 내가 알기로 그 시대의 동굴 벽화에 죄책감에 시달리는 양심의 흔적이 남아 있는 경우는 없다.

성경에는 아담과 이브도 식물 위주 식단을 따른 것으로 나와 있다. 그들은 나무에서 자연히 떨어져 굴러다니는 생과일과 씨앗을 먹는 프루테리언(fruitarian, 과일, 열매, 씨앗만 먹는 채식주의자-옮긴이)이었다. 천지 창조 제6일에, 하나님은 프루테리언 식단을 이렇게 광고한다. "내가 온 지면의 씨 맺는 모든 채소와 씨 가진 열매 맺는 모든 나무를 너희에게 주노니 너희의 먹을거리가 되리라."(《창세기》 개역개정판 1장 29절-옮긴이) 하나님의 말씀은 솔깃했다. 하지만 하나님은 최초의 창조물인 인간들에게 다음과 같은 계명을 또다시 내려 이미 엄격할 대로 엄격했던 프루테리언 식단에 더더욱 많은 제약을 가했다. "동산 각종 나무의 열매는 네가 임의로 먹되 선악을 알게 하는 나무의 열매는 먹지 말라. 네가 먹는 날에는 반드시 죽으리라 하시니라."(《창세기》 개역개정판 2장 16~17절-옮긴이) 갈수록 점입가경이다. 안 그래도 과일만 먹고 사는 처지인데 못 먹게 금지시킨 과일이 더 늘어나고 말았다.

그런고로 아담과 이브는 동물성 음식은 전혀 먹지 않았다 (곡식도, 채소도 먹지 못하고 과일도 금기시되자 이브가 더는 못 참고…… 이 얘기는 다음에 하자). 하지만 이는 근대 이전 인류와 마찬가지로 자발적으로 택한 생활 방식은 아니었다. 신의 명령에 따른 것이었기 때문이다. 그러니 아담과 이브는 비자발적이고 무의

식적인 비건의 사례라 할 수 있다.

동물에 연민을 느껴 일부러 고기와 기타 동물성 식품을 먹지 않는 쪽을 택하는 사람들이 나타나기까지는 수백 년이 더 흘러야 했다. 하지만 한편으로 고대 그리스 시대에는 '현재 진행 중'인 일이었다. 그렇다, 올림픽 대회 기간에 소를 비롯한 동물들을 제우스에게 기꺼이 바치는 곳, '사냥의 신'으로 불리는 아폴론의 나라, 부유한 지주들이 평일에도 호사스러운 고기 요리에 탐닉하는 이 고대 그리스에서 동물 학대에 반기를 든 집단들이 우후죽순 등장한 것이다. 그것도 당대의 인플루언서나 다름없었던 철학자들의 지휘하에 말이다.

피타고라스의 채식주의 철학

철학자 테오프라스토스(Theophrastus)는 동물과 인간이 같은 종족이라고 믿었기에 육식이 자연스럽지 않다고 생각했다. 그와 그의 추종자들의 눈에는 육식이 식인 행위나 마찬가지였다. 오르페우스(Orpheus, 그리스 신화에 나오는 시인이자 음악가-옮긴이)와 엠페도클레스(Empedocles, 고대 그리스 철학자-옮긴이) 역시 비슷한 이유로 육식을 삼갔다. 육식을 거부한 사람들 중 피타고라스(Pythagoras)의 추종자들이 가장 유명했는데, 실상 그 규모도 가장 컸다.

여러분은 피타고라스를 아마 학창 시절 때 암기했던 '피타고라스의 정리'에 등장하는 이름으로 기억할 텐데, 이는 그가 고안해낸 공식을 가리킨다. 하지만 수학이 그의 유일한 관심사가 아니었다는 사실은 아무도 가르쳐주지 않은 모양이다. 아마 이 얘기를 들으면 공식을 금방 까먹을 거라 생각해 함구하지 않았나 싶다. 피타고라스의 비화가 훨씬 더 재미나기 때문이다. 기원전 6세기 말에 살았던 피타고라스는 생전에 한 철학 분파를 이끌었다. 피타고라스의 추종자들은 생명 살상을 금하고 동물을 제물로 바치는 의식과 유혈(流血)을 멀리하라는 철학에 따라 살았다. 이 엄격한 규범의 근저에는 동물에게 영혼이 있으므로 동물을 살상하는 것은 잔혹한 일이라는 믿음이 깔려 있었다. 피타고라스는 고상한 언어로 이렇게 설명했다.

> 오호 통재라! 남의 살을 집어삼켜 우리 살이 되게 하고 남의 살을 욱여 넣어 탐욕스러운 몸을 살찌우고 다른 생명체의 사체를 산 입에 먹이는 일은 얼마나 사악한 짓인가! 지고의 어머니인 이 땅이 내어주는 먹을거리가 그토록 풍부한데도, 그 무엇에도 만족하지 못하고 키클롭스처럼 잔인한 이빨로 지독한 상처를 입히는 작태를 보이다니! 다른 생명체를 죽여 그 사악하고 탐욕스러운 배의 굶주린 욕망을 달래서는 아니 되느니.[16]

또한 그는 동물 살상에 익숙해지면 사람을 죽이는 일도 훨씬 쉽게 느껴질 것이라고 믿었다. 쉽게 말해 잔인한 식습관이 잔인한 인간을 낳는다는 것이다.

피타고라스 생전에 그를 따른 추종자들이 얼마나 됐는지는 기록된 바 없지만 분명한 건 이 분파의 일원이 되려면 골수분자여야 했다는 점이다. 가장 열성적인 추종자들은 그와 함께 금욕적으로 살았고 개인 소유물을 전혀 지닐 수 없었다. 그 밖의 추종자들은 각자의 집에서 살았지만 그가 세운 학파의 일원으로서 그의 철학을 지키며 살고자 노력했다.

온갖 것들을 탐구했던 피타고라스의 철학에서 수학이 유일한 건 아니었지만 주요한 부분이었던 건 틀림없었다. 피타고라스와 추종자들은 수와 수의 비율, 도형의 형태가 이 세계와 현실을 이해하는 열쇠라고 굳게 믿었다. 이 열쇠를 찾는 과정에서 이들은 빵과 생채소, 조리된 채소를 섭취했고 가끔 꿀을 먹기도 했으며 매우 드물긴 했지만 생선도 먹었다. 정확한 이유는 알려지지 않았지만 콩과 더불어 와인도 금했는데, 피타고라스는 방귀를 뀔 때마다 영혼의 일부가 사라진다고 믿었다고 한다.

진위 여부는 알 수 없지만 당시 '비피타고라스인'들은 피타고라스가 살짝 제정신이 아니라고 생각했기 때문에 피타고라스는 핍박을 받고 추종자들과 함께 강제 추방당하고 만다. 그 이후로 피타고라스 추종자들의 소식은 들리지 않았지만 그의 가르침은 결코 잊히지 않았다.

비건의 등장

그러다 수세기가 흐른 1847년, 피타고라스의 열혈 추종자들이 채식협회(Vegetarian Society)를 결성했다. 이번에는 영국이었다.

채식협회가 자리 잡기에 영국만한 곳은 없었다. 영국인들은 이미 인도의 거의 모든 채식 요리와 찰스 다윈(Charles Robert Darwin)의 진화론에 익숙해진 상태였다. 이 시기 다윈은 당대의 통념과는 반대로 인간과 동물이 서로 비슷하다고 설파하고 있었다.

'vegetarian(채식주의자)'이라는 말은 영국의 이 피타고라스 추종자들이 라틴어 *végétus*(활기 있는, 건강한)에서 빌려와 만들어낸 것으로, '건강한 삶을 사는 사람'을 뜻한다. 'vegan(비건)'은 채식주의 중에서도 더 엄격한 부류를 구분하기 위해 도널드 왓슨(Donald Watson)과 그의 아내 도로시가 1944년에 만들어낸 말이다. 'vegetarian'의 첫 번째 음절과 마지막 음절만 가져와 정통파를 표방하는 'vegan'이라는 말을 만들었다. 얼마 지나지 않아 다른 나라들에서도 비슷한 단체들이 설립됐다. 미국에서는 1850년에, 호주에서는 1886년에, 독일에서는 1892년에는 비건 및 채식주의자 협회들이 창설됐다.

그런데 이 단체들은 인기와는 거리가 멀었다.

놀랄 일도 아니었다. 과학 전문 기자 마르타 자라스카(Marta Zaraska)에 따르면 이 시절 채식주의자들이 먹던 음식은 "심심하고 곤죽 같은 것"이었다. 그녀는《고기를 끊지 못하는 사람들(원제: Meathooked)》이라는 저서에서 문화적 규범이 된 육식을 탐구한다. 그녀의 설명에 따르면 1890~1920년에 채식주의 음식점에서는 술처럼 건강에 해롭다는 이유로 소금과 향신료를 요리에 일절 넣지 않아 "색이 다 빠지고 시들한 당근에 즙이 뚝뚝 떨어질 만큼 삶아낸 비트 다발을 곁들인" 메뉴를 손님 테이블에 내놓았다.

펙이나 맛있었겠다.

알고 보니 19세기 채식주의자들과 비건들은 구시대의 피타고라스 추종자들만큼이나 미니멀리스트였다. 미국의 한 채식주의 집단인 그레이엄족(Grahamites)은 당시 삶의 청량제였던 고기, 담배, 술, 섹스를 일절 금했다. 이 단체의 지도자인 실베스터 그레이엄(Sylvester Graham)은 통곡물 빵만 먹는 것이 최선이라고 믿었다. 미국 슈퍼마켓에서 오늘날까지 시판 중인 그레이엄 크래커는 그가 직접 개발한 밀가루가 주재료다. 그는 인류에게 또 다른 멋진 선물을 선사했는데, 바로 자위를 너무 자주 하면 귀가 멀 수도 있다는 낭설이었다(고맙군요, 꼰대님).

19세기에 등장한 또 다른 채식주의 집단의 지도자인 존 하비 켈로그(John Harvey Kellogg)는 여성 할례가 필수이며 신문지로 만든 침대에서 자야 한다고 설파했다. 철학자 에이머스 브론슨 올컷(Amos Bronson Alcott)이 매사추세츠주에 세운 공동체 농장 프루틀랜드(Fruitlands)에서는 채식을 하며 오로지 찬물로만 씻어야 했고, 차·커피·술을 마실 수 없었으며 인공 조명도 일체 사용할 수 없었고 리넨 옷만 입어야 했다. 모직은 양의 털이라는 이유로, 면은 노예 노동의 산물이라는 이유로 허용되지 않았다. 이 유토피아 공동체는 7개월 만에 해체되고 말았다(농사 경험이 일천한 사람들이 모여 농장을 꾸리기란 여간 힘든 일이 아니었던 것이다). 그래도 캔자스주의 '옥타곤 시티' 거주자들보다는 사정이 나았다. 이 공동체는 뱀과 모기, 인디언의 등쌀에 시달려 금세 와해됐다. 마지막으로 오늘날 《안나 카레리나》의 작가로 더 잘 알려져 있는, 채식주의 활동가 레프 톨스토이(Lev Nikolaevich Tolstoi)는 부자 지주들에게 토지를 포기하고 보다 소박하고 친환경적인 삶을 좇으라고 촉구했다. 그보다 나은 비건 홍보 전략들도 많았을 텐데 왜 하필 이건가 싶지만 말이다.

올컷은 60세에, 그레이엄은 57세에, 켈로그는 48세에 사망했다. 이들은 고기를 못 먹어서가 아니라 폐결핵과 당시에 흔했던 다른 질병으로 사망했다. 하지만 그렇게 말해봤자 당대인들에게는 통하지 않았을 것이다. 리넨 옷을 칭칭 감은 이 고집스런 채식 괴짜들을 고개를 절레절레 흔들며 무시하던 사람들이니.

양차 세계대전은 식물 기반 라이프스타일의 인기를 더더욱 퇴보시켰다. 군인에게는 고기가 배급됐고, 그들은 배급된 식량을 먹지 않을 도리가 없었다. 고기를 먹든지 차라리 굶어죽든지 둘 중 하나를 택할 수밖에 없었다. 전시에는 동물이 아닌 인간이 우선이었다. 작가 조조 모예스(Jojo Moyes)는 1차 세계대전을 다룬 감동 소설 《당신이 남겨 두고 간 소녀(원제: The Girl You Left Behind)》에서 "그때는 죽은 말 때문에 눈물 흘리는 사람이 없었다."라고 쓰기도 했다. 그들은 돼지가 죽어도 울지 않았다. 이 책에는 굶어 죽을 지경에 놓인 주인공이 꿈속에서 바삭하게 구워낸 돼지 껍질을 베어 물자 돼지기름이 턱을 타고 떨어지는 장면이 나온다.

히틀러도 빼놓을 수 없다. 그가 채식주의자, 심지어 비건이었다는 소문이 끈질기게 따라다니는데, 그의 자서전을 쓴 작가들과 전속 요리사와의 인터뷰에 따르면 이는 사실이 아니다. 오히려 소를 채워 넣은 비둘기 고기와 기타 육류를 즐겼다는 게 주지의 사실이다. 사후 수십 년이 지났는데도 여전히 이 소문이 떠도는 데는 나치 정권 하에서 다수의 동물 보호법이 시행됐고 히틀러와 그 측근들이 아리아인들을 크고 강인하게 만들기 위해 채식주의를 선전했다는 이유도 작용한다. 히틀러가 말년에 으깬 감자와 채소 육수로만 연명했다는 주장이 제기되는 탓도 있는데, 이는 그가 유독 채식주의 이데올로기에 빠져 있어서라기보다 식물 위주 식단이 장 질환을 완화시켜줄 것이라고 생각해서였다. 속을 썩이던 다른 골칫거리들이 무색할 정도로 헛배와 변비가 큰 문제였던 것이다.

매력 없고 예민하며 피곤하게 구는 비건들

21세기에 채식주의자와 비건의 수가 다시금 증가하기 시작했다. 세계대전 이후 세상은 재건됐고, 최악의 빈곤과 기아도 사라졌다. 공장식 축산으로 많은 고기를 대량 생산할 수 있었다는 게 부분적인 이유다. 하지만 바로 이 공장식 축산업에 반감을 드러내는 사람들도 덩달아 많아졌다.

사회과학자들은 후기 산업 사회에 채식인이 부흥하는 현상을 근대 사회 운동으로 보고 있다. 이 분야의 선도적인 학자 중 한 명인 알베르토 멜루치(Alberto Melucci)에 따르면 사회 운동은 "연대를 밑바탕으로 시스템의 한계를 넘어서려는 집단 행동의 한 형태다."

어찌 보면 특정 사회 운동의 집단적 감정은 대중과의 괴리로 인해 나타나는 것이다. 비건 사회 운동은 반운동(counter-movement)·반문화(counterculture)였다. 반문화는 주류 문화 또는 지배 문화의 대척점에 서 있다. 반문화의 일원들은 대개 주류·지배 문화에 반기를 들고, 주류·지배 문화의 일원들은 반문화에 반기를 든다. 지배 문화의 구성원들은 반문화의 구성원들에 신경을 곤두세우거나 두려움을 표하거나 의구심 가득한 눈길을 보내고, 이 부정적 감정들을 동시에 드러내기도 한다.

비거니즘 같은 사회 운동과 '정상적인' 사회 집단의 중요한 차이점이라면 후자의 경우 구성원들이 교감을 나눈다는 것이다. 이들은 이를테면 꾸준히 연락을 주고받고 분기마다 만나

점심을 같이하는 대학 동창 사이와도 같다. 이 집단에 속한 사람들을 좋아하고 행복했던 개인적인 추억을 공유한다는 이유만으로도 집단의 일원이 될 수 있다. 한편 사회 운동은 다르다. 오히려 집단에 속한 다른 구성원들이 못 견딜 만큼 싫을 때도 있다. 친구 사이가 될 필요도, 정기적으로 만날 필요도 없다. 이 집단에 연대감을 느끼는 건 집단에 속한 개인들의 선택 때문이 아니라 집단 정체성 때문이다. 비건은 스스로를 동물성 제품을 거부하는 사람으로 규정했다. 이들은 자신이 속한 반문화를 지지하는 다른 이들과 동일한 생활 방식을 자발적으로 추구했고, 그 때문에 이들은 함께 연대하는 동시에 지배 문화와는 점점 더 거리를 두게 됐다.

후기 산업 사회에서 '비건에 떡밥 주기(vegan baiting, 비건을 미끼처럼 활용해 비건 소비자의 관심을 낚으려는 마케팅 수법으로, 실제로는 비건을 제대로 재현하지 않고 오히려 비건에 대한 차별과 혐오를 조장하는 것-옮긴이)'가 어찌나 성행했는지, 네덜란드 기자 아마렌스 에흐헤라트(Amarens Eggeraat)는 잡지 〈프레이 네덜란드(Vrij Nederland)〉에 비건의 편을 들어주려는 취지로 진중한 기사 한 편을 썼다. 그녀는 "우리는 왜 비건들을 그토록 미워하는가?"라고 묻고는 "그들은 자신을 사회적 기준에 맞춰 살 생각이 없기 때문이다."라는 주장을 펼치기도 했다.

비건이 오랫동안 그다지 인기를 얻지 못했던 것도 어찌 보면 당연하다. 이들이 먹는 음식은 심심했고 제한적이었으며 식단·생활 방식·철학이 사회적 규범과 동떨어졌고 외양은 어느 모로 보나 당대의 유행에 걸맞지 않았다. 그들은 영양 부족 상태였고, 샌들을 신고 다녔으며, 수염을 기른 모습이거나 핼쑥했다. 온라인 데이팅앱에서 볼 수 있는 외모는 분명 아니었다.

품행이 방정한 것도 아니었다. 앞서 언급한 기사에 나온 것처럼 이들은 동물이라면 환장했고 "후무스에 대해 끝없이" 떠들어댔으며, 길길이 날뛰거나 공격적이었다. 뉴스에라도 나오면 분노에 찬 메시지가 적힌 현수막을 들고 공장식 축산업과 육식인 소비자들, 이 세상을 싸잡아 노발대발하며 끝도 없는 불만을 쏟아냈다. 이들 중 일부는 도축장에 잠입해 몰래 영상을 촬영했고 이를 퍼뜨려 동물이 얼마나 끔찍한 학대를 당하는지 만인에게 알렸다. 이따금 골수 육식인이 이 잔혹한 장면에 너무도 큰 충격을 받은 나머지 비건으로 전향하는 일도 있었지만, 이례적인 경우였다. 대다수 육식인들은 늘 그랬듯 현실에 눈감았고 '기분 전환용 동물 영상(주로 강아지나 새끼 고양이가 재주를 부리는 영상)'이 나올 때만 눈을 떴다.

당근을 갈며

그런데 육식인이었던 우리 엄마의 눈이 번쩍 뜨였다. 엄마는 학창 시절에 고기를 수개월간 끊은 적이 있었다. 엄마 말로는 당시엔 그게 유행이었단다. 동물을 먹는 게 가슴 아픈 일이라고도 했다. 열일곱 번째 생일날 고기를 팔지 않는 음식점으로

날 데려가준 엄마는 채식주의자가 되기로 결심했던 일을 처음
으로 털어놨다.

　나는 그 음식점에 간다는 생각에 무척 들떠 있었다. 한동안
채식을 못하기도 했고 채식 전문점도 처음이었다. 종업원이 우
리가 앉은 테이블로 건너왔을 때 나는 그가 길게 늘어뜨린 하
얀색 리넨 웃옷을 입고 맨발로 돌아다니는 걸 못 본 척하려 갖
은 애를 썼고 축제 분위기에 젖어 적포도주 한 병을 주문했다.

　"우리 때는 먹을 만한 대체육이 없었단다." 메뉴를 훑고 있
을 때 엄마가 말씀하셨다. 오렌지색 테이블보 위에는 향초가
타오르고 있었다. "요즘은 슈퍼마켓에서도 채식 버거를 살 수
있잖니, 이거 보렴, 템페 사테(tempeh satay, 템페[인도네시아 전통 발
효 콩 식품]로 만든 꼬치구이-옮긴이)도 있고, 비건 스테이크도 있대!
내가 채식을 할 때만 해도 두부가 다였지. 어찌나 맛이 없었는
지 매일 먹고 싶은 생각은 안 들더구나."

　엄마는 할머니로부터 고기 위주로 요리하는 법을 배웠기 때
문에 채식주의자가 되고 나서는 고기가 들어가지 않으면서도
맛있고 건강한 음식을 요리하는 법을 처음부터 다시 익혀야
했다. 엄마 말로는 쉬운 일이 아니었다. "강판에 당근을 갈면서
밤을 새던 기억이 나네. 당근 껍질로 소스를 만들면 제일 맛없
는 음식도 감칠맛이 나게 해준다는 말을 채식 요리책에서 본
뒤로 네 아빠랑 매일같이 당근 소스에 푹 절은 밥을 먹었지."
엄마는 씁쓸한 표정으로 나를 쳐다봤다. "그러다가 당근이라

면 처다보기도 싫을 만큼 신물이 나서 아예 먹는 양 자체를 줄이면 어떨까 생각했지. 그렇게 몇 주를 보내니 배도 너무 고프고 기분도 울적해져서 고기를 안 먹을 수 없겠더라고."

20년이 지난 지금도 나는 부모님이 그렇게 결정한 이유를 십분 이해한다. 엄마와 내가 1999년에 그 채식 식당에서 먹은 음식은 양념이라곤 일절 쓰지 않은 무맛이었다. 내가 주문했던 와인도 알고 보니 비트 뿌리 주스로 만든 무알콜 음료였다. 메인 요리의 주재료는 렌틸콩, 두부, 엄청난 양의 당근이었다.

이처럼 시대에 뒤지고 인기도 없었던 비거니즘의 역사를 읽다 보면 이 철학이 21세기의 잘나가는 젊은이들이 이끄는 사회 운동이 될 줄은 꿈에도 생각지 못할 것이다. 그런데 그게 현실이 됐다. 몇 년이 지나지 않아 별안간 비건이 끝내주게 섹시하고 멋지고 성공한 사람들로 변모한 것이다.

대체 무슨 일이 있었던 걸까?

그건 바로 인스타그램 덕이었다.

인스타그램, 비건을 띄우다

2018년 봄, 〈인디펜던트(The Independent)〉의 한 기자는 비건 이미지의 급격한 변화를 다루며 그 충격을 다음과 같은 질문으로 표현했다. "조롱받는 하위 문화였던 비거니즘은 어떻게 대세가 됐을까?"

기자가 충격을 받았던 건 유독 그해에 식물 기반 라이프스타일이 전례 없는 인기를 끌었기 때문이다.

'#vegan'은 하루아침에 인스타그램 등 소셜 미디어 플랫폼에서 가장 널리 사용된 해시태그 중 하나가 됐다. '비거니즘'은 구글에서 인기 검색어로 점차 자리를 굳혀갔고, 스포츠·영화·음악계의 스타들은 줄줄이 자신이 비건임을 공개적으로 밝히고 나섰다.

포뮬러 원(Formula 1, 국제자동차연맹에서 주최하는 세계 최고 자동차 경주 대회-옮긴이) 드라이버로 다섯 차례나 세계 챔피언을 차지한 루이스 해밀턴(Lewis Hamilton)은 채식의 힘으로 가장 빠른 선수로 등극했다. 음악 프로듀서 모비(Moby)는 자신의 비건 식습관을 보여주는 사진들을 전문 활동가 못지않게 게시했다. 비욘세(Beyoncé)도 자신이 비건이라고 했고, 아리아나 그란데(Ariana Grande)도 비건이 됐다. 카일리 제너(Kylie Jenner)도 비건이었고 엘런 디제너러스(Ellen DeGeneres)도 한동안 비건이었다. 마일리 사이러스(Miley Cyrus)는 채식협회의 상징인 'V'를 문신으로 새겨 넣어 전 세계에 평생 비건(Vegan for Life)이 되겠다는 결의를 내보였다. 이로써 피타고라스 추종자들이 1승을 거뒀다.

현대 사회의 이 유명 비건들은 세 가지 공통점을 갖고 있다. 첫 번째는 선배들과는 반대로 가볍고 즐거운 어조로 비거니즘을 이야기한다는 점이다. 이들은 동물이 대량 살상을 당한다고 해서 비건이 꼭 실존적 위기에 처할 필요는 없다는 것을 수많은 사람들에게 보여주고 있다. 시위에 나서지도 않고 현수막을 내걸지도 않으며 '포로들'을 해방시키려 밍크 농장에 잠입하지도 않는다. 그 대신 새끼 돼지를 껴안고 있는 모습이나 견과류 버거(nut burger)를 베어 먹는 모습을 찍은 매력적인 사진을 공유한다.

이 새로운 비건 세대의 두 번째 공통점은 동물성 식품을 먹지 않는데도 여전히 '멋지다'는 점이다. 이들은 비건 운동에 동참하기 위해 꼭 아웃사이더가 될 필요는 없음을, 대안적인 생활 방식이 지금 유행하는 패션이나 대중음악, 주류 영화, 세상이 말하는 미의 기준에 부합할 수 있음을 입증해 보인다.

이 새로운 비건들을 한데 연결하는 세 번째 요소는 모두가 소셜 미디어 플랫폼에서 적극적으로 활동한다는 점이다. 앞서 언급한 비건 셀럽들은 동물성 식품이 없는 식단을 따르는 소수에 지나지 않는다. 하지만 이 글을 쓰는 지금, 이 일곱 명의 비건들은 모두 합쳐 5억 6,400만 명에 달하는 인스타그램 팔로워 수를 자랑한다. 트위터, 페이스북, 스냅챗, 유튜브, 링크드인에서 이들을 팔로우하는 팬들도 물론 많지만 그중에서도 인스타그램이 단백질 혁명에 가장 큰 영향력을 행사했으리라는 게 내 생각이다. 당시에 인기를 끌었던 커뮤니케이션 플랫폼 중에서도 비주얼을 가장 앞세웠기 때문이다.

인스타그램은 사진이 중심이다. 완벽한 현실을 생생하게 포착한 스냅숏들, 자신들이 바라는 삶을 포착한 사진들 말이다.

하지만 인스타그램의 또 다른 중심은 사용자가 사진 밑에 직접 작성하는 캡션이다. 어쩌면 사진보다 중요할 수도 있는 캡션은 한두 문장으로 쓴 사진 설명, 그리고 인스타그램 검색 엔진에서 해당 사진을 쉽게 찾을 수 있게 해주는 키워드와 해시태그로 구성된다. 다른 사람들이 검색창에 이 키워드를 치면 해당 태그가 걸린 이미지가 한꺼번에 검색된다.

비건은 소셜 미디어에서 과할 만큼 활발히 활동한다. 수백 혹은 수천 명이 비건으로 전향할 수 있었던 건 다 인스타그램 덕이다.

해시태그와 복근

거짓말이 아니다. 식물성 식품으로 차려진 화려한 밥상 사진들은 비건은 물론 육식인 인스타그램 사용자들도 거부하기 힘든 매력을 발산한다. 그 옛날 엄마가 툴툴댔던 당근은 이제 선명한 오렌지색으로 존재감을 뽐내고 엄마가 질색하던 두부조차 (붉은 핏물과 베이지색이 섞인 로스트비프와 견줘도) 믿을 수 없을 만큼 먹음직스러워 보인다.

비건 인스타그램 사용자들이 사진 밑에 써넣는 해시태그 덕분에 인스타그램은 매우 효과적인 무료 홍보 수단이 된다. 비건들은 자신들의 철학과 생활 방식에 수십 년간 따라다닌 편견을 불식시킬 손쉬운 방법을 인스타그램에서 찾아냈다. 예쁘게 차려진 음식 사진들마다 정치적인 메시지를 써넣은 것이다. 푸크시아 핑크 코코넛 스무디 사진 밑에는 '#veganfortheanimals(동물들을 위해 비건이 되세요)', '#veganforyourhealth(건강을 위해 비건이 되세요)', '#veganfortheplanet(지구를 위해 비건이 되세요)' 등의 메시지가 뒤따르고, 다채로운 색깔의 부다 보울(Buddha Bowl, 다양한 곡물과 야채를 한 그릇에 담아낸 건강 요리-옮긴이) 사진에는 '#eatplantsbehealthy(채소를 먹고 건강해지세요)', '#crueltyfree(동물 학대 없는)', '#theveganmovement(비건 운동)'가 붙는 식이다. 이 메시지들은 정의, 공감, 연민, 선악의 기준을 정하는 마지노선이 된다.

사진에 음식이 없는데 이러한 메시지가 달려 있다면, 해당 계정의 주인인 비건에 주목해야 한다. 이 경우 대다수 사진은 건강하고 늘씬하며 구릿빛 피부의 근육질에 행복해 보이는 비건의 모습을 담고 있다. 이 사진들은 엄마가 식물성 위주 식단을 실험하던 시절의 전형적인 이미지들과는 들어맞지 않는다. 유행과는 거리가 멀고 분노에 찬 핏기 없는 비건들과 달리 이 비건들은 매력이 넘친다.

운동광인 @badassvegan 계정에는 울퉁불퉁 솟은 이두근 사진들과 수염 난 염소 옆에서 포즈를 취한 사진들이 걸려 있다. 사랑스러운 @deliciouslyella의 계정에는 손수 만든 식물성 요리 사진과 (사랑스러운) 남편, (그보다 더 사랑스러운) 두 마리 개와 함께 찍은 사진이 나란히 걸려 있다. 라스타파리교(Rastafarian, 흑인 메시아를 신으로 받드는 신흥 종교-옮긴이) 신자이자 평생 비건으로 살아온 보디빌더 토레 워싱턴의 계정에는 빨래판 복근을 자랑하는 그의 사진이 걸려 있다. 블로거 캐스 켄들은 둥근 곡선의 빵빵한 엉덩이가 손바닥만한 옷 사이로 아찔하게 드러난 사진을 게시해 자신의 엉덩이가 비건 식단으로 다져진 자연산임을 만천하에 알린다. 성공한 데다 섹시하기까지 한 다른 수많은 인스타그램 사용자들도 자신들의 사진 아래에 '#veganAF(끝내주는 비건)', '#simplyvegan(꾸밈없는 비건)', '#thefutureisvegan(비건이 미래다)', '#vegans_of_instagram(인스타그램의 비건들)', '#veganpower(비건의 힘)', '#itscooltobekind(친절을 베푸는 건 멋진 일)' 등의 캡션을 써넣는다.

육식인 팔로워와는 달리 비건은 반문화의 일원으로서 정치적 의제를 내세워야 한다. 육식인들은 대개 자신들의 식단과 생활 방식에 육식은 정상적이고 자연스러우며 필요한 일이라는 신념이 녹아 있다는 사실을 인식하지 못한다. 그러니 소셜 미디어에서 이 신념을 선전해야 한다는 압박도 느끼지 않는다. 반면, 비건들은 자신들의 식단과 생활 방식을 근본적으로 다른 신념의 표현으로 여기기 때문에 모든 수단을 총동원해 그에 반대되는 사고방식(육식은 비정상이며 부자연스럽고 필요하지도 않다)을 표현하고자 하는데, 인스타그램은 이를 위한 가장 효과적인 수단이다.

이 비건 인스타그램 사용자들을 본뜨고 싶어 하는 팔로워들이 늘기 시작했다. 이들은 집에서 직접 요리하고 사진으로 찍어 올리며 캡션에 똑같은 해시태그를 단다. 하지만 비건 이데올로기에 동조해서라기보다 이 비건들처럼 유명해지고, 날씬해지고, 예뻐지고, 행복해지고 싶어서 그렇게 한다.

인류학자 리브커 야퍼(Rivke Jaffe)는 비거니즘을 지향하는 트렌드가 부상하는 현상에 각별한 관심을 두고 친환경적이고 지속가능한 21세기 소비주의를 연구했다. 이 연구를 수행하던 2014년 즈음에는 이 현상이 '이상이 아니라 생활 방식에 더 가까워' 보였는데, 이는 수십 년 전과 비교하면 현저한 차이였고, 앞서 나타난 비건 운동의 실패 사례들과는 달리 후기 산업 사회 비건 운동의 성공을 이끈 또 다른 요인으로 작용했다. 야퍼는 "1970~90년대 비거니즘은 좌파였고 반골이었다."라고 결론지었다. "반자본주의적 사상들이 식물성 식단으로 실현된 것이었다면, 훗날 사람들이 '유행'이라는 이유로, 또는 건강하다는 이유로 비건식을 먹기 시작하면서 이 추세는 뒤바뀌고 만다." 야퍼는 이를 두고 '에코 시크(eco-chic)'라고 명명했는데, 이는 윤리적인 소비주의와 자신의 친환경적인 이미지를 선전하면서 동시에 즐기는 것을 말한다.

이 새로운 비건들의 숨은 동기가 무엇이든, 이들이 만들어낸 해시태그 덕분에 사용자들은 새로운 생활 방식과 식습관에 대해 알게 됐고, 비건 운동에 동참한 다른 일원들과 교감했다. 식습관과 자신이 원하는 모습으로 보이고 싶은 욕구, 곡선을 보기 좋게 살린 몸매를 만들고 싶어 하는 욕망을 온라인에서 만난 이들과 함께 나눴다. 이들은 집단 정체성을 공유했다. 그리고 같은 집단에 속한 다른 비건들을 더 깊이 알아갈수록 그 이면에 놓인 이데올로기에 대해서도 더 많이 듣게 됐다. 1년 후, 이들은 육식인으로 살았던 과거를 돌이켜보며 다시는 그렇게 살 수 없으리라고 생각했다.

섹시한 비건이 앞서간다

수십 명의 비건 인플루언서들이 '#itscooltobekind'를 달기 시작하자 수천 명의 팔로워들이 모여들었고 나중에는 일반 대중에게까지 퍼져나갔다. 비거니즘의 부흥도 역사 속에서 중대한 사회적·경제적 변화가 일어날 때마다 나타난 규칙을 그대로 따랐다. 바로 어떤 변화 과정에서든 인간은 대략 세 집단, 즉 선두 주자들(개척자라고 불리는 경우가 많다), 추종자들, 후발 주자들로 나뉜다는 규칙이다.

초기에는 지배 문화의 일원들이 반문화의 선두 주자들을 진지하게 여기지 않는다. 혁신적인 사고를 제시하는 선두 주자들은 조롱당하기 일쑤다. 순진하고 별나고 심지어는 위험하다는 딱지까지 붙는다. 이들이 내세우는 비전이 기존 질서와 상충하기 때문인데, 지배 이데올로기를 고수하는 대다수는 이를 위협으로 본다.

현대 천문학의 아버지인 갈릴레오 갈릴레이(Galileo Galilei)

의 일화는 선두 주자가 되는 게 얼마나 위험한지를 보여주는 유명한 사례다. 그는 태양계의 중심은 지구가 아닌 태양이라는 신념을 피력해 이단 혐의를 받았다. 가톨릭교회의 미움을 사면 말 그대로 목숨을 내놓아야 하는 시절이었다. 그의 선견지명이 이단 취급을 받은 건 당시 대다수가 사실로 믿고 있던 것, 즉 지구(인간)가 우주의 중심이라는 믿음에 반하기 때문이었다. 1633년 69세의 나이에 소송이 제기되자 갈릴레이는 자신의 신념을 철회해 사형을 면했지만 가택 연금에 처해져 이동의 자유를 크게 제약받았다. 1992년에 들어서야 교황 요한 바오로 2세가 가톨릭교회를 대신해 지동설을 인정했고, 그는 사후 복권됐다.

하지만 선두 주자들이 늘 불행한 결말을 맞는 것은 아니다. 사실 새로운 사상이 인기를 얻으려면 극소수의 팬만 끌어모아도 된다. 2011년, 렌슬리어공과대학교 연구원들은 한 집단의 대다수가 지닌 신념은 그 집단의 10퍼센트만 다른 사상으로 돌아서도 금세 바뀐다는 사실을 밝혀냈다. 연구자들에 따르면 이 비율이 최소 3퍼센트만 돼도 대세가 바뀔 수 있다. 한 집단의 구성원 중 3퍼센트만 하나의 사상에 충분한 확신을 갖고 이를 전파해도 "그 사상은 산불처럼 번져나갈 것이다."

또한 열 명(또는 그 이하) 중 한 명만 열성적인 선두 주자여도 정치·종교 등의 새로운 사상이 수용된다. 여론 형성에 이 같은 티핑 포인트가 존재하는 이유는 지지도가 낮은 견해를 꺼리는 인간의 성향 때문이다. 인간은 사회적 동물이다. 옳은 편에 서는 것도 좋아하지만 친구가 많이 생기는 것을 훨씬 더 좋아한다. 따라서 소규모 집단이 한동안 조롱받거나 비웃음을 사도 개의치 않을 만큼 어떤 사상을 중요시한다면, 그리고 이 소집단이 확장해 인구의 10퍼센트를 차지한다면 이들의 견해는 하루아침에 '멋진' 것으로 변신한다. 이 지점을 넘어서면 추종자들은 더 불어난다.

물론 갈릴레이 곁에도 추종자들과 선두 주자 동료들이 있었지만 티핑 포인트에 다다를 만큼 오랫동안 남아 있지도 않았을 뿐더러 그를 도울 힘도, 배짱도 없었다.

야퍼가 비건과 여타 '친환경' 소비자들에 대한 연구를 수행할 무렵에는 이 새로운 개념이 이미 상당수의 추종자들을 거느린 뒤였다. 야퍼는 이 소비자들을 '에코 여피(eco-yuppies)'라고 불렀다. 다른 연구자들이 '추종자'라고 불렀던 이들이다. 이들은 변화 자체를 좋아하고 혁신을 반기지만 이러한 전환을 향해 첫발을 떼려 하지 않고, 떼지도 못한다. 그들은 선발대라는 특권층 집단의 일원이 되길 원하지만, 자신의 견해나 행동을 진정으로 바꾸기 전에 그러한 변화에 따르는 위험이 적다는 것부터 확인하려 한다. 이를테면 혁신이 사회적으로 용인되는 것이라거나(미친 사람처럼 보이고 싶지 않아서다) 금전 등의 포상이 따라야 한다. 그러니 새로운 식단도 예전 식단만큼이나 맛있고 건강해야 한다(추종자들은 자신의 행복이나 안락함을 희생하고 싶은 생각이 없다). 비건 운동의 추종자들은 자신들의 우상이 비거니즘을 실천하고 나서도 변함없이 건강한지, 외모가 그대로인지, 여전히 인기가 많은지를 적당한 거리를 두고 확인하려 할지도 모른다. 이를 확인하고 나서야 그들 역시 '그 유행'을 시도한다. 또 다른 추종자 집단, 즉 기업들 역시 비거니즘이 돈벌이가 된다는 사실을 알아채고 선두 주자의 슬로건, 해시태그, 외모를 모방해 그에 부합하는 기업 브랜드로 인지도를 높이려 했다.

후발 주자는 사회 전환 과정의 꽁무니에 있는 사람들이다. 이들은 변화를 좋아하지 않는다. 변화를 두려워하고 성가셔하며 현상 유지를 선호한다. 후발 주자는 대체로 기존의 사고방식을 신뢰하고, 다른 사람들이 나선 후에야 자신의 의견을 내놓는다. 그 의견은 선두 주자를 처벌하라는 요구로 나타난다. 즉 벌금을 물리고 침묵을 강요하고 사회에서 배제시켜야 한다고(갈릴레이에게 그랬듯 추방시키고 가둬놓는 방식으로), 그래도 효과가 없다면(선두 주자가 인기를 얻어 이미 너무 큰 영향력을 행사하고 있다거나 법의 처벌 대상이 아닌 경우) 조롱거리로 삼거나 실컷 비웃어야 한다고 말한다.

이것이 바로 후발 주자들이 21세기에 증가하고 있던 비건들에게 보인 행태다. 그렇게 눈물이 날 지경으로 비웃다가 어느 날 비건들을 함께 조롱하던 육식인들이 사라져가고 있음을 알게 되었다. 이제 슈퍼마켓에는 비건 제품이 진열돼 있다. 비건 음식점과 동물성 원료를 쓰지 않은 의복과 신발이 도처에 있다. 단백질 대혁명이 일어나고, 후발 주자들은 비건이 아닌 자신들이 사회부적응자가 돼버린 현실을 깨닫고 경악한다. 새로운 사상이 들불처럼 퍼져나가자, 후발 주자들은 거금을 손에 쥘 기회를 날린 채 도태돼 소속감마저 잃고 말았다. 하위 문화가 문화로, 반문화가 주류로 바뀐 것이다.

4장

부자가 먹는 기린 고기,
빈자가 먹는 채소,
모두가 마시는 우유

전 남편은 내가 아침 식사 메뉴로 처음 만들어본 비건 팬케이크를 두어 입 베어 먹고는 질색하며 접시를 밀어냈다.

"메이플 시럽을 좀 더 끼얹어봐. 그러면 먹을 만할 거야." 내가 한사코 우기며 말했다. 하지만 그는 아랑곳하지 않고 손을 입으로 가져가 팬케이크를 뱉어냈다.

나는 계속 우물우물 씹어댔다. 토요일이면 아침 식사로 팬케이크를 함께 먹는 것이 우리만의 의식이었다. 조리법에 나온 달걀과 우유를 쓰지 않고 식물성 대체품을 썼다는 이유만으로 둘만의 낭만적인 행사를 망칠 생각은 추호도 없었다. 그가 괜히 과장하는 거라고 생각했다. 베이킹파우더와 밀가루, 아몬드 우유의 비율을 더 적절하게 맞춰볼걸 그랬나. 먹음직스럽게 보이도록 더 신경을 쓸걸 그랬나(팬케이크는 허연 데다 잘 부스러졌다). "아몬드 가루가 중력분보다 더 좋더라고." 내가 넌지시 말했다. "콩으로 만든 크박(quark, 독일산 저지방 치즈-옮긴이)이랑 블루베리를 곁들여 먹어도 맛있을 거야!"

남편은 묵묵히 샌드위치를 만들기 시작했다. 나는 내 몫의 팬케이크를 한 번 더 베어 먹었는데, 맛이 뭐랄까…… 묘했다. 정확히 말하면 고체 비누와 그린 올리브의 중간맛 같았다.

나는 굴하지 않고 팬케이크를 두 장, 세 장 연신 먹어댔다. 내 실패작을 힘겹게 씹어 넘기면서도 애써 뿌듯한 표정을 지어 보였고 한 번씩 만족스러워하는 소리도 냈다. 유제품을 쓰지 않고도 얼마든지 맛있는 요리를 만들 수 있다는 걸 남편에게 증명해 보이고 싶었다. 동물과 자연에 더 좋은 길이기도 하고 만들기도 쉬운 데다 무엇보다 한 끼 식사로도 손색이 없었다. 사실은 그 전부터 수 주 동안 남편 귀에 못이 박히도록 말해온 터였다. 우리가 맛있게 즐겨 먹던 음식들을 그대로 먹을 수 있다고, 먹으면서 죄책감을 느낄 필요가 없다는 것만 다르다고 말이다.

하지만 내 위는 내 의지보다 약했다. 결국 그날 아침 내가 만든 팬케이크의 절반 이상이 쓰레기통으로 직행했다. 차마 입에 댈 수 없는 음식이었다.

그날 오후 나보다 훨씬 더 오랫동안 비건으로 살아온 미국인 친구에게 내 실패담을 들려줬다. 면전에서 남을 비웃는 법이 없는 그녀는 자못 진지한 표정으로 내 얘기를 귀담아들었다. "비건 팬케이크는 진짜 어려워." 내가 말을 마치자 그녀가 말했다. "만드는 족족 대실패로 끝나서 나도 포기했지 뭐야. 새로운 브런치 전통을 만들어보는 건 어때. 두부 스크램블 먹어본 적 있어? 맛이 정말 '대박'이야."

하지만 나는 아침 식사로 두부를 원한 게 아니었다.

내가 원한 건 팬케이크였다.

나는 지금까지의 일상을 변함없이 이어가고 싶었다. 토요일에 아침 식사로 팬케이크를 먹는 것도 내 일상이었다. 나는 '주방의 여왕'이라는 타이틀을 계속 지키고 싶었다. 팬케이크처럼 간단한 음식도 만들지 못하는 사람은 되고 싶지 않았다. 그전만 해도 남편은 자기 말마따나 '눈대중으로도 뚝딱' 만들어내는 내 요리를 좋아했다. 그와 달리 나는 요리책을 보는 법이 없었다. 주방 찬장에서 찾아낸 재료만 가지고도 감으로 음식을 만들어냈다. 그렇게 만들어도 맛이 좋았다. 남편은 나의 채식 라쟈나를 입이 마르게 칭찬했다. 내가 손수 만든 빵과 케이크는 물론, 토마토소스와 올리브, 케이퍼와 안초비를 넣어 만든 푸타네스카 파스타도 맛있게 먹었다.

그랬던 그가 이제 내가 만든 팬케이크를 원하지 않았다. 어린아이도 만들 수 있는 음식을. 나는 이제 그마저도 만들지 못하게 된 것이다.

다르게 요리하는 법

"장담하는데, 비건 요리는 육류나 유제품을 쓴 요리보다 어려울 게 하나도 없어요." 영국 출신 요리사 데릭 사르노(Derek Sarno)가 말했다. 전화로 내 요리 실패담을 들려주자 그는 어떻게든 나를 안심시키려 했다. "다르게 요리하는 법을 배우면 돼요. 초반에는 조리법을 그대로 따라하는 게 도움이 될 거예요. 이제 감은 안 통해요. 달걀을 유화제로 쓰고 싶지 않다면 재료를 뭉치는 법부터 배워야 하고, 그런 뒤에 치즈 대신 어떤 재료를 고명으로 얹어야 풍부한 맛을 낼 수 있을지를 배워야 하죠. 다 시간이 걸리는 일이에요."

그 과정을 거쳐야 요령이 생긴다는 얘기였다. 사르노는 비건 요리법을 제대로 익히고 나서야 그 감칠맛을 알게 됐다고 말했다. 그건 그가 만든 저녁 메뉴를 즐기러 온 손님들도 마찬가지였다.

나는 그가 하는 말을 곧이곧대로 믿었다. 육즙이 흐르는 비트 뿌리 버거와 푹신한 코코넛 팬케이크, 매콤한 칠리 신 카르네(chili sin carne, 칠리 파우더로 만든 요리-옮긴이), 자두 처트니(과일이나 채소에 갖은 양념과 향신료를 섞어 조린 인도식 소스-옮긴이)를 곁들인 넛치즈 보드(견과류로 만든 모둠 치즈를 나무 도마에 담아 낸 것-옮긴이)를 어찌나 군침 돌게 묘사하는지, 이 사람이 먹는 음식은 다 먹어보고 싶다는 생각에 취재에 필요한 질문을 제대로 할 수 없을 정도였다.

고기를 먹지 않고, 먹지 못했던 시절

비건이 되고 초반 몇 주 동안 요리앱과 요리책을 부지런히 살펴보고 있으려니 나보다 이 길을 앞서간 아마추어 비건 요리사들이 떠올랐다. 과거에도 생소한 재료로 요리를 해야 했던 사람, 또 하고 싶었던 사람이 있었을 것이다. 그 과정에서 다른 사람의 비위를 상하게 하는 경우도 있었을 것이다. 우리가 먹는 음식과 먹지 않는 음식은 끊임없이 바뀐다.

가령 로마 제국 시대의 엘리트 유럽인들은 기린이나 타조 같은 이국적인 동물 고기를 즐겨 먹었다. 이들은 특별히 로마로 공수한 이 고기들을 원형 경기장에서 노예 격투나 동물 싸움을 관람하며 먹었다. 아침 식사는 올리브와 빵으로 간소하게 끝내고 이 거대한 고기구이는 오후에 즐겨 먹었다. 중세 시대 요리책에는 낙타 다리, 불곰 고기, 플라밍고 수프 조리법도 나와 있다.[17] 무화과를 강제로 먹여 비대해진 거위의 간을 적출해 만든 요리인 거위 간 파테(pâté, 간을 다져 만든 프랑스 전통 요리-옮긴이) 조리법도 있다.

가난한 사람들은 이런 이국적인 요리들을 맛볼 일이 없었다. 주로 중세 초기 유럽 전역에 기독교가 빠르게 전파되고 교회 권력이 점차 막강해졌기 때문이다. 기독교에서는 고기를 금기시했다(그리고 보니 아담과 이브도 채식주의자였다). 중세 시대 때 가톨릭교회는 140~160일 동안 육식을 금했다. 대다수 수도원에서도 고기를 먹지 않았다(가금류와 생선 섭취는 허용됐다). 단, 몸이 아주 약한 경우는 예외였다. 강한 동물을 먹으면 튼튼해진다는 믿음이 있었기 때문이다.

피터 스콜리어(Peter Scholier)가 1612년에 쓴 요리책에는 육류나 생선을 쓰지 않고 영양가 높은 밥상을 차리라고 권하는 내용이 나온다. 이 식사가 "육류나 미끌미끌한 생선 일색인 식사보다 더 즐겁고 더 정겹고 더 건강하기 때문이다."

그러니 인류 역사의 대부분 시기 동안 가난한 자들과 신자들은 주로 호밀빵, 곡물, 콩과 식물, 뿌리채소, 양파, 덩이줄기(식물의 땅속줄기 끝에 녹말 등의 양분이 저장되는 부분. 감자, 토란 등이 해당된다-옮긴이)로 배를 채웠다. 과일과 채소는 짓이겨 연고로 만들거나 끓여서 물약으로 만드는 등 의학적인 목적으로 더 많이 섭취했다. 중세 시대 이후로도 오랫동안 민간인들 사이에서 인기가 높았던 사체액설(혈액, 점액, 황담즙, 흑담즙이 균형을 이루면 건강을 유지할 수 있고 이 균형이 깨지면 병이 나타난다는 설-옮긴이)에 따르면 과일과 채소는 피하는 게 상책이었다. 당대의 의사들과 학자들이 인체에 해롭다고 믿었기 때문이다.

지붕 위에 있는 토끼 고기

1500년 이전에는 고기가 대다수 사람들의 식단에서 빠져 있었다. 교회가 금해서가 아니라 산업화 이전 시대의 절대 다수에게는 고기가 너무 값비싼 음식이었기 때문이다. 이 시기에는 80퍼센트가 빵, 정제 곡물, 콩과 식물로 이루어진 채식에 가까운 식사를 했다.

역사적 봉계를 살펴보면 고기와 부의 밀접한 연관성이 드러난다. 일례로 1810년에 네덜란드에서 가장 빈곤한 주였던 북브라반트는 1인당 연간 육류 소비량이 최저 수준인 25킬로그램이었다. 벨기에서 빈곤이 만연하던 19세기 전반에 안트베르펜(벨기에의 도시-옮긴이) 지역의 육류 소비량은 22퍼센트 줄었고 헨트는 60퍼센트 줄었다. 가난한 노동자 계층이 고기를 먹을 일은 아예 없거나 어쩌다 한 번이었고, 저지대 국가(벨기에, 네덜란드, 룩셈부르크, 프랑스 북부 일부 지역, 독일 서부 일부 지역을 가리킨다-옮긴이) 전역이 부유해졌을 때라야 육식이 흔해졌다. 1850년, 평균적인 네덜란드인의 육류 소비량은 연간 27킬로그램이었다. 1930년에는 50킬로그램으로 증가했다. 제2차 세계대전 당시 극심한 식량 부족으로 육류 소비가 크게 줄었다(전쟁 당시 네덜란드인들은 튤립 구근부터 슈가 비트, 로즈힙, 일명 '지붕 토끼[고양이를 이르는 별칭]'라고 불리던 고양이 고기 닥하젠[dakhazen]에 이르기까지 닥치는 대로 먹어야 했다). 그러다 1970년대에 접어들면서 네덜란드인의 연간 육류 소비량은 1인당 85킬로그램으로 늘었고, 이러한 현상은 육류를 통해 다양한 감염병이 퍼져나가던 1990년대에 다소 감소했다가 21세기 단백질 혁명에 이를 때까지 큰 변동 없이 유지됐다.

하루에 우유 세 잔을 드세요

제2차 세계대전 이후 수년 동안 육류 소비량은 다시 증가했을 뿐 아니라 우유도 보편화됐다. 1950년에 네덜란드 낙농업계가 설립한 네덜란드우유위원회(Dutch Milk Board)는 우유·치즈·버터 광고 캠페인에 착수해 상당한 효과를 거두기 시작했다.[18]

1958년에 최초로 시작된 이 대규모 우유 캠페인은 낙농업계에 큰 활력을 불어넣었다. 전후 수년 동안 복지 국가로 거듭나기 위해 열을 올리고 있던 만큼 네덜란드 경제에 중요한 일이었다. 막대한 정부 보조금을 받고 우유 생산량을 늘려야 했던 낙농업자들 입장에서도 중요한 문제였다. 이들이 일제히 생산량을 늘렸는데도 네덜란드인들의 우유 소비량은 크게 늘지 않았다. 그러자 공급 과잉, 즉 '우유 호수(milk lake)' 현상이 나타났다. 네덜란드우유위원회는 우유가 "노인층과 (특히) 젊은층의 눈에 현대적이고 스포티한 음료"로 보일 수 있도록 우유에 더 대중적이고 새로운 위상을 부여하는 과업을 광고 대행사에 의뢰했고, 이 캠페인은 주로 어린이를 공략했다.

그 결과 당대 네덜란드 연예인들을 총출동시켜 '우유 선발대'로 연출한 광고가 그해 네덜란드 신문에 일제히 게재됐다. 매일 아침 우유를 한 잔 더 마시는 아이들은 이 여단의 대원이 될 수 있었고, 완장뿐 아니라 동물원과 테마파크 등의 명소에 무료로 출입할 수 있는 입장권을 받았다. 이 캠페인은 대성공을 거뒀다. 6개월간 32만 명의 어린이가 대원이 되었고 이후 이 수는 50만 명으로 늘어났다.

수년이 지난 뒤 네덜란드우유위원회는 새로운 광고 캠페인을 펼쳤다. 이번에는 텔레비전 광고였다. 요리스 드리핀터(Joris Driepinter, '약 1.4리터의 우유를 마시는 조니'라는 뜻이다)라는 이름의 만화 캐릭터를 등장시켜 어린이 시청자들에게 건강해지려면 하루에 우유 세 잔을 마시라고 권장하는 내용이었다. 이 캐릭터는 6~13세 어린이가 잠옷 차림으로 TV 앞에 앉아 있을 시간인 저녁 7시 광고 시간대에 전파를 탔다.

요리스의 말은 거짓이지만 당시 어린이들은 당연히 그 사실을 몰랐고 이는 부모들도 마찬가지였다. 네덜란드우유위원회가 주장하는 건강상 이점은 입증된 바가 없었던 데다 그중 일부, 일례로 (젊은 사람들은) 우유를 마셔야 충분한 칼슘을 섭취할 수 있다는 주장은 훗날 반론에 부딪히기도 했다. 잘 알려진 네덜란드 공중보건 사이트(www.docterdocter.nl)에 게시된 2018년도 기사에는 이렇게 나와 있다. "우유에 칼슘이 많이 함유돼 있는 건 사실이지만 충분한 칼슘을 섭취하기 위해서 꼭 우유를 마셔야 되는 건 아니다. 녹황색 채소, 콩, 글루텐이 없는 귀리, 참깨, 아몬드, 치아시드, 아마씨, 퀴노아, 생선, 브로콜리로 칼슘을 섭취하는 것이 훨씬 낫다." 게다가 이런 말까지 등장한다. "우유가 실제론 뼈에 해롭다는 것을 보여주는 연구 결과들도 있다."

이 연구들 중 일부는 1950~1960년대에 발표됐음에도 네덜란드우유위원회는 이를 무시한 채 "우유, 하얀색 연료"와 "우유는 모두에게 이롭다" 캠페인을 펼쳤다. 이 캠페인을 위해 당시 팝 음악가들과 협업하는가 하면, 어린이를 공략한 그 밖의 광고 캠페인과 음악 축제를 후원하기도 했다. 이 광고 캠페인 덕분에 우유업계는 또 한 번 짭짤한 수익을 거둔 것으로 나타났다. 2014년 산업 동향 보고서에 따르면 낙농업계는 "네덜란드 농업에서 가장 규모가 크고 가장 중요한 부문 중 하나"였다. 그들은 수년에 걸쳐 "생산 현장은 점점 더 줄어들고 있으나 가공 효율은 더욱더 향상"되는 특징이 있는 "유력한 해외 사업 모델"을 갖춰나갔다.[19] 달리 말하면 네덜란드 우유 생산 업체들은 효율성을 점차 높이는 방식을 도입해 보다 더 많은 우유를 생산하고 있었다.

홀스타인종과 낙농 대기업의 등장

우유와 기타 유제품 소비가 기하급수적으로 증가하고 있음에도 불구하고 우유 생산 농가는 꾸준히 감소하고 있다. 소규모 우유 생산자들은 정부 보조금을 받는 대규모 낙농가와의 경쟁에 떠밀려 사멸하는 중이다.

1980~2016년 사이에 네덜란드의 낙농업체는 5만 개에서 1만 8,000개 이하로 줄어들었다. 이는 평균 네 군데의 소규모 낙농업체에서 키우던 소가 매일 더 큰 규모의 우유 기업에 팔려나가고 있다는 뜻이다. 그 때문에 운영 규모가 더 커지고 우유 생산도 더 집약적으로 이루어지면서, 1980년만 해도 업체당 38마리였던 평균 젖소 사육두수는 2016년에 97마리로 늘었다. 2017년, 100대 대형 우유 생산 기업은 평균 약 500마리를 사육했는데, 10년 전에는 288마리였다. 새로 태어난 이 젖소들이 한 마리당 차지하는 토지 면적도 이전 세대에 비해 현

저히 줄어들었다. 네덜란드 통계청이 내놓은 보고서에 따르면 2007~2017년에 토지 1만 제곱미터를 차지하는 젖소 수는 1.6마리에서 2.3마리로 증가한 것으로 나타났다.

바뀐 건 낙농업계뿐만이 아니었다. 축종 역시 바뀌었다. 더 빨리, 더 많은 우유를 생산할 수 있도록 특화된 개량 품종이 등장했다. 우유를 최대한 많이 생산하는 젖소만 사육했고 그보다 생산성이 떨어지는 품종은 점차 사라졌다. 새로 태어난 새끼들은 유두가 더 컸다. 네덜란드 소 품종 수는 급격히 줄었다. 2018년, 네덜란드 젖소의 99퍼센트를 차지한 품종은 우유 생산량이 높기로 유명한 미국 소 품종인 홀스타인종이었다. 이 품종은 미국과 영국, 기타 유럽 국가들에서도 번성했다. 프리스-홀란트종(Fries-Hollands, 1975년 전에 네덜란드에서 더 흔했던 품종) 같은 기타 품종들과 라켄벨더르(Lakenvelder), 블라르콥(Blaarkop) 등은 더는 찾아보기 어려워졌고 현재는 멸종 위기 품종으로 지정됐다.

언젠가 저지종(Jersey)을 사육하는, 몇 안 남은 네덜란드 치즈 생산자의 농장에서 오후를 보낸 적이 있다. 부드러운 갈색 눈과 연한 갈색 털을 가진 비교적 작은 몸집의 이 저지 품종은 한가로이 거닐던 초원에서 벗어나 차례차례 착유 축사로 들어갔다. 농부가 착유기를 유두에 부착하며 소의 몸을 쓰다듬었다. 그는 방금 새끼를 출산한 소와 곧 인공 수정을 시킬 소를 가리켜 보였다. 소독 거즈로 소의 젖꼭지를 닦아내던 그는 홀스타인종보다 저지종을 선호하는 이유를 설명했다. 자신이 키우는 저지종은 '근친 교배한' 현대 홀스타인종보다 질병에 걸리는 경우가 드물고, 먹는 양이 비교적 적은데도 치즈 생산에 적합할 만큼 카세인 단백질이 풍부한 진한 우유를 만들어내는 '효율적인' 품종이라고 했다. 이 치즈 생산자는 자신의 소들을 애정 어린 눈으로 바라봤다. "다른 소젖을 짤 일은 절대로 없을 거예요."

강제로 임신하는 젖소

하지만 2017년에 농업 부문 보도상을 수상한 기사에 따르면 이는 그리 좋은 생각이 아니다. 저지종과 홀스타인종의 경제적 수익성을 비교한 이 기사에서는 저지종을 더 비판적으로 조명했다. 기자는 저지종이 틈새시장 소비자들을 유치하거나("표준 품종인 홀스타인종을 사육하는 농가가 아니라는 점이 차별화 요소가 될 것이다") "좁고 오래된 헛간을 착유 장소로 잘 활용하면 수익을 거둘 수 있다"고 덧붙이면서도 "통상적인 우유 생산량을 유지하면서 저지종을 사육하는 것은 수익성이 더 떨어진다"고 단언했다. 그러면서 틈새시장을 공략하는 것이 평범한 낙농부들에게 과연 가치가 있는 일인지는 여전히 의문이 남는다고도 했다. "홀스타인종을 사육하는 경우 수익에서 모든 비용을 제하면 3,274유로가 남지만 저지종은 2,984유로가 남는다. 그러니 홀스타인종이 저지종보다 수익성이 더 좋은 품종이라는 결론이 나온다."

더욱이 홀스타인종의 수익성은 날이 갈수록 높아지고 있다. 100년 전에 비해 훨씬 더 많은 우유를 생산하고 있기 때문이다. 1910년에는 소 한 마리당 연간 약 2.5리터의 우유를 생산했다. 100년 뒤에는 약 8리터 이상으로 늘어났다. 네덜란드 농부들은 품종 선별, 새로운 착유 기술 개발, 곡물·콩·어분(魚粉) 등 단백질이 풍부한 특제 사료 생산, 강제 임신을 통해 이처럼 생산량을 엄청나게 증가시킬 수 있었다.

한번 따져보자. 젖소가 계속해서 가능한 한 많은 우유를 생산하려면 쉬지 않고 임신해야 한다. 임신 중일 때나 분만 직후에만 우유가 나오기 때문인데, 이는 인간을 비롯한 다른 포유류도 마찬가지다. 그 때문에 대다수의 젖소를 매년 인공 수정시켜 계속 새끼를 낳게 한다. 대부분의 임신 기간 동안 젖소의 우유를 짜두고, 출산 후에도 모유를 먹지 못하게 새끼를 떼어 놓아 인간이 마실 우유를 비축한다. 자연 상태에서라면 송아지는 생후 6~12개월 동안 모유를 먹지만 어미와 떨어진 송아지는 인공유를 먹고 살다 도살되거나(앞 장에서 설명했듯 낙농산업의 '폐기물'로 여겨지는 수송아지의 경우가 그렇다. 수평아리가 달걀 산업의 '폐기물'로 여겨지는 것과 다르지 않다) 다른 농부에게 팔려가고 젖소가 될 암송아지는 생후 5주째부터 강제로 고형 사료를 먹는다. 분만 후 3개월이 지나면 또다시 임신하고 이 주기가 또 한 번 반복된다.

이런 운영 방식은 원가 효율이 매우 높아 낙농가·낙농업계에는 좋겠지만 소에게는 그렇지 않다. 존 웹스터(John Webster) 교수는 《젖소를 생각한다(원제: Understanding the Dairy Cow)》에서 임신 중 젖소가 느끼는 피로감은 인간이 하루에 여섯 시간 동안 계속 뛰었을 때 느끼는 피로와 맞먹는다고 말한다. 새끼를 밴 이 뛰어난 운동선수들이 질병에 시달리는 것도 놀랄 일은 아니다. 젖소는 높은 생산성 탓에 갖가지 질병과 질환에 걸리는데, 특히 심한 통증을 동반하는 제저궤양(발굽에 염증이 생기는 병-옮긴이), 유방염, 번식 장애가 나타난다. 이 때문에 병에 걸리지 않고 또 다시 임신해 우유를 생산할 수 있도록 항생제와 기타 약물을 투여한다. 젖소는 살면서 이 주기를 다섯 번 반복한다. 그 뒤로는 우유 생산량이 줄어들어 도살된다. 젖소는 평균 5~6년을 살지만 자연 수명은 18~20년으로, 일부는 25년까지 살기도 한다.

치즈 농장을 방문하고 암스테르담에 도착했을 때 철도역의 큰 광고판이 내 눈길을 끌었다. 보드라운 초원을 배경으로 비건 두유와 아몬드 우유를 광고하는 사진에 "식물은 새로운 소다"라는 문구가 쓰여 있었다. 네덜란드 마가린 브랜드인 베컬(Becel)의 광고였다. 베컬은 2019년부터 식물성 식품만 생산하고 있다. 대변인에 따르면 경영진이 이 같은 결정을 내린 이유는 사람과 지구 모두에 더 유익하기 때문이라고 한다. 하지만 한편으론 당연한 수순이었다. 이전 시대의 젖소가 그랬듯 이

제 식물성 식품이 경제적으로 더 큰 이득을 가져다주기 때문이다.

음식을 유행시키기 위한 조건

네덜란드에서 우유 생산량이 늘어난 과정을 들여다보면 우리의 입맛이 마케팅에 더 많이 좌우되며, 좋은 것과 건강한 것, 정상적인 것의 기준이 개인의 사고방식과 욕구보다 일반적인 통념과 더 밀접하다는 점을 알 수 있다.

마케팅 연구에 따르면 기업이나 정부가 선전하는 제품이 실제로 인기를 얻기까지는 여러 요소가 관여한다. 그중 하나가 제품의 맛이다. 남편이 내가 처음으로 만든 비건 팬케이크에 기겁했듯 네덜란드인들이 우유의 맛을 몸서리치게 싫어했다면 낙농업자들은 곧바로 쪽박신세가 됐을 것이다.

제품의 가격이 차지하는 비중도 크다. 고기는 산업 혁명 이전에만 해도 너무 비싸서 대다수가 사먹지 못했고, 따라서 맛이 좋다 한들 고기를 먹는 일은 극히 드물었다. 네덜란드 정부가 유제품 생산자들에게 보조금을 지원한 뒤에야 우유, 요구르트, 치즈 같은 제품들이 비교적 싼 가격을 유지할 수 있었고 그 덕분에 보편화됐다.

식품의 성패를 가름하는 또 다른 요소는 해당 식품의 섭취 및 손질 시의 난이도다. 이는 세월이 흐르면서 몇몇 채소가 점차 '기억에서 잊힌' 주된 이유이기도 하다. 가령 제1차 세계대

전 직전까지만 해도 서양우엉(salsify)은 일상적으로 먹는 식품이었다. 하지만 단단하고 끈적끈적한 뿌리를 세척하고 손질하기가 여간 골치 아픈 게 아니었다. 네덜란드인들이 괜히 '식모의 슬픔'이라고 부르는 게 아니다. 하지만 20세기 전반기의 주부들은 슈퍼마켓 진열대에 있는 서양우엉 대신 손질하기가 더 수월한 다른 채소로 빠르게 갈아타지 못했다.

마지막 요소는 최신 유행 여부, 인기 여부다. 16세기 유럽에서 남미로 간 식민지 개척자들이 아름답고 매력적인 토마토를 발견한 이래로 토마토는 '그야말로' 전 세계 주방을 점령한 인기 재료가 됐다. 시선을 확 끌어당기는 이 과일의 생김새는 보기에 좋았고 맛을 내기도 수월했으며 유난히 이국적인 분위기를 풍겼다. 그래서 어느 때고 높은 지위를 상징하는 재료로 쓰였다. 반면 그보다 생김새가 별로인 케일은 인기를 누리기까지 유인책이 더 필요했다. 네덜란드에서는 약간 쓴맛이 나는 이 채소를 저녁 밥상에 빠지지 않는 스탐포트 스튜(stammpot stew, 야채를 곁들인 으깬 감자 요리-옮긴이)에만 썼고, 미국에서는 대다수가 케일이 뭔지도 몰랐다. 그러다 전미케일협회가 마이영언티(My Young Auntie) 홍보 대행사의 대표 오베론 싱클레어(Oberon Sinclair)를 고용하면서 케일은 비로소 유행 식품으로 거듭난다.

케일과 우유의 공통점

싱클레어는 요리사, 음식 전문 칼럼니스트 및 기자, 푸드 스타일리스트 등 폭넓은 인맥을 동원했고, 이들 덕에 케일은 최신 유행하는 뉴욕 식당들의 메뉴판에 속속 등장했으며 영향력 있는 일간지들과 잡지 기사에 실리기 시작했다.[20] 이 홍보 수완가는 직원들에게 음식점 메뉴 칠판에 "케일 메뉴를 새롭게 선보입니다"라고 불시에 쓰게 하는 게릴라 마케팅(소비자들이 많이 모이는 장소에 예고 없이 나타나 판촉 행위를 하는 기법-옮긴이) 캠페인을 펼쳤다. 그녀는 "나를 황홀하게 만드는 케일(Kale[ing] me softly, 로버타 플랙의 노래 제목 〈Killing Me Softly〉를 패러디한 문구-옮긴이)", "야채의 여왕" 같은 호객용 슬로건이 인쇄된 토트백과 셔츠도 제작했다. 유행에 민감한 패션 디자이너들이 이를 모방했고, 2017년에는 비욘세가 'KALE'이라는 단어가 적힌 티셔츠를 입은 모습이 공개되기도 했다. 그해 미국에서 태어난 아기 중 262명은 '케일'이라는 이름을 얻었고, 맥도날드는 케일을 주재료로 한 샐러드 제품을 출시했으며, 슈퍼마켓에서는 케일 칩과 케일 크래커가 시판됐다.

명성은 만들어지는 것이다.

인스타그램 팔로워도 매수할 수 있다. 거금을 내면 다큐멘터리에 '전문가'로 등장할 수 있는 세상이다. 돈이 넘쳐나고 얼굴에 철판까지 깔 수 있다면 여러분의 삶을 촬영해 TV에 내보내주겠다고 나설 제작사들이 줄을 설 것이다.

전미케일협회는 떠들썩한 광고를 통해 모르는 사람이 대다수였던 케일의 명성과 수요를 만들어냈다. 포케 보울('보울

[bowl]'이 붙은 음식은 사실 '야채와 단백질을 한 그릇에 가득 담아낸 것'을 가리키는데, 이 말을 해시태그로 쓰면 너무 길어져서 보울이라고 간단히 쓴다)을 유행시킨 회사도 같은 전략을 썼고, 같은 방식으로 아사이(açaí), 콜리플라워 라이스(cauliflower rice), 치아(chia)를 유행시킨 회사도 있다.[21] 네덜란드 우유업계도 이와 똑같은 전략을 써서 우유를 유행시켰다. 이 모두가 다음과 같은 기준을 충족시킨 결과였다.

- 유행: 만들어내야 함
- 맛: 심심한 맛부터 입맛을 당기는 맛까지, 전혀 거북하지 않게 만들어야 함
- 가격: 폭넓은 소비자들을 끌어들이는 저가 전략, 또는 제품에 특별한 지위를 부여하는 고가 전략을 사용해야 함
- 구입과 손질의 난이도: 쉬워야 함
- 매력도: 인스타그램에 올려도 좋을 만큼 매력적이어야 함

여러분은 원하는 것을 먹는 게 아니다. 먹는 모습이 멋져 보이는 음식을 원하게 되는 것이다.

어떤 생화학자의 돌출 행동

오로지 돈을 까먹겠다는 일념으로 새로운 식품 트렌드를 만들어내거나 떠들썩한 광고를 하는 기업은 없다. 하지만 금전

적 수익에서 한발 더 나아간 목표를 향해 새로운 식품 트렌드
를 선도하려는 기업은 있다.

팻 브라운(Pat Brown)은 스탠퍼드대학교 생화학과 교수였다.
그는 열성이 대단한 사람으로 유명했지만 사고뭉치로도 잘 알
려져 있었다. 그는 대학 당국과 자주 갈등을 빚었고, 그렇게 열
심히 반발하다 과학계의 세력 균형을 완전히 바꿔놓기에 이르
렀다. 1990년대, 그는 과학자들이 민간 학술지에 논문을 더 많
이 발표하고 있다는 사실을 알려 관심을 불러일으켰는데, 이는
사람들이 돈을 내야 이 논문들을 읽을 수 있다는 뜻이었다. 브
라운은 이 사실이 탐탁지 않았다. 형편이 넉넉지 못한 과학자들
에게 학술 지식이 비싸다(따라서 접근할 수 없다)는 게 첫 번째 이
유였다. 두 번째 이유는 공공 자금 지원을 받은 연구가 상업 출
판물에 게재된다는 점이었다. 그는 몇몇 동료와 의기투합해 이
른바 오픈액세스(Open Access, 누구나 무료로 열람할 수 있는 공개형 접
근-옮긴이) 프로젝트에 착수했는데, 여기에는 특히 과학자라면
누구나 무료로 발표 논문을 읽을 수 있는 디지털 도서관 서비
스도 포함돼 있었다. 이 돌출 행동으로 브라운은 수많은 적을
얻었지만 동시에 큰 명성도 얻었다. 2002년, 그는 자신이 몸담
은 분야에서 무한한 영광으로 여겨지는 전미과학아카데미(NAS,
the National Academy of Sciences) 회원으로 선출됐다. 최우수 연
구자만 선출되는 전미과학아카데미는 일반 연구 분야, 엔지니
어링 분야, 보건 분야에서 미국 정부에 무료 자문을 제공한다.

채식 버거의 탄생

하지만 브라운의 조언이 모두 받아들여진 건 아니다. 전미과학아카데미 회원으로 활동하던 초기 그의 주 관심사는 임박한 기후 위기였고, 동료 학자들도 그가 알아낸 것과 다르지 않은 충격적인 연구 결과를 논하는 경우가 많았다. 인간이 섭취하는 육류와 유제품이 전 세계의 비행기, 승용차, 선박, 기차, 화물차를 한데 합친 것보다도 더 많은 온실가스를 배출하는 주범이라는 결과 말이다. 축산업은 그 어떤 산업보다 더 많은 물을 사용하고 오염시키며, 소나 양에게 풀을 먹이거나, 사료로 쓸 콩, 곡물, 기타 작물을 재배하기 위해서 전 세계 토지 면적의 약 절반을 사용하고 있었다. 전 세계 인구가 갈수록 느는 와중에 모두가 동물성 단백질을 원한다면 토지는 금세 고갈되고 말 터였다(당시에는 가축이 차지하는 토지 면적의 5분의 1이 과방목으로 고갈된 상태였다). 브라운은 이 사실들에도 충격을 받았지만, 그보다 이 문제를 해결하기 위한 조치가 거의 전무했다는 점에 더 큰 충격을 받았다.

그때가 2011년이었다. 브라운은 거의 40년을 자기 분야에 바쳤고 그중 10년은 미국 최고 과학 단체의 일원으로 활동했다. 그는 60대에 접어들면서 자신의 시간(과 인내심)이 얼마 남지 않았다는 걸 깨달았다. 그는 경력 말년을 기후 변화를 막는 일에 바치기로 결심했다. 당시만 해도 그는 이 일이 무엇인지 전혀 짐작하지 못했다. 그러다 18개월의 안식년을 보내고 나서야 깨달았다. 이 세상에 필요한 건 새롭고 더 기후 친화적인 식품 트렌드라고. 아무도 나서지 않는다면 자신이 직접 만들어 내리라고. 브라운은 목돈을 만들어 자신을 도와줄 과학자 팀을 꾸렸다. 그리고 2016년, 맨해튼 중심부에 있는 최신 유행 음식점에서 시뻘건 육즙까지 구현해낸 채식 버거인 임파서블 버거(Impossible Burger)를 최초로 선보였다.

임파서블 미트

브라운이 만든 버거에 들어가는 비밀 병기인 헴(heme, 헤모글로빈의 색소 성분-옮긴이)은 색소 성분인 포르피린에 철 이온이 결합된 것으로, 육즙 맛을 낸다. 헴 분자는 모든 생명체에 존재하지만 브라운이 이끄는 팀은 이를 콩 뿌리와 이스트에서 추출해냈다.[22] 정치부 기자인 에즈라 클라인(Ezra Klein)은 이 버거를 '인생을 바꿀' 발견이라고 공언했고, 세계에서 가장 영향력 있는 육식인 음식 블로거들은 이 식물성 대체육의 맛을 '감격적'이라고 표현했다.

브라운에게는 그만한 칭찬이 없겠지만 그보다 더 감격적이었던 건 요리사 데이비드 장(David Chang, 유명 누들 바 모모푸쿠 브랜드의 창립자인 한국계 미국인 스타 요리사-옮긴이)이 자기 음식점에 이 버거를 내놓겠다고 결정한 것이었다. 돼지고기를 무척이나 좋아하는 장은 메뉴에서 채식 요리를 차차 없애던 중이었고, 한 인터뷰에서 자신은 동물들이 인간을 섬기기 위해 이 땅에 태어났다고 생각한다며 "채식주의자만 있는 세상에서 살고 싶지 않았다"라고 말한 적도 있었다.[23] 그런데 그의 고객들이 입소문을 타고 있던 이 식물성 버거에 열광했던 것이다. 이 버거를 한번 맛본 장은 곧장 빠져들었다. 그는 브라운의 버거를 대량으로 구매해 높은 가격을 매겨 팔았다. 1년 후 육즙이 뚝뚝 흐르는 이 식물성 버거는 20개 주에서 1,200개가 넘는 음식점과 슈퍼마켓을 통해 시판됐다.

투자자들은 브라운이 만들어낸 이 식품 트렌드에 기꺼이 편승했다. 2018년, 그의 팀은 구글벤처스(Google Ventures, 구글이 설립한 스타트업 투자사-옮긴이), 유비에스(UBS, 스위스 글로벌 투자은행-옮긴이), 세일링 캐피털(Sailing Capital, 중국 최대 규모의 위안화 국제투자기금-옮긴이), 테마섹 홀딩스(Temasek Holdings, 싱가포르의 정부 소유 투자지주회사-옮긴이) 같은 기업들과 (아시아의 대부호 기업가인) 리 카싱(Li Ka-shing), 빌 게이츠 등의 개인 투자자들로부터 4억 달러에 달하는 투자금을 유치했다.

게이츠의 경우 기후 친화적, 동물 친화적인 새로운 식품 트렌드를 만들어내는 데 적극 힘쓰고 있던 또 다른 기업인 비욘드미트에 이미 거액을 투자한 상태였다. 비욘드미트의 창립자이선 브라운(Ethan Brown)은 팻 브라운과 성만 같은 게 아니었다. 기후에 대한 관심과 실무형 접근법에서도 같았다.

비 내리던 어느 오후, 그는 고기 특유의 단단한 구조를 만들어내는 동물성 산물을 조사하던 차에 이 산물들(지방질, 미네랄,

아미노산, 수분)이 식물에도 함유돼 있다는 걸 알아냈다. 그는 투자자들을 물색해 유치한 투자금으로 실험실을 세우고 전문 생화학자들을 고용했다. 2012년에는 비욘드미트 닭고기를 처음 출시했는데, 이는 닭고기와 육질이 똑같았고 볶음요리에 제격이었다. 그가 개발한 제품에 함유된 단백질은 콩이 주원료였다. 그는 콩을 곱게 갈아 식물성 기름에서 추출한 지방 등 다른 식물성 원료와 섞었다. 그 맛이 어찌나 감쪽같은지 이제는 홀푸드(Whole Foods, 유기농·친환경 식품만 취급하는 미국의 슈퍼마켓 체인점-옮긴이) 같은 슈퍼마켓 정육 코너에서도 판매되는 중이다. 빌 게이츠는 이를 맛본 즉시 이 사업에 수백만 달러를 투자했을 뿐만 아니라 자신이 먹은 것은 단순히 혁신적인 대체육이 아니라 "식품의 미래"였다고 블로그에 썼다.

밀려오는 식물성 고기

에릭 슈밋(Eric Schmidt)도 게이츠와 같은 생각이었다. 구글 최고경영자를 지낸 그는 인류의 삶을 월등히 개선시켜줄 여섯 가지 혁신을 짚어달라는 질문을 받았을 때 무인자동차와 질병을 예측하는 시계 대신 식물성 고기를 상위에 올렸다. 그가 보고서에 썼듯 식물성 고기는 다음 두 가지 질문의 답을 찾는 데 도움이 될 거라는 이유에서였다. 인간은 기후 변화에 어떻게 대처할 것인가? 2050년께 90억 명에 달할 전 세계 인구를 어떻게 먹여 살릴 것인가?

네덜란드 마스트리히트대학 의료센터(Medisch Centrum van Maastricht)의 과학자 마크 포스트(Mark Post)는 페트리 접시가 그 해답이라고 생각한다. 팻 브라운과 이선 브라운이 식물 분해에 여념이 없었다면, 포스트는 소의 근육에서 유래한 줄기세포를 페트리 접시에서 소고기로 배양시키는 기술을 다듬는 데 수년을 보냈다. 얼마간 시간이 흐른 후, 그는 이 줄기세포를 접시에서 꺼내 2만 5,000리터의 대용량 생물반응기(bioreactor)에 넣어 그 조직을 소고기로 배양했다.

이 생물반응기 한 대로 1만 명에게 '깨끗한 고기(clean meat)', 즉 죄책감을 덜어주는 진짜 고기를 공급할 수 있다. 포스트의 발명품은 온실가스 구름을 만들어내지도 않는다.

또 다른 네덜란드인인 야프 코르테버흐(Jaap Korteweg) 역시 동물 친화적, 기후 친화적 고기를 만들고 있다. 그는 콩과 식물의 일종인 루핀(lupin)으로 실험을 진행했고 대두로 고기를 만들어냈다. 그의 웹사이트에는 핏자국이 흩뿌려진 것처럼 보이는 흰색 셔츠를 입은 그의 사진이 게시돼 있다. 하지만 자세히 보면 손에 들고 있는 조각난 당근에서 튄 오렌지색 즙 자국이다. 코르테버흐는 오랫동안 농부로 살았고 고기라면 사족을 못 썼다. 죄책감을 느낀 그는 채식주의자가 되고 싶었지만 가장 좋아하는 음식을 포기하고 싶지도 않았다. 식품 개발자와 요리사 들과 함께 한 팀을 꾸린 그는 실험과 테스트를 거듭했고, 그렇게 '베지테리언부처(Vegetarian Butcher, '채식주의 푸주한'이라는 뜻-옮긴이)'가 탄생했다. 이후 유니레버가 이 회사를 인수했는데, 유니레버는 식물성 닭고기·베이컨·볼로냐 소시지·핫도그·너깃·데리야끼 닭고기·미트볼에 이어 생선살 없는 새우와 참치에 이른기까지 제품군을 확대했다. 코르테버흐의 야심은 뭘까? 세계 최대의 푸주한이 되는 것이다.

가히 원대한 목표다. 하지만 식물성 고기를 개발 중인 동료들의 목표에 비하면 야심이 소박한 편이다. 비욘드미트를 창업하고 두어 해가 지난 뒤, 브라운은 슈퍼마켓의 모든 고기를 2035년까지 식물성 고기로 바꾸는 것이 자신의 바람이라고 공언했다. 한 기자가 그에게 임파서블 버거가 지구의 지속가능한 미래에 얼마나 중요한 역할을 하게 될 것인지 묻자, 그는 식물성 고기 기술 덕분에 인간은 다른 행성으로 이주(지구가 당면한 문제에 대한 해결책으로 일각에서 진지하게 고려 중인 발상)할 필요가 없어질 것이라고 태연하게 답했다. "화성은 지구에 비하면 정말이지 형편없는 행성이죠."라고 브라운은 말했다. "화성에 가고 싶다니, 안 될 말이에요. 화성에는 공기가 없단 말입니다. 그런데도 사람들은 화성으로 갈 방법을 찾아야 한다고 말해요. 그래야 인간이 지구를 멸망시키고 나서 살 곳이 있다면서요. 우리가 개발한 고기가 지구를 구해 계속 살 수 있게 된다면 화성에 갈 필요도 없어질 겁니다."

그나저나 내 비건 친구와 최고의 요리사 사르노 둘 다 감이 아닌 조리법대로 팬케이크를 다시 만들어보라고 이구동성으로 권했는데, 두 사람이 옳았다. 내가 만든 팬케이크는 더 이상 연애 관계에서 갈등을 유발하지 않고 비위 상하게 하는 일도 없다. 코코넛 우유나 아몬드 우유(식물성 우유가 기준이 된 지금은 이것들을 쇼핑 목록에 그냥 '우유'라고 적어둔다), 바나나, 치아시드를 넣어 만든 내 팬케이크는 맛이 더 좋은 날도, 별로인 날도 있지만 대체로 맛있는 편이다. 아니, 비건 친구 말마따나 "대박"이다.

Once Upon a Time We Ate Animals

5장

육식인과 비건이 사귈 때 벌어지는 일

@magicalangel123은 '채식주의자 로미오'를 어디에 가면 만날 수 있을지 궁금하다. 그녀는 비건 데이트 사이트에서 "삶이 선사하는 모든 것을 너그러이 포용할 줄 알고 나를 그 삶에 초대해줄 윤리적인 인연"이 있다면 자신에게 연락해달라고 요청한다.

21세인 루카스는 브라질 출신으로, 스스로를 털털하고 친근하며 창의적인 사람이라고 표현한다. 그는 하이킹과 자전거 타기를 즐기며, 음악, 그림 그리기도 좋아한다. 동물도 아낀다. 동물을 먹지 않는 것도 그 때문이고 장차 파트너가 될 사람도 "당연히" 그래야 한다. 그러면서 "그건 두말할 필요도 없다"고 덧붙여 놓았다.

@ethicalvegan은 장성한 자녀가 둘이고 사랑스러운 손주도 둘이나 뒀으니 이제 자신과 여생을 보낼 "비건 신사"를 찾고 있다.

나는 비건섹슈얼입니다

비건섹슈얼이란 비건 지향 생활을 추구하며 오로지 비건하고만 연애하거나 성관계를 하는 사람을 지칭하는 공식 용어다. 이들은 비건 데이트 사이트와 전 세계의 비건 모임, ("비슷한 성향을 지닌 사람들을 번갯불에 콩 볶듯 빠르게 만날 수 있는") 채식주의자 스피드 데이트(Veg Speed Date), 비거니픽(Veganific) 같은 비건 데이팅 앱에서 무수히 찾아볼 수 있다. 2007년, 캔터베리대학교 연구원인 애니 포츠(Annie Potts)가 뉴질랜드에 사는 157명의 비건들을 조사한 결과 이 중 대다수는 육식인보다 자신들처럼 비건을 지향하는 사람들에 반한다는 사실을 알아낸 뒤 만들어낸 용어다. 영국에서 진행된 연구에서도 비슷한 결과가 나타났다.

비건섹슈얼이 비건 파트너를 원하는 이유는 중요한 원칙들을 공유하며 삶을 함께 헤쳐나가고 원칙을 지키며 살기 위해서다. 이를테면 두 사람 모두 우유 산업의 '폐기물(수소)'을 도살하는 건 옳지 않다고 생각하기에 슈퍼마켓에서 우유를 사먹지 않는다. 도살에 돈을 대는 일이기 때문이다. 비건 입장에서는 정당한 일이다. 그 반대라면 비건섹슈얼에게는 결별 사유가 될 수 있다.

개인적으로 "윤리적인 이유로 비건이 됐어요, 당신은 어떤가요?"라고 묻는 건 상대의 마음을 사로잡는 첫 마디는 아니라고 생각하지만, 비건의 관점에서는 너무나 평범한 첫 데이트용 질문이다. 눈이 너무 아름답다느니 사흘간 깎지 않은 수염이 너무 섹시하다느니 해봐야 다 소용없다. 비건섹슈얼이 육식인과 연애하고 싶어 하지 않는 것은 난민 활동가가 골수 외국인 혐오자와 사랑에 빠지지 않는 것만큼이나 당연한 일이다. 삶에 대한 가치관이 판이하다면 중요시하는 가치도 다를 것이며, 몰이해는 섹시하지 않다. 비건섹슈얼의 눈에는 잠재적 파트너의 식습관과 소비 습관이 그 사람의 내면 가치와 성격적 특성을 보여주는 신호다. 주방 찬장에 들어 있는 물건을 보면 동물에 연민을 느끼는지, 환경을 걱정하는지 알 수 있다. 이타적인 사람인지, 자기 행동에 책임을 지는 사람인지도 알 수 있다. 이는 함께 가정을 꾸리고 싶은 사람인 경우 큰 장점이 된다.

비건섹슈얼들은 비건 파트너의 이점으로 실용성을 꼽는다. 비건 파트너는 매번 똑같은 음식을 먹고 똑같은 식당에 갈 수 있는 사람이다. 또 천연 의약품 전문 약국에서 피임약을 사고 싶어 한다. 콘돔에 낙농업의 부산물인 카세인과 돼지고기·소고기 폐기물로 만든 경구피임제 젤라틴이 함유됐을 가능성이 크기 때문이다(몰랐다고? 비건섹슈얼은 이런 것까지 챙기는 사람들이다).

중요한 점이 한 가지 더 있다. 일부 비건섹슈얼들은 비건 파트너가 성적 매력이 더 크다고 생각한다. 이들은 비건이 육식인보다 체취가 더 좋다는 이유로, "치아에 고기가 끼어" 있을지도 모르는 사람과 입맞춤을 한다는 생각만으로도 몸서리가 쳐진다는 이유로, 잠자리를 하고 난 다음 날 상대방이 아침 식

사로 요구르트 한 컵을 먹어치우는 생각만 해도 욕구가 달아
난다는 이유로 비건 파트너에게 끌린다. 터무니없는 소리 같다
면 종일 인육을 썰어 먹는 사람이나 골든리트리버 고기를 먹
는 사람과 사귄다고 생각해보자. 쩝쩝쩝, 꿀꺽……. 그 입술에
맘껏 키스할 수 있을까.

식탁에서의 언쟁

비건이라고 해서 사랑에 무조건 엄격한 잣대를 들이대는 건
아니다. 나만 해도 그렇다. 4년 전쯤 비건으로 살겠다고 결심
할 무렵, 나는 어느 열혈 등반가에게 흠뻑 빠졌다. 그는 나와
만나기 전부터 채식주의자였지만 유제품과 달걀이라면 사족
을 못 썼는데, 그 식성은 내가 비건이 되기로 마음먹었을 때까
지도 변함이 없었다. 그는 근육을 키우는 데 필요한 단백질을
동물성 제품에서 얻는 데 익숙했고, 나도 훈련을 마치고 지친
몸으로 귀가한 그를 위해 견과류를 곁들인 그릭 요구르트를
자주 만들어주곤 했다. 저녁 때 함께 넷플릭스를 볼 때면 그가
나를 위해 비건 쿠키 반죽을 넣은 코코넛 아이스크림을 만들
어준 것처럼 말이다.

그 후로도 오래오래 행복하게 살았느냐고? 늘 행복했던 건
아니다. 그와 연애하던 몇 년 동안 서로 다른 식습관과 생활 방
식이 힘겨울 때도 있었다. 이 책을 쓰기 위해 자료 조사를 하면
서 낙농 산업과 양계 산업을 다룬 보고서를 훑어볼 때면 공동

쇼핑 목록에 적혀 있는 '달걀'과 '파마산'을 보고 있기가 꺼림 칙했다.

이 식품들을 어쩔 수 없이 사야 할 때면 기분이 더 울적해 졌다. 지금은 단호하게 반대하는, 동물의 고통에 돈으로 일조 하는 행동이나 다를 바 없었기 때문이었다. 그렇지만 파트너 가 이런 음식들을 좋아했고, 내 관점을 강요해선 안 된다는 믿 음도 있었다. 자기 삶에 대해 결정을 내리는 주체는 그였다. 내 원칙이 그의 원칙보다 무조건 더 낫다고 볼 수도 없었다. 삶의 여타 영역들에서는 나보다 더 양심적으로 행동하는 사람이었 다. 그는 될 수 있는 한 슈퍼마켓 비닐 봉투를 쓰지 않았고 집 근처 공원에 나가 쓰레기도 자주 수거했다(게으르고 산만하고 성격 이 조급한 나로선 못 해낼 일이다). 그런 내가 그에게 설교를 늘어놓 는다는 건 말도 안 되는 일이었다. 몰이해는 분명 섹시함과 거 리가 멀지만, 자기가 모든 걸 제일 잘 안다고 생각하는 것도 리 비도에 찬물을 뿌리는 일이다.

나는 둘만의 식사 시간이 매번 불꽃 튀는 논쟁의 장으로 바 뀌는 일은 피하고 싶었다. 슈퍼마켓 한복판에 서서 짭짤한 타 르트에 달걀 대신 넣을 대체품을 찾으며 글은 글이고 나는 나 라는 생각도 했다. 자료 조사와 내 삶은 별개다, 활동가가 되고 싶은 게 아니라 그의 파트너가 되고 싶을 뿐이다, 이 책을 쓰기 전처럼 태평하게 함께 웃고 요리하고 한담을 나눌 수 있는 사 람이 되고 싶은 것뿐이라고 생각했다.

하지만 더는 참기 어려울 때도 있었다. 저녁 식사 시간이 별안간 식량의 미래에 대한 강의로 바뀔 때가 그랬다. 그가 달걀을 (여태) 사두지 않았냐고 지적하면 나는 발작에 가까운 흥분 상태로 달걀 대신 병아리콩 분말로 키시(quiche, 고기·야채·치즈 등을 넣어 만든 파이-옮긴이)를 만들었다고 설명한 뒤 전년도에 네덜란드에서 도살된 동물만 62억 7,511만 1,800마리이며, 그중 압도적인 다수가 닭이었다는 사실을 돌려 말했다.[24]

"말도 안 되는 숫자 아니야?" 내가 물었다.

그는 입김으로 촛불을 끄더니 방금 딴 와인의 코르크 마개를 도로 닫았다.

"벌써 자러 가게?" 기분이 살짝 상한 내가 놀란 기색으로 물었다. "그래도 사실이라고…… 얘기 좀 하면 안 돼? 신경에 거슬리는 일이 있으면 당신한테 터놓고 얘기할 수 있는 거잖아, 말다툼을 하자는 게 아니라."

우리 둘 다 새롭게 등장한 언쟁거리를 침착하게 이겨나가는 법을 배워야 했다. 내 경우, 이는 함께 저녁을 먹는 자리에서는 내가 보고 듣고 생각한 것들을 터놓고 얘기하지 않을 때도 있어야 한다는 의미였다. 집에서는 아예 입 밖에 내지 않을 때도 많았다. 그 대신 노트에 기록해뒀다가 비건 친구와 전화 통화를 하며 털어놓기도 했고 바깥에 나가 운동을 하면서 울분을 토하기도 했다. 그러고 나서 짐짓 느긋한 척 파트너와 저녁 식사를 했다. 그의 경우, 이는 자기가 가장 좋아하는 음식들을 난

데없이 바꾸려드는 파트너, 유별나고 생소한 식품을 사고 싶어
하는 파트너에게 익숙해져야 한다는 의미였다. 농부나 동물권
활동가들과 수없이 인터뷰를 하고 백짓장 같은 얼굴로 가식적
인 웃음을 흘리며 귀가하는 파트너, 이 세상의 문제들에 지나
치게 감정 이입한 나머지 그 문제들을 집으로, 주방으로 끌고
들어오는 파트너, 그것도 '공동의' 주방으로 끌고 들어오는 파
트너에게 말이다.

"당신을 비난하는 건 아니지만"

비슷한 문제로 골치를 썩는 커플들도 있었고, 외부의 도움 없
이는 문제를 해결할 수 없는 커플들도 있었다. 한 비건 남성이
육식인 여성과 사랑에 빠진다. 서로의 눈에 콩깍지가 씌었을
때는 식성 차이야 금방 극복할 수 있을 것만 같다. 하지만 네
번째 데이트 때 여자가 덜 익힌 스테이크에 칼을 푹 쑤셔 넣고,
시뻘건 육즙이 접시 위로 서서히 퍼져나가는 광경에서 남자가
눈을 떼지 못하면서 콩깍지가 벗겨진다. 아니면 그녀가 남자를
자기 부모님에게 인사시키는 날, 그녀의 어머니가 손수 만든
크림 파이를 남자가 딱 잘라 거부하면서 콩깍지가 벗겨지거나.
　아뿔싸.
　비건과 육식인이 연애할 때 생기는 문제가 극복 가능할 때
도 있다. 식습관이 달라도 행복하기만 한 커플들은 전 세계에
많다. 하지만 다툴 일이 자주 생긴다. 이렇게 설전을 벌이는 일

이 흔하다 보니 멜라니 조이는 식습관이 다른 커플들을 위한 자기계발서까지 냈다. 무수히 많은 비건 블로거들도 조언을 담아 글을 써댔다. 이에 대해서는 차차 얘기하기로 하고 여기서는 우선 이 문제에 대해 좀 더 깊이 파헤쳐보기로 하자.

힘겨운 초기 단계를 넘어선 뒤에도 대다수 비건들은 육식인 파트너가 그날 저녁 식사로 먹고 싶은 '맛깔스러운 양고기'에 대해 신나게 떠드는 소리를 들어야 하는 고역을 겪는다. 하물며 상대방이 나중에 자식을 낳으면 고기와 유제품을 먹게 해야 한다고 말한다면 어떻겠는가. 비건은 육가공업, 낙농업을 생각하면 마음이 심란해지는데 파트너는 왜 그리 무심한지, 왜 그런 생가은 해보지 않는지 영문을 몰라한다. 반대로 육식인 파트너는 단둘이 '기분 좋게' 식사하는 자리가 매번 접시 위에 놓인 음식을 두고 벌이는 윤리적 논쟁의 장이 될 때마다 짜증이 솟구친다. 자기 입술 위에 남은 우유 자국을 비위가 상한다는 듯 빤히 쳐다보는 비건 파트너의 시선과 마주칠 때면 영 아니꼬운 기분이다. "당신을 비난하는 게 아니야." 비건은 한숨을 내쉬며 말한다. "나는 '당신'이 나쁜 사람이라고 말하는 게 아니라고. 우유를 마시겠다는 선택에는 필연적인 결과가 뒤따른다는 사실을 알려주는 것뿐이야."

하지만 이는 당연히 그 사람 개인을 비난하는 말이다.

음식은 왜 이다지도 중요한가

삶에서 내가 먹는 음식보다 더 개인적인 선택은 없다. 음식, 가족, 추억은 떼려야 뗄 수 없기 때문이다.

식사는 과거이자 전통이자 기념이자 위안이다.

물론 맛있다고 생각하는 음식은 취향에 좌우된다. 그런데 지난날의 경험과 살면서 느낀 감정이 더 많이 좌우한다. 아플 때 엄마가 만들어주시던 닭고기 스프. 뜨거운 여름날 해변에서 턱에 묻혀 가며 먹었던 소프트 아이스크림. 처음으로 남자친구 집에 놀러갔던 날 그가 만들어준 봉골레 스파게티. 십 대 시절 밤늦게 놀러 나가 마셨던 달달한 싸구려 술. 그 술 때문에 변기를 부여잡고 토하고 나서도 몇 시간이고 목구멍이 불붙은 듯 화끈했던 경험.

내가 택하는 음식이야말로 가장 개인적인 것이라지만 그만큼 정치적인 것도 없다. 내가 구입하는 모든 제품이 어떤 면에서는 한 표다. 낙농 산업에 찬성표를 던지거나 비건 우유 산업에 찬성표를 던지는 행위, 유기농 고기에 찬성표를 던지거나 케일에 찬성표를 던지는 행위, 설탕 제조 기업에 찬성표를 던지는 행위, 대체육을 생산하는 업체에 찬성표를 던지는 행위, 우리 동네 빵집에 찬성표를 던지는 행위다. 음식을 택하는 건 특정 집단을 정치적으로, 금전적으로 지지하는 행위다. 서구 사회의 대다수는 최소 하루 삼시 세끼마다 의식하든 안 하든 표를 던지는 셈이다. 투표는 다른 사람이 대신할 수 없는 특권이자 책임이다. 음식을 먹는 일도 이와 다르지 않다.

내가 먹는 음식은 나만이 선택할 수 있는 것이고 그게 가능한 몇 안 되는 것 중 하나다. 자유 의지를 행사할 수 없는 곳에 산다거나(그런 일은 없길 바라지만) 강제로 사육당하는 경우라면 또 모를까(당연히 그런 일은 없길 바란다. 가장 극렬한 육식인조차 고개를 절레절레 흔들며 너무 불쌍하다고 혀를 내두르는 프랑스산 툴루즈종 거위의 인간 버전이 아니면 뭐란 말인가) 성인이 되는 그 순간부터 내 입에 들어가는 음식은 그 누구도 대신 결정해줄 수 없다.

내가 먹는 음식을 선택할 수 있다는 건 매 끼니가 정치적인 행위라는 뜻이다. 어떤 생산자는 지지하고 어떤 생산자는 거부한다는 결의다. 한 생산자를 콕 집어 투자하는 행위다. 내가 먹는 한 입 한 입이 정치와 경제를 하나의 방향으로 몰고 가는 동력이다.

내게 주방 찬장을 보여주면 당신의 신념을 알아낼 수 있다.

내가 돈을 더 지불하는 한이 있더라도 농부들은 커피 원두 값을 많이 받아야 한다.
커피 가격이 너무 비싸다. 나는 제일 싼 브랜드면 족하다.

음식은 약이다.
음식은 연료다.

동물은 인간을 섬기는 존재다.

동물이 고통을 당하지 않아야 나도 먹을 수 있다.

나는 인간의 식품 시스템이 소모적이며 낭비가 심하다는 걸 잘 알고 있다.

난 그런 건 모른다, 맛있는 것만 먹으면 그만이다.

2차 외상 후 스트레스 증후군

정치 얘기는 이쯤에서 그만하고, 지금부터는 자신이 선택한 식단이 주변 환경, 즉 우리의 식탁과 침실, 가정에 미치는 영향을 살펴보자. 전 세계적으로 비건이 급격히 늘어나면서 식단이 서로 다른 커플(채식-육식 커플)도 필히 늘어날 텐데, 그에 따라 저녁 식사가 언쟁으로 얼룩질 가능성도 높아질 것이다. 비건-논비건 커플 간 갈등 해결을 전문으로 하는 멜라니 조이는 이를 이미 예측한 바 있다.

2019년 봄, 스카이프로 대화를 나누며 조이는 이렇게 말했다. "한 명이 비건이 됐거나 원래 비건이고, 다른 한 명이 고기와 유제품을 먹는 관계에서는 마찰이 자주 생기죠." 위키피디아에는 조이의 나이가 55세라고 나와 있지만, 그녀는 나이보다 훨씬 젊어 보인다. 흑발을 뒤로 넘겨 하나로 묶은 그녀는 암청색 반팔 티셔츠 차림이다. "비건이 육식인의 식습관을 면전에서 비난하면서 갈등을 빚기도 하고, 비난조가 아니었다 하더라도 논비건이 비난받는 기분을 느끼면 마찰이 생기는 거죠. 이제 함께 음식을 즐길 수 없다는 사실 때문에 과거의 나와 현재의 나, 그리고 옳고 정상적이라고 생각했던 것들이 거부당하는 것처럼 느껴지는 거예요."

비건이 되겠다고 결심하는 경우 개인적으로 겪는 감정의 변화도 연애할 때 종종 문제가 된다. "대다수는 개인적인 위기를 겪고 나서 비건이 되겠다는 결심을 합니다. 글을 읽거나 영상을 보면서 우유와 달걀이 어떻게 생산되는지, 이 과정에서 동물이 얼마나 극심한 고통을 겪는지를 알게 되죠. 이전에는 몰랐던 사실들을 깨닫는 거예요. 이들은 육가공업계와 낙농업계, 부모님, 교사, 언론, 자신이 애용한 식품의 제조업체한테 기만당했다고 생각합니다. 한때는 굳게 믿었던 것들이 이제는 도무지 이해가 되지 않는 거죠. 그러다 보니 방향을 잃은 사람처럼 불안감을 느끼는 거고요. 그게 파트너와의 관계에도 영향을 미칠 수 있어요."

비건-논비건의 관계와 소통을 다루는 《나의 친애하는 비건 친구들에게(원제: Beyond Beliefs)》에서 조이는 이 같은 위기를 '2차 외상 후 스트레스 증후군(STSS, secondary traumatic stress syndrome, 충격적인 사건을 겪은 후 나타나는 불안 장애를 뜻하는 '외상 후 스트레스 장애'의 2차적 증상-옮긴이)'이라고 칭한다. 우리는 간접적으로 폭력을 목격했을 때 STSS를 경험한다. 가령 응급 환자로부터 심각한 응급 상황이 벌어지던 순간의 이야기를 들은 응급 구조사가 일터에서 벗어난 후에도 그 이야기의 충격에 시달린다면 STSS를 겪는 것이다. 조이는 비건도 동물이 학대당하는 TV 뉴스 장면이나 온라인에서 관련 영상을 접하고 이를 쉽게 떨쳐내지 못할 때 STSS를 경험한다고 주장한다.

내가 읽고 보고 들었던 내용을 밤마다 애서 잊으려 했던 기억이 새삼 떠오른다. STSS라고는 할 수 없을지라도 슬픔과 근심을 억누르는 일이 힘들 때가 한 번씩 있었다. 그 불쾌한 감정이 며칠씩이나 따라다닌 적도 있다. 동시에 동물에 느끼는 연민과 응급 구조대원이 아동 학대나 가정 폭력 현장을 맞닥뜨렸을 때 느꼈을 연민을 비교하는 건 부적절하다는 생각도 들었다. 그래도 폭력은 폭력이다. 폭력을 맞닥뜨렸을 때 느끼는 감정을 부끄러워할 필요가 있을까?

"육식주의 사회는 너무나 폭력적인 사회예요." 조이가 역설한다. "어릴 적부터 동물을 함부로 대하는 것이 정상적이며 자연스럽고 합리적일 뿐 아니라 심지어는 필요하다고 배운 탓도 있어요. 이 문제의 장본인인 관련 업계가 보이지 않는 곳에서 이런 폭력을 자행하고 있어서 잘 모르고 있을 뿐이에요. 그런데 그 민낯을 아는 사람들이 갈수록 많아지고 있어요. 일단 육가공업계와 낙농업계가 동물을 실제로 어떻게 다루는지를 알면 육식주의 사회가 '정상'으로 여기는 대대적인 동물 학대의 흔적을 알아챌 수 있게 되죠. 슈퍼마켓의 냉동 식품 코너에서나, 숨도 못 쉴 만큼 빽빽하게 돼지를 싣고 고속도로를 달리는 트럭을 마주칠 때나, 연인이, 또는 어머니가 삶은 달걀 껍데기를 까고 있는 모습을 마주칠 때 그 흔적을 보는 거예요."

문제는 어느 순간부터 자신의 눈에만 이런 관행들이 비정상적이고 비합리적이며 폭력적으로 보인다는 것이다. 다른 사람들은 평소와 다름없이 물건을 구매하고 음식을 먹는다. 파트너와 가족, 친구들이 부도덕한 일에 동조하는 사람으로 보이는 것도 그래서다. 아무리 친절하고 상냥한 사람이라 해도 이제는 다른 사람처럼 보인다. 어찌 보면 이 육식인들이 '원인 제공자'다. 불필요한 동물의 고통에 공모한 사람들이다. 새로운 지식과 그 증거를 훤히 꿰뚫고 있는 비건은 사랑하는 이들이 왜 변함없이 육식주의 노선을 따르는지 도무지 이해할 수 없다.

"혹시 군대에서 흔히 쓰는 그 말 알아요?" 조이가 묻는다. "일단 전장에 투입되면 다시는 편하게 집으로 돌아갈 수 없다고들 하잖아요? 비건도 마찬가지예요."

비사회적인 자들

고통받는 동물을 생각하며 비건이 된 이들의 '간증'을 참전 군인이 경험한 트라우마와 같은 선상에 놓고 비교하지 않으려 애쓰고 있지만, 이렇게 비교해봐야만 조이가 설명한 비건의 감정을 이해할 수 있을 것 같다. 이제는 무를 수 없는 깨달음을 얻고 나니 소중한 이들의 행동을 비롯해 한때는 용인되고 정상으로 여겨지던 일들이 전부 비정상이자 용납할 수 없는 일이 되는 것이다.

쇼핑 목록에 따라 별 생각 없이 달걀을 샀던 장소가 이제는 꺼림칙하다. 이른바 자유 방목 닭들이 얼마 살지도 못하고 도살되기까지 이루 말할 수 없는 고통을 당한다는 사실을 알기 때문이다. 내가 파트너에게 마지막 그릭 요구르트를 만들어주던 때였다. 평소라면 깊이 생각할 것도 없이 요구르트를 곧장 그릇에 떠 넣었을 테지만 그날은 문득 이런 생각이 스쳤다. 젖소의 임신 시기와 횟수를 사람이 멋대로 결정하고 몸에 기다란 금속관을 억지로 집어넣는다니, 좀 이상하지 않은가? 송아지가 어미의 젖을 먹어도 될지, 얼마 동안 먹어야 할지 사람이 멋대로 정한다니, 손과 기계로 젖소의 유방을 꼬집듯 잡아 빼내 우유를 짜낸다니, 좀 이상하지 않은가? 인간이 신이라도 되는 양 젖소의 생식기와 소화계와 유방을 제멋대로 주무르다니, 좀 이상하지 않은가?

예전에는 그런 생각을 한 번도 해본 적이 없었다.

친구인 비건들, 얼굴도 모르는 비건들과 얘기를 나누면서 알게 된 건 나와 비슷한 경험을 한 비건들이 무수히 많다는 사실이었다.

언젠가 한 친구가 전화로 고민을 토로한 적이 있다. 친구는 이웃집에서 여름이면 바비큐 파티를 여는데 이번에는 자신을 초대했다며 그날이 무척 기다려지지만 걱정도 된다고 말했다. "난 이웃 사람들이 정말 마음에 들어. 편하게 이런저런 얘기도 나누고 휴가를 가거나 집을 비울 일이 생기면 서로 고양이랑 식물을 돌봐주기도 하거든. 그래서 당연히 초대에 응해야 하는데, 이 사람들이 고기랑 생선을 워낙 좋아해. 이 업계들을 속속들이 알고 나니까 바비큐 그릴에 오르기까지 동물들이 당한 고통에 무심할 수 있다는 게 도무지 이해가 안 돼. 동물 학대를 화제로 삼으면 분위기를 망치기 십상이니 내내 속마음을 숨기고 잠자코 있어야 할 텐데, 그러면 소외감을 느낄 것 같아."

또 다른 비건 친구는 남자친구와 결별을 생각 중이다. 양계장에서 버둥대며 몸부림치는 병아리가 산 채로 분쇄기에 갈리는 장면을 보고 그녀가 눈물을 터뜨리자 남자친구가 '너무 감상적'이라고 말했기 때문이다. 그녀는 한숨을 쉬며 말했다. "그런 장면을 보고서도 명랑하고 쾌활하게 지내면 좋겠지만 머릿속에서 떠나질 않는데 어떻게 해. 남자친구가 그런 장면을 한사코 보지 않으려는 이유를 알다가도 모르겠어. 내가 말만 꺼내면 짜증부터 내. '불편하다'나. 그건 나도 똑같아. 인간의 식품 생산 시스템 자체가 불편해서 그런 걸 낸들 어쩌란 말이야. 나는 그런 객관적인 현실을 실감하고 나면 마음이 심란하고 무거워지는데, 그는 왜 안 그럴까? 그런 일은 없다고 부정하는 걸까? 무심한 걸까? 어느 쪽이 됐든 문제 아냐?"

큰 인기를 끌고 있는 〈복스(Vox)〉의 팟캐스트 진행자이자 정치부 기자인 에즈라 클라인은 비건이 된 것을 인생에서 "가장 혼란스러운, 뼛속까지 송두리째 바뀌는 경험"이라고 말했다.

주변 사람들과 식습관이 달라서가 아니다. 타인을 보는 관점이 바뀌어서다. 마냥 좋은 친구들과 저녁 식사를 즐기면서도 그들이 고기를 썰고 크림과 달걀을 입안으로 꾸역꾸역 밀어 넣는 모습을 보면서 드는 생각은 '너 지금 나쁜 짓을 하고 있는 거야.'였다고 한다. 육식주의 사회에서 비건이 된다는 것은 친구, 가족, 연인을 막론하고 모든 인간관계를 위협한다.

비건과 육식인이 관계를 지속하려면

"식습관이 다른 커플이 관계를 지속하려면 어떻게 해야 할까요?" 조이에게 물었다. 이 질문이 너무 절박하게 들렸던 탓일까, 동정이라고밖에 볼 수 없는 표정으로 나를 바라보던 조이가 내 파트너가 육식인인지 물었다. 나는 다소 궁지에 몰린 기분으로 고개를 끄덕였다.

"알아요, 쉬운 일이 아니죠." 그녀가 미소 지으며 말했다. 그녀의 현재 파트너도 같은 비건이라고 들은 적이 있다. 옛 남자친구들은 어땠을까? 그들과는 왜 헤어졌을까, 실연에 어떻게 대처했을까? 그녀는 눈길을 떨구고는 주저하다 의미심장하게 말했다. "참 힘든 일이에요."

그녀의 조언은 이랬다. 비건과 육식인이 더는 멀어지지 않는 것이 가장 중요하다. "양쪽 다 음식 때문에 단절감을 느끼는 거예요. 비건은 상대방도 비건이 되도록 설득시키는 방식으로 문제를 해결하려 할 때가 많아요." 같은 음식을 먹으면 파트너와 연대감을 느낄 거라고 생각하는 것이다. 문제는 역효과다. "논비건은 중압감에 시달리고 그 때문에 소외감도 더 심하게 느끼게 돼요."

오호라.

지금 생각해보니 그날 저녁 주방에서 연간 도살되는 동물의 수를 남편의 면전에서 읊어댔던 건 무익한 심리 조종술에 지나지 않았을 뿐더러(그 일이 있고 나서 그가 달걀 섭취를 줄인 것도 아니다) 둘 사이를 더욱더 멀어지게 했던 것 같다. 나도 그의 육식 습관을 참을 수 없었지만 그 역시 비건 운운하는 내 설교를 참을 수 없었던 것이다.

"식습관이 다른 커플의 진짜 문제는 가정에서 먹는 음식이 아니에요. 상대가 내게 관심이 있고 내 말을 들어주고 지지해준다는 느낌을 받지 못한다는 게 문제죠." 이 경우 관계가 언제 깨질지 불안감을 느낀다는 것이다. 이는 비단 비건-논비건 커플만의 문제가 아니라 모든 관계에 해당된다. "내 신경을 건드리는 지점을 상대방이 부정하거나 묵살할 때, 또는 긍정적인 것처럼 말할 때 우리는 불안감을 느껴요." 가축은 살면서, 또는 도살당하면서 고통이나 두려움을 느끼지 못한다고 말하거나 신바람을 내며 접시에 놓인 '맛있는 양고기'에 대해 떠드는 육식인이 비건의 파트너라고 한번 상상해보라. "비건 파트너와 정서적 유대를 회복하려고 식습관을 바꿀 필요는 없어요. 다만 비건이 왜 마음 아파하고 근심하는지 이해하는 모습을 보여줄 필요는 있죠." 육식을 즐기는 애인은 그렇게 '비건의 아군'이 된다.

마찬가지로 비건도 육류나 유제품을 먹는 것이 육식주의에 일조한다고 해서 파트너를 단순히 '가해자'라거나 잔혹하고 무심한 사람이라고 생각해서는 안 된다. "인간은 복잡한 존재예요." 조이는 말한다. "살면서 다양한 역할을 하잖아요. 비건 활동가가 중국에서 아동 노동 착취로 만든 비건 운동화를 신을지도 모를 일이죠. 그 사람을 가해자로 봐야 할까요, 영웅으로 봐야 할까요?"

비건과 육식인 모두 각자의 마지노선을 서로에게 알려야 한다. 명확하게 선을 그으면 타협점이 보이고 언쟁을 피할 수 있다. 비건의 경우 육식인 연인에게 거리낌 없이 동물성 제품을 사다줄 수 있을까? 고기, 유제품, 달걀을 요리 재료로 쓰는 건 어떻게 봐야 할까? 다른 사람이 이 음식들을 먹을 때 모른 척할 수 있을까? 논비건의 경우 비건식 요리법을 배울 의향이 있는가? 다양한 비건 제품을 구매하기 위해 더 먼 곳에 있는 슈퍼마켓에 자전거를 타고 가야 한다면 어떨까? 아니면 식탁 맞은편에 앉은 파트너가 쏘아대는 비난의 눈길을 받을 일 없이 고기를 먹는 게 더 중요한 일일까?

책을 쓴다는 핑계로 효과 만점인 한 시간짜리 공짜 심리 치료를 받았으니, 나로선 이걸로 족하다.

남자와 붉은 고기

남자들에 대해 얘기 좀 해야겠다. 아니, 정확히 말하면 남성성에 대해서 말이다. 비건 운동은 놀라운 속도로 퍼져 나가면서, 연애 관계보다 젠더(gender) 인식에 더 큰 혼란을 불러일으켰다. 젠더는 생물학적 성별이 아니다. 젠더는 타고나는 성별이 아닌, 문화적으로 구성된 성별을 말한다. 정체성과 관련된 성별, 기대되는 행동 양식과 관련된 성별이다. 한마디로 남성과 여성에 각기 다른 특성을 부여해 구분 짓는 성별을 가리킨다.

이 특성들은 사회마다 제각각이다. 서구 사회에서는 수백 년 동안 거칠고 이성적인 성향은 남성적, 부드럽고 감정적인 성향은 여성적이라고 구분해왔다. 이를테면 남성은 수학과 리더십에, 여성은 언어와 돌봄에 뛰어난 자질을 보인다는 식이다. 남성은 늘 섹스 생각뿐이고 여성은 늘 두통을 달고 산다. '진정한' 남성은 고기를 먹는다. 채소는 여성, 계집애 같은 남성, 토끼나 먹는 것이다.

과장이 좀 심하다고? 두말하면 잔소리다.

너무 진부한 소리 아니냐고? 물론이다.

생물학적으로 입증된 바 없다고? 말해 뭣하랴.

그럼에도 이런 고정관념은 남자아이와 여자아이, 남성과 여성, 젠더 플루이드(gender fluid, 성 정체성이 고정돼 있지 않고 유동적으로 오가는 젠더-옮긴이)와 젠더 뉴트럴(gender neutral, 남녀라는 성별 구분 없이 '개인'을 중시하는 개념-옮긴이)의 사고와 행동에 지대한 영향을 끼친다.

2012년, 미국 과학자들이 여러 논문을 통해 밝혀낸 연구 결과, 소비자들은 육류 섭취와 남성성을 연관시켜 생각하는 것으로 나타났다. 〈소비자 연구 저널(Journal of Consumer Research)〉은 "강하고 전통적이고 남성미를 과시하고 근육을 뽐내는 전형적인 미국 남성에게 붉은 고기는 강하고 전통적이고 남성미를 과시하고 근육을 뽐낼 수 있는 전형적인 미국 음식이다."라고 결론지었다. 강인한 '남성다움'의 진정한 의미에 대해 보수적인 생각을 갖고 있는 '상남자'는 대개 붉은 고기를 보통의 미국인들이 먹는, 남성적이고 박력 넘치는 음식으로 여긴다는 말이다. 설문 조사에 참여한 대다수의 여성들도 남성들과 비슷한 생각을 갖고 있었다. 여성이 고기를 먹지 않는 것은 전혀 개의치 않았지만 남성에게는 고기가 '필요'하며 고기를 먹는 것이 '당연'하다고 생각했다. 다른 서구 국가에서도 '진짜 남자'라면 '반드시' 고기를 먹어야 한다는 사고방식이 오랫동안 지배적이었다. 자잘한 닭고기를 먹느니 차라리 크고 힘센 동물의 고기, 이를테면 소고기 한 점을 먹는 게 더 낫다는 것이다. 이같은 기호의 기저에는 고기를 먹으면 그 동물의 힘이 그대로 옮겨가 '수소처럼 강해진다'는 (무의식적인) 통념이 깔려 있다. 수염이 제멋대로 자란 얼굴에 가죽 앞치마를 맨 차림으로 고기를 석쇠에 굽는 남자. '불, 이글대며 타오르는 숯, 모락모락 피어오르는 연기. 원시 시대 야만인들이 끼니를 해결하던 방식

이야말로 우리(남자)가 원하는 것'이라는 얘기다.[25]

틀린 말은 아니다. 다만 사회심리학자 행크 로스거버(Hank Rothgerber)에 따르면 이처럼 잡식하는 '원시 야만인' 이미지는 선사 시대에서 유래한 것이 아니다. 그는 〈진정한 남자는 (야채) 키시를 먹지 않는다: 남성성과 육류 섭취의 정당화(Real Men Don't Eat [Vegetable] Quiche: Masculinity and the Justification of Meat Consumption)〉라는 의미심장한 표제의 논문에서 남성 육식인 이라는 상투적인 이미지는 비교적 최근에 등장한 것이라고 말한다. 수세기 동안 굳어진 남성성에 대한 통념이 분기탱천한 여성들의 조롱거리로 전락하자 이때다 싶어 돈벌이를 노린 기업들이 만들어냈다는 것이다.

왜 자동차 광고에 고기가 나올까

여기서 최근이란 20~21세기를 말한다. 이 시기 서구에서는 남성이 국가와 가정의 '지도자'이자 의사 결정자로 군림하고 여성이 남성에 종속된 존재로 머무르는 불평등 구조에 대해 점점 더 많은 페미니스트들이 비난의 목소리를 높이고 있었다. 그러면서 가부장제도 점차 그 힘을 잃어갔다. 1765년, 영국의 법학자 윌리엄 블랙스톤(William Blackstone)이 저술한 《영국법 주해(원제: Commentaries on the Laws of England)》에는 이런 대목이 등장한다(나중에는 미국법에도 등장한다). "결혼을 통해 남편과 아내는 법적으로 단일체가 된다. 다시 말해, 여성이라는 법적 실체는 결혼 기간 동안 정지되거나 최소한 남편이라는 법적 실체의 일부로 통합되고 병합된다." 기혼 여성은 법적 권리를 갖는 실체가 아니라는 뜻이다. 여성의 삶은 말 그대로 남성의 처분에 달려 있었다. 상속받은 재산이 있든 없든, 소득이 있든 없든, 아내는 가진 걸 전부 잃고 남편은 전부 소유한다.

하지만 시대가 변하고 있었다.

1919년, 여성은 투표권을 쟁취했다.

1970년, 네덜란드 페미니스트들은 성적 자기결정권을 주장했다.

1980년, 네덜란드에서 낙태가 합법화됐다.

같은 해, 네덜란드에서 〈(남녀) 평등 대우법〉이 채택되면서 여성은 동등한 직위의 남성과 같은 임금을 받아야 한다고 명시했다.

1991년, 네덜란드에서 부부 강간이 범죄가 됐다(오타라고 생각하는 사람이 있을지도 모르니 한 번 더 분명히 말해둔다. 부부 강간은 1991년에야 범죄가 됐다).

이런 법적 변화들은 여성의 천부적인 성향에 대한 사고방식도 변화시켰을 뿐 아니라 남성성에 대한 이미지도 흔들어놓았다. 돈도 많이 벌고 정치에 적극적이며 '싫다'고 거부하는 바지 차림의 여성들에 둘러싸인 상황에서 전통적인 남성성을 장려하기란 점점 더 어려워졌다.

어쩔 줄 모르는 이 남성들에게 생각지도 못한 곳에서 도움의 손길을 내밀었다. 바로 패스트푸드 체인과 자동차 회사다. 이 기업들의 TV 광고와 옥외 광고는 남성적 정체성이 고민거리였던 남성 소비자층에 일편단심으로 매달렸다. 도미노피자, 버거킹, 제네럴모터스, 맥도날드 등의 기업들이 내보내는 광고는 고기를 양껏 먹는 남자야말로 진정한 '상남자'이며, 고기를 더 많이 사먹는 것만으로도 잃어버린 남성성을 회복할 수 있다고 줄기차게 암시했다.

미국 TV에 방송된 델 타코(Del Taco) 광고를 예로 들어보자. 한 남성이 이케아 스타일의 DIY 조립 가구와 씨름 중이다. 아무리 끙끙대도 소용이 없자(남자답지 못하다는 얘기다) 전지전능한 신의 음성이 부추기길 소고기가 잔뜩 들어간 신상 부리토를 사먹으란다. "'짐승남'의 배를 채워줄 푸짐한 소고기가 들어간 단 하나의 부리토." 그 속뜻은 뭘까? 소고기를 먹으면 '짐승남'이 된다는 것, '짐승남'이야말로 '진짜 남자'라는 의미다.

제너럴모터스의 유명한 허머(Hummer) 광고는 또 어떤가? 핼쑥한 얼굴의 젊은 남성 두 명이 상점 계산대에 줄을 서 있다. 계산원(여성)이 첫 번째 남성의 구매품을 훑어본다. 두부와 채소, '콩'이라는 글자가 적힌 식품과 과일 주스다. 이어서 두 번째 남성이 계산대에 구매품을 올려놓는다. 바비큐용 숯과 어마어마한 양의 고기다. 그는 앞선 남자가 산 두부를 보고 비웃는다. 남자가 창피했는지 눈길을 돌리곤 고개를 떨어뜨린다. 그때 허머 광고가 눈에 들어온다. 그는 근처 자동차 판매점으로 잽싸게 달려간다. 당근을 한 입 베어 문 그가 신상 허머를 몰고 고속도로를 질주하는 장면이 이어지고 그 위로 이런 자막이 흐른다. "남성성을 되찾으라." 정확히 말하면 채소와 두부를 먹는 것은 고기를 먹는 것보다 남자답지 못하므로 자신을 '상남자'로 만들어줄 다른 제품(이 경우 값비싼 대형 자동차)을 구매해서라도 이 약점을 만회하라는 얘기다.

2014년, 네덜란드에서는 소스 제조업체 레미아(Remia)의 광고가 전파를 탔다. 이 광고에는 한 배우가 전쟁 영화를 찍으며 야채 케밥을 먹는 장면이 나온다. 기세 좋게 한 입 베어 먹으려는 찰나, 다름 아닌 실베스터 스탤론(Sylvester Stallone)이 나타나 그를 제 쪽으로 끌어당기곤 별안간 쏟아져 내리는 수류탄과 총알을 엄호하듯 막아낸다. 스탤론이 충고한다. "호랑이처럼 싸우고 싶으면 토끼처럼 먹지 말란 말이다."

이 광고들을 구구절절 분석하고 있자니 웃음이 나는 건 사실이다. 이 광고들은 우스꽝스러울 정도로 남성성을 과장해 제시하고 있다. 유머와 냉소를 한데 버무렸다고 해서 전달되는 메시지가 힘을 잃는 건 아니다. 감수성 예민한 젊은 남성이라면 별 생각 없이 웃어넘겼겠지만 이런 광고에 수없이 노출되다 보면 햄버거 대신 베지 랩을 택하고 싶은 마음을 접게 마련이다. 육식은 강인해 보일 뿐 아니라 남성이라는 젠더에게 '당연히 기대되는 것'이기 때문이다.

남성 잡지들은 한술 더 떠 육식인 남성의 '짐승남' 이미지를 더욱 강화시켰다. 2004년, 언어학 교수 애런 스티비(Arran Stibbe)는 당시 전 세계 판매 부수 350만 부를 자랑하던 〈맨즈 헬스(Men's Health)〉 여섯 권을 분석한 후, 구릿빛 복근을 뽐내는 남성들이 표지에 곧잘 등장하는 이 잡지의 기사들과 이미지들이 고기, 특히 붉은 고기와 남성성을 연관시킨다고 결론지었다. 육식은 남성성을 강화하는 데 반드시 필요하다고 줄기차게 적시하고 있기 때문인데, 육식을 하면 근육이 더 커지고 더 건강해지고 더 섹시해지고 더 강해진다는 게 이 잡지의 주장이었다(희한한 일이지만 햄버거, 핫도그, 스테이크, 베이컨처럼 포화 지방·콜레스테롤·트랜스 지방이 다량 함유된 육가공 제품을 먹으면 심혈관 질환 및 발기부전을 일으킬 수 있다는 정보는 눈을 씻고 찾아봐도 없다).

진정한 남성성에 대하여

2018년 들어 남성 이미지는 또 한 번 바뀌었다. 이번에는 분기 탱천한 여성들이 아니라 '호랑이'를 비롯한 기타 동물들과 자신을 동일시하고 싶은 마음이 사라진 남성들 때문이었다. 그들은 그저 동물이 먹고 싶지 않았다.

이번에는 비건 요리가 고기만큼 영양가가 풍부하고 근력도 키워준다는 사실을 알리고 싶었던 요리사들과, 식물성 단백질로 근육을 만들어낸 보디빌더와 운동선수들, '육식남'의 이미지를 공개적으로 비판해온 비건 유명인들이 앞장섰다.

영국에서는 데릭 사르노와 그의 사업 파트너가 요리 회사

위키드 헬시(Wicked Healthy)를 창립해 '진정한' 남성이 먹는 음식의 이미지를 새롭게 제시했다. 두 사람이 온라인 팔로워 수천만 명에게 공유했던 요리들과 직접 쓴 요리책에 실은 요리들은 바비큐 파티용으로도 손색이 없다. 비건 요리법은 전통적인 '남성적 고기'보다 기름기가 훨씬 적기 때문에 식스팩을 만드는 데 유리하다는 것도 장점이다.《초식남자(원제: Man. Eat. Plant)》에서는 남성 비건들이 각자 육식을 끊게 된 배경을 들려준다. 육식주의 시대에 남성성의 전형으로 여겨졌던 요리처럼 "시뻘건 핏물이 흐르고", "육즙이 터지고", "불맛 나는" 요리를 만들어낼 수 있는 비건 조리법도 담겨 있다. 새롭게 등장한 이 '초식남'용 음식은 비트와 두부, 기타 식물성 재료로 만든다는 점만 다를 뿐이다.

이 남성 비건들은 남성성의 개념을 근본적으로 바꾸고 뒤흔들고 비틀어 자신들이 원하는 남성상을 제시해 보인다. 〈맨즈 헬스〉 표지 모델에 버금가는 강하고 건강한 몸을 가졌으면서도 폭력적이지 않은 남성 말이다. 이들은 자신들 눈에 매력적으로 보이는 남성미의 기존 요소들, 즉 바비큐, 영양가 풍부한 푸짐한 식사, 식스팩만 골라내고 나머지는 내버렸다.

배우, 디자이너, TV 프로그램 진행자로 종횡무진 활약하는 비건 대니엘 커칸(Daniel Kucan)도 자신의 블로그에서 이와 비슷한 입장을 천명했다. 그는 고기가 "매일매일 끔찍이도" 그립지만, 힘을 과시하고 싶은 욕망에 거부감을 느끼는 것이야말로 진정한 남성성이라고 블로그 독자들에게 밝혔다. 그는 이렇게 썼다. "도무지 이해가 안 된다. '도덕'이 아닌 '편리'를 택하는 게 언제부터 남성성으로 통했나?"

이 당연한 질문을 읽노라니 작가 조너선 사프란 포어(Jonathan Safran Foer)가 떠올랐다. 그가 쓴 《동물을 먹는다는 것에 대하여(원제: Eating Animals)》에는 이런 대목이 나온다. "두 친구가 함께 점심을 먹는다. 한 친구가 햄버거가 먹고 싶다면서 하나를 주문한다. 다른 친구도 햄버거를 좋아하지만, 세상에는 충동적인 식욕보다 더 중요한 것이 많다는 생각에 다른 걸 주문한다. 둘 중 감정에 휘둘리는 사람은 과연 누구인가?"

포어와 커칸은 '강한 남성'이라는 전통적인 관념을 전적으로 거부하는 것이 아니라 살짝 변주하고 있다. 두 사람은 '진짜 사나이'란 강한 신체만큼이나 정신도 강한 사람임을, 어쩌면 정신을 더 중요시하는 사람이라고 말한다. 힘들고 조금은 고되더라도, 아니 어쩌면 힘들고 고되다는 바로 그 이유 때문에 도덕적으로 옳은 일을 하는 것, 이러한 절제력이 '바로' 남성성이다. 절제력이 없으면 내면의 가치와 어긋난다는 걸 알면서도 맛있는 음식, 편한 방식, 쉬운 일에 굴복하게 된다. 포어와 커칸은 이것이야말로 강인함이 아닌, 감정적이고 감상적인 태도라고 생각한다. 전통적으로 여성, 여성성과 연결지어온 두 가지 특성 말이다.

그래도 마음먹기가 쉽지 않다면 비건인 도미닉 '돔즈' 톰슨

(Dominick 'Domz' Thompson)을 찾아보자. 193만 명에 달하는 인스타그램 팔로워 중 대다수의 말을 빌리면 그는 남성성의 화신이자 "코끼리가 먹는 음식", 즉 식물만 먹으면서도 엄청난 근육을 키운 사람이다. 이성애자 여성 비건섹슈얼들에게 슬쩍 전하자면, 돔즈는 현재 '스크럽 맥플라이'라는 이름의 작고 하얀 개와 한 침실을 쓰고 있다.

6장

채소만 먹으면
위험하다고?

오레오 쿠키는 비건 식품이다.

리츠 크래커는 비건 식품이다.

허쉬 초콜릿 시럽은 비건 식품이다.

보드카는 비건 식품이다.

스웨디시 피시 젤리(Swedish Fish, 물고기 모양으로 유명한 스웨덴의 대표 캔디-옮긴이)는 비건 식품이다.

테이터 토츠(Tater tots, 냉동 감자튀김-옮긴이)는 비건 식품에 가깝다.

레이스 오리지널(Lay's Originals, 미국 감자칩 브랜드-옮긴이)과 BBQ 감자칩은 비건 식품이다.

프링글스도 비건 식품이다.

백설탕도, 겉껍데기가 딱딱한 슈퍼마켓 유통용 롤브레드도 비건 식품이다. 네덜란드에서 가장 유명한 슈퍼마켓 체인에서 구입한 애플 슈트루델(apple strudel, 사과를 채운 오스트리아 페이스트리-옮긴이)도 비건 식품이다. 양산 빵인 시나몬 번도 비건 식품이다.

　이쯤 되면 무슨 말인지 알아챘을 것이다. 비건식은 '건강식'

을 뜻하는 게 아니다. 비거니즘은 도덕적 선택을 바탕으로 한 생활 방식이다. 식품과 영양소에 대한 지식에서 비롯한 선택이 아니다. 다이어트, 즉 체중 감량 방법을 뜻하지도 않는다. 비거니즘의 영리한 마케팅 전략 때문에 대부분이 체중 감량과 비거니즘을 혼동할 뿐이다.

서구 사회의 대다수 사람들은 마르고 탄탄하고 건강한(대개 이 순서다) 몸을 갖고 싶어 한다. 열차로 매일 통근하는 사람이라면 쉽지 않은 일이다. 퇴근 후엔 녹초가 돼 운동은 언감생심이고, 구내식당과 철도역에서는 느글거릴 만큼 달아도 기막히게 맛있는 고지방 컴퍼트 푸드(comfort food, 마음을 달래주는 음식-옮긴이)가 우리의 입맛을 돋운다. 그러니 다이어트 중인 사람이 세 명 중 한 명꼴이라는 말도 일리가 있다. 아무 효과도 없는 체중 감량 음료와 알약, 간편식으로 희망을 주입하는 다이어트 시장이 매년 막대한 수익을 거둬들이는 건 이 때문이다.[26] 그래도 희망은 중요하다. 사람들은 결코 희망을 버리지 않으니까 말이다.

"이것만 먹으면 손 하나 까딱 않고 가만히 있어도 살이 절로 빠질 겁니다." 다이어트 광고가 약속한다. 물론 소비자들도 허황된 소리라는 걸 안다. 과체중일지언정 바보는 아니니. 오로지 칼로리를 소모하는 것만이 살을 빼는 유일한 방법이며, 이는 엄청난 자제력과 인내심과 포용심을 발휘해야 하는 지난한 과정임을 모두 잘 알고 있다.[27] 그럼에도 하루를 또 다시 다이어트로 마감하면서 거울에 비친 덜렁대는 살을 보고 낙심해본 사람이라면 누구든 희망이 절망보다 훨씬 더 큰 위안이 된다는 걸 안다.

비건 이데올로기를 퍼뜨리고 싶어 하는 비건들처럼 비건 식품 기업들도 이런 분위기에 기꺼이 편승한다. 비건과 비건 기업이 의기투합해 새로운 다목적 다이어트 비법을 개발해냈으니, 바로 희망과 욕망을 충족시켜주는 비건 생활(Vegan Life)이다.

이들의 전단 광고지와 소셜 미디어 게시물은 이렇게 공개 선언한다. "값비싼 다이어트 약을 사지 말고 비건식으로 체중을 감량하세요!" 하지만 이는 절반만 사실이다. 비건식이 지방 함량이 낮고 질병을 예방해주는 영양분 함량이 높다는 사실이 연구를 통해 밝혀지긴 했지만, 비건 음식에도 지방, 소금, 설탕이 얼마든 가미될 수 있다. 따라서 비건 음식을 먹어도 체중이 늘 수 있고 정신없이 폭음할 수도 있으며 그 정도가 지나치면 혈관이 막혀 심장마비가 일어날 수도 있다.

초콜릿 스프레드도 비건 식품이다.

초콜릿 스프링클도 비건 식품이다.

하인즈 토마토 케첩? 100퍼센트 비건 식품이다.

코카콜라도 비건 식품이다.

사우어 스트로베리 벨트(벨트처럼 길게 늘인 형태의 젤리-옮긴이)도 비건 식품이다. 사우어 레몬 캔디도 비건 식품이고 스키틀

즈(Skittles, 설탕으로 코팅된 둥근 모양의 젤리-옮긴이)와 스타버스트
(Starburst, 젤리 브랜드-옮긴이)도 비건 식품이다.

감자튀김도 비건 식품이다.

비건용 코르네토(Cornetto, 아이스크림콘 브랜드-옮긴이)와 비건
용 매그넘(magnum, 아이스크림 브랜드-옮긴이)도 현재 시판 중이
다. 이 책을 쓰는 지금 벤앤제리스(Ben & Jerry's, 미국 아이스크림
브랜드-옮긴이)에서는 아홉 가지 맛의 비건 아이스크림을 출시
했는데, 그중에는 '퍼지 브라우니와 피넛 쿠키 반죽이 들어간
초콜릿 피넛 버터 아이스크림'도 있다. 맛있을지 몰라도 건강
한 식품과는 거리가 멀다.

네덜란드 마가린 브랜드인 할바리너(Halvarine)는 비건 식품
이지만, 칼럼니스트 실비아 위트만(Sylvia Witteman)에 따르면
'더럽고 역겨운 프랑켄슈타인(유전자 조작 식품-옮긴이) 스프레드'
다. 여타 마가린처럼 동물성 지방이 아닌 식물성 기름과 물이
주성분이며, 화학 처리를 거쳐 스프레드 형태로 제조한 것이
다. 기름에 수소를 첨가하는 경화 처리를 하면 심혈관 질환 위
험을 높이는 것으로 알려진 포화 지방이 생성된다. 마가린이
우유로 만든 버터보다 열량이 낮다고 해서 무조건 몸에 더 좋
은 건 아니라는 말이다.

더럽고 역겨운 프랑켄슈타인 스프레드 얘기가 나왔으니 말
인데, 연구 결과 비건 간편식에는 포화 지방과 조미료, 특히 소
금이 다량 첨가되는 것으로 밝혀졌다. 아무런 죄가 없어 보이

는 브로콜리 햄버거 하나의 소금 함량이 하루 권장 섭취량(권
장량은 필요량이 아니라 최대 허용 섭취량을 말한다-옮긴이)의 3분의 1에
달할 정도다.[28]

내가 비건이 되기로 결심했을 때, 여전히 초기 개발 단계에
머물러 있던 비건 치즈와 시판 대체육도 사정이 다르지 않았
다(시판 제품 중에는 먹을 만한 게 없었다는 말이다). 네덜란드에서는
원래 대다수의 비건 치즈가 건강식품에 속했고 소금 함량도
높지 않았다(다행히 유럽 식품 정책은 이 부문에 매우 엄격한 잣대를 적용
한다). 하지만 미국 슈퍼마켓에서 판매되던 제품들은 프랑켄슈
타인이 뱉은 가래 같았다.

한편에서는 소수나마 각국의 비건 요리사들이 견과류와 곡
물로 치즈를 만들기 시작했다. 이들은 전통적인 치즈 생산 과
정과 다름없이 곰팡이와 젖산 박테리아를 숙성하고 발효시켜
두유 요구르트 등을 제조하는 실험에 나섰다. 이렇게 만들어
진 비건 치즈들이 내가 주로 장을 보던 미국 상점들에서 판매
됐다. 맛이 탁월했다. 건강한 재료를 썼고 영양 측면에서도 동
물성 치즈보다 더 높은 점수를 얻었다. 하지만 제조 공정에 시
간과 정성이 많이 투입돼 값이 다소 비쌌다. 규모가 더 큰 비건
'치즈 제조업체들'은 '치즈 제조' 과정의 속도를 높이고 경비를
절감하려 애썼다. 그 과정에서 화학 처리를 하고 첨가물을 넣
다 보니 건강하지도 않았고 맛도 변질됐다. 포화 지방이 다량
함유된 코코넛 오일을 주원료로 쓰기도 했다. 건강한 재료만

쓰면서도 그럭저럭 적정 가격을 유지하던 일부 대기업들도 있었다. 그럼에도 필라델피아 슈퍼마켓들에서 본 가짜 치즈는 대부분 생김새도, 맛도 흡사 플라스틱 같았다.

그래서 건강에 좋지 않은 비건 식품이 나오는 걸까?

그렇다. 논비건 식품도 건강한 것과 해로운 것이 있듯 비건 식품도 마찬가지다. 먹는 양과 먹는 음식, 조리 방식에 따라 몸을 망가뜨릴 수도, 건강하게 할 수도 있다. 약으로도, 독으로도 쓰일 수 있다. 여러분을 뚱 가게 할 수도 있다. 적이 될 수도, 친구가 될 수도 있다. 그럼 여기서 퀴즈 하나. 그런데도 대다수 비건들이 육식인들보다 '실제로' 더 건강한 이유는 무엇일까?

왜 비건이 더 건강한가

전형적인 서구식 식사에서 비건식으로 바꾸려는 사람이라면 다음 두 가지를 염두에 둬야 한다. 첫째, 고기를 비롯한 동물성 식품을 끊어야 한다는 것과 둘째, 곧 주변의 육식인들이 여러분이 병에 걸리거나 영양실조에 걸려 죽지 않을까 염려하게 될 것이라는 점이다.

대학 시절 초반, 내 주식은 핫도그와 누텔라 샌드위치, 쿠키, 코카콜라, 값싼 와인이었다. 그런데도 내가 비타민과 미네랄을 충분히 섭취하고 있는지 물어보는 사람은 단 한 명도 없었다. 그러다 나이 서른에 비건이 되자 내 건강을 묻는 질문과 선의의 조언이 물밀듯 쏟아졌다. 칼슘은 충분히 섭취하고 있어요?

단백질은? 철은? 비타민 B는? 혹시 모르니 종합비타민제를 복용하는 게 좋지 않을까요? 적어도 한 달에 한 번은 혈액 검사를 받아야 되지 않나요? 등등. 내 비서는 이렇게도 권했다. "관장도 한 번씩 꼭 하세요." 내 몸속의 "독소를 배출하는 데 좋다"는 이유였는데, 그러면서 보통은 유제품이 이런 독소들을 흡수하기 때문이라고 의기양양하게 말했다.

충격적이었다. 압도적인 연구 결과에 따르면 대체로 비건이 논비건보다 건강한 것으로 밝혀졌기 때문이다. 비건식에는 식이섬유와 항산화물질, 칼륨, 마그네슘, 엽산, 비타민 A·C·E 함량이 동물성 식품보다 평균적으로 더 많다는 게 대다수 연구가 내린 결론이었다. 여기서 언급하는 연구들은 수많은 나라에서 오랜 기간에 걸쳐 대규모 집단을 대상으로 진행됐으며, 이른바 무작위 통제 시험을 실시하고 동료 심사를 거쳐 학술 논문으로 발표된 것들이다. 온갖 전문 용어로 위화감을 불러일으키는 이 말을 달리 표현하자면, 이 연구들은 신뢰도가 높고 타당성도 널리 인정받고 있다는 뜻이다. 이 장에서 내가 이야기하는 내용들은 이처럼 '훌륭한' 연구들을 근거로 한다. 우연히 얻은 연구 결과나 방법론이 명확하지 않은 연구들은 일절 배제했다. 육가공업계와 낙농업계, 또는 자칭 영양사들이 연구비를 지원한 경우나 그보다 드물기는 하지만 동물권·비건 단체에서 수행한 '건강 연구'도 같은 이유로 배제했다. 건강과 비거니즘에 대해 명료하고 정직하게 알려주는 글을 쓰는 데는 이 연구들이 하등 도움이 되지 않았기 때문이다. 하지만 한편으론 뜻밖의 깨달음을 주기도 했는데, 그건 바로 진로를 바꾸려거든 보건 분야 연구원이 되거나 다이어트 업계에 진출하는 게 좋을 거라는 것이다. 그곳에는 (돈과) 일거리가 넘쳐나기 때문이다.

채식의 탁월한 항암 효과

한편, 연구자들은 전형적인 비건식이 전립선암, 유방암, 위암의 위험을 줄여준다고 입을 모아 얘기한다. 그 첫 번째 이유가 비건은 육가공품이나 방부제 처리한 육류, 붉은 고기를 먹지 않기 때문이라는 것인데, 세계보건기구에 따르면 이를 자주 섭취할 경우 대장암 발병 위험이 높아진다고 한다.[29]

비건식이 일부 암의 발병 위험을 낮춰주는 두 번째 이유는 비건이 항암 효과가 있는 음식을 많이 섭취한다는 점이다. 비건은 논비건보다 대체로 콩과 식물, 과일, 채소를 많이 섭취한다(접시 위 빈 공간을 어떻게든 채워야 하니까). 아침 식사 메뉴에서 달걀 프라이는 뺀다. 점심 식사로 먹는 샌드위치에 우유를 곁들이지 않는다. 피자에 들어가는 페퍼로니는 뺀다. 감자와 고기를 함께 먹지 않는다. 이제 막 비건이 되어 '건강에 좋은' 비가공 식품으로 갈아탄 사람은 곡물, 과일, 채소, 콩, 견과류, 씨앗으로 구성된 식단을 얻게 된다. 실제 연구에서도 신선한 과일과 채소를 하루에 최소 7인분 섭취하면 일부 암으로 사망하는

위험이 크게 줄어드는 것으로 나타났다.[30]

　비건의 경우 암세포 성장 속도가 더디고 암 발병 시 사망 확률이 더 낮아지는 세 번째 이유는 일반적으로 비건식에 콩으로 만든 식품이 더 많이 들어가 있기 때문인데, 특히 유방암 발병을 예방해준다.[31]

　콩이 유방암을 일으킨다는 기사를 본 적이 있을 것이다. 이는 콩을 다량 섭취한 쥐가 유방암에 걸릴 확률이 더 높다는 사실을 과학자들이 밝혀내면서 굳어진 신화다. 온갖 일간지에서 이를 기사로 다뤄 많은 이들이 콩으로 만든 식품에 공포를 느낀다. 하지만 잇따른 연구에서 실제로 사람에게는 정반대 효과가 나타난다는 사실이 밝혀졌다. 두부 등 콩을 원료로 한 식품을 하루 2~3인분 섭취하면 특정 유방암의 발병 가능성이 낮아지는 것으로 나타났다. 또한 콩으로 만든 식품을 먹은 여성이 전혀 먹지 않은 여성보다 유방암 생존율이 더 높다는 사실도 연구를 통해 밝혀졌다.[32] 동물 실험 연구 결과들과 이후에 진행된 임상 실험 연구 결과들이 현격한 차이를 보이는 이유는 쥐의 몸에서 사람과 다른 방식으로 대사가 이뤄지기 때문이다. 하지만 이 뉴스는 타블로이드 신문들에 닿지 못한 모양이다.

　비건들을 위한 희소식은 더 있다. 비건과 채식주의자, 육식인을 비교한 연구 결과, 비건은 고혈압에 걸릴 확률이 최대 75퍼센트 낮고 심혈관계 질환으로 사망할 확률도 최대 42퍼센트 낮은 것으로 나타났다.[33] 과학자들은 비건이 우리 몸을 망치는 포화 지방이 함유되지 않은 신선한 과일과 채소, 콩과 식물, 섬유질 등을 더 많이 섭취하기 때문이라고 믿고 있다. 또한 비건식이 혈당 수치와 (동맥 질환의 주 위험 요인으로 꼽히는) LDL 콜레스테롤·총 콜레스테롤 수치를 낮추는 데 더 효과적이라는 사실도 다양한 연구들을 통해 입증됐다.[34] 동물성 식품과 고지방 음식을 섭취하면서 탄수화물은 전혀 먹지 않거나 매우 적게 먹는 이른바 저탄수화물 고지방(저탄고지) 식단과 비건식은 혈당 수치를 유지시키고 낮춰준다는 측면에서 매우 높은 점수를 얻었다. 이는 특히나 심장에는 반가운 소식이다. 고혈압과 콜레스테롤, 혈당 수치가 낮아지면 심장 질환 위험이 최대 46퍼센트까지 줄어들기 때문이다.[35] 자연에 가까운 비가공·비정제 식품을 섭취하는 비건이 육식인에 비해 2형 당뇨병에 걸릴 위험이 50~78퍼센트 낮다는 점도 비건이 반길 만한 희소식이다.

비건식의 맹점

하지만 비건들이여, 으스대지 말라. 비건 식단 연구에 소금을 뿌리는 두 가지 반론이 있으니 말이다.

첫 번째 반론은 이처럼 대부분 긍정적인 결과가 나온 이유가 전적으로 참가자들의 식습관 때문이라기보다 생활 방식이 부분적인 영향을 끼쳤기 때문이라는 것이다. 앞서 언급한 대부분의 연구들은 비건 생활을 실천하는 이들의 혈액 검사 결과와 육식인·채식인의 혈액 검사 결과를 비교하고 있다. 그런데

이 비건 피험자들 중 대다수가 규칙적인 운동이나 명상, 당분·알코올 섭취 줄이기, 우리가 아직 모르는 기타 유익한 생활 습관 등 건강에 좋은 습관을 갖고 있었다면 어떨까? 동물성 단백질 섭취를 줄여서, 또는 채소 섭취량을 늘려서가 아니라 이런 생활 습관들 때문에 비건이 상대적으로 질병에 걸리는 빈도가 낮은 거라면?

이는 딱 잘라 말하기 어렵다. 내가 앞서 언급한 연구들은 과학적 기준에서 볼 때 신뢰할 만하다고 인정받고 있다. 그러니 이 연구 결과들을 순전히 헛소리로 치부할 수만은 없다. 그러나 연구 결과가 제한적이라 복잡다단한 인체 현상을 단언하기도 어렵다. 과학자가 연구를 제대로 하지 않아서가 아니다. 피험자의 상황과 생활 습관을 빠짐없이 고려한 전방위적 연구를 수행하는 것이 불가능해서다. 게다가 전 생애에 걸쳐 추적 조사를 해야 오랜 습관과 새로운 습관이 끼친 장기적 영향을 알아낼 수 있다. 그리고 비건이 되기 전의 혈액 검사 결과에서부터 출발해야 한다. 그러려면 피험자가 앳된 대학 신입생일 때부터, 쿠키와 핫도그를 주식 삼아 연명하던 때부터 연구를 시작했어야 한다.

비건들이여, 단단히 각오하라. 두 번째 반론은 핵폭탄급이다. 그건 바로 비타민 B12 결핍으로, 내 주변인들이 근심을 표할 때 잘 써먹는 명분이다. 비건은 비타민 B12 결핍이 나타날 수 있는데, 이를 반길 비건은 없을 것이다. 비타민 B12는 체내

세포의 신진대사에 필수이기 때문이다. 뇌세포를 보호하고 탄수화물과 지방, 단백질을 에너지로 바꾸는 데도 중요한 역할을 한다. 결핍 상태가 오래 지속되면 신체뿐 아니라 장기적으로 정신 건강에도 해로울 수 있다.

비타민 B12는 육류와 생선, 유제품 같은 동물성 식품에 함유돼 있다는 게 일반적인 통념이다. 비건들이 알약으로든 비타민 B가 첨가된 육류 대체 식품으로든 비타민 B12를 보충하라는 조언을 귀에 못이 박히게 듣는 것도 그런 이유 때문이다. 틀린 말은 아니다. 하지만 일반적인 통념이라고 해서 전부 100퍼센트 정확한 건 아니다. 비타민 B12는 특정 박테리아와 곰팡이도 생성할 수 있기 때문이다. 이 박테리아와 곰팡이는 수원(水原)에도, 토양에도, 동물의 몸에서도 살고 있고, 당연히 우리 몸에도 있다. 동물성 식품을 일절 먹지 않아도 이론상 매일 호수에서 퍼온 물 한 병으로도 하루 권장량에 해당하는 비타민 B12를 섭취할 수 있다. 여기에 진흙 한두 줌까지 곁들이면 만사 오케이다. 얼결에 몸에 해로운 다른 박테리아도 함께 섭취해 병을 얻을 수 있다는 건 함정이지만.

체내에서 생성되는 비타민 B12에만 의존할 수도 없다. 비타민 B12는 장관 벽 구석진 곳에 숨어 있어 체내 흡수율이 떨어지기 때문이다. 따라서 인간은 비타민 B12의 외부 공급원에 의존한다. 이는 동물성 식품이 될 수도, 진흙 웅덩이가 될 수도 있다. 하지만 영양학자들에 따르면 비타민 B12는 해초 및 해

조류뿐만 아니라 발효 음식 같은 식물성 산물에도 함유돼 있다. 발효는 박테리아·곰팡이·효모가 산도·맛·향·형태를 변화시켜 완전히 새로운 물질을 만드는 과정을 말한다. 이를테면 벨기에 맥주를 만들 때도 발효가 필요하다. 단백질이 40퍼센트를 차지하는 고형 발효 콩인 템페에도 철·칼슘·마그네슘과 다량의 비타민 B가 함유돼 있다. 이론상 식물성 식품을 먹고 마시기만 해도 하루치 비타민 B12 권장량을 충족시킬 수 있다. 다만 거듭 말했듯 실제로는 말처럼 쉽지 않다.

가령 장내에서는 해초 같은 식물성 산물에 함유된 비타민 B12가 활성화되지 못한다는 점이 문제다. 활성 비타민 B12가 체내에 충분히 흡수되려면 얼마나 섭취해야 하는지, 소화계의 흡수율은 정확히 어느 정도인지 명확하게 분석된 바도 없다.

비타민 B12가 함유된 맥주의 경우 문제가 한 가지 더 있다. 병에 담긴 상태의 맥주는 양조 과정 마지막에 효모를 추가로 첨가하므로 비타민 B12 함량이 높긴 하지만, 알코올 형태로 섭취하면 인체가 더 많은 비타민 B를 사용하므로 그 효과가 상쇄된다. 템페는 어떨까? 경우에 따라 다르다. 인도네시아 등지에서 전통적인 방식으로 제조한 템페는 비타민 B12 함량이 높지만, 서구 국가에서 대량 생산된 템페에는 없는 경우도 있다.[36] 이들 제조 공장에는 비타민 B12를 생성시키는 박테리아가 없기 때문이다. 서구의 위생 기준이 우리 건강에는 단점이 될 때도 있는 모양이다.

채식 단체인 네덜란드비거니즘협회(the Dutch Veganism Association)와 의사들의 권고는 변함이 없다. 비건이라면, 또는 비건이 되고 싶다면 주요 비타민과 미네랄을 음식으로 섭취할 때 제대로 흡수시킬 수 있는 몸 상태인지를 혈액 검사로 확인하고 비타민 B12를 일주일에 수차례 소량 복용해 보충하라는 것이다(설명하기가 까다롭지만 비타민 B12 함량이 높은 보충제일수록 대체로 흡수율은 더 떨어진다. 최선은 비타민 B12 보충제를 어쩌다 한 번씩 다량 복용하지 말고 자주 소량 복용하는 것이다).

비타민 B12를 사수하는 법

조심스럽게 이 조언을 따른 지도 이제 몇 달이 됐다. 그 조언을 진심으로 받아들였다기보다 주변 사람들을 안심시키기 위해서, 그리고 내 안전을 위해서였다. 지금까지 혈액 검사도 수차례 했는데, 비타민 B12 결핍은 딱 한 번 일어났다. 그린란드에서 인류학 현장 조사를 마치고 돌아온 직후였다. 그곳에서 나는 육류와 생선, 동물의 피를 먹고 버텼다.

그린란드에서 기후 변화가 원주민 사냥꾼들에게 미치는 영향을 조사할 때, 나는 손에 잡히는 대로 먹었는데(채식은 잠시 중단한 터였다. 건강상 이유도 있었고 그린란드 주민들이 거리감을 느끼지 않도록 하기 위해서였다), 구할 수 있는 먹거리가 많지 않아서였다. 나는 20세를 갓 넘긴 나이에 북대서양의 작은 섬에 위치한 마을에서 6개월간 머무르며 홀로 연구를 수행하고 있었다. 80명 남

짓 되는 마을 사람들은 사냥꾼이거나 어부였다. 나는 단열이
잘 되지 않아 동네에서 수년간 방치되고 있던 작은 오두막에
들어가 살았다. 살이 에일 만큼 외풍이 심한 집이었다. 겨울이
라 해는 몇 달간 구경도 못했고 기온은 늘 영하 30~영하 10℃
에 머물렀다.

그린란드의 내 이웃들과 마찬가지로 나도 겨울 동안에는 음
식 구경을 못했다. 게다가 추위를 막아내느라 에너지가 더 많
이 필요해서 자주 굶주림에 시달렸다. 그해에는 사냥이 영 시
원찮아 상점 찬장도 텅 비어갔다. 새를 사냥해 먹을 때도 있었
고, 이따금 물개 피 수프를 대접하는 이도 있었으며, 드물기는
했지만 마을 사람들과 말린 고래 고기를 나눠먹기도 했다.

아침마다 얼음에 낸 구멍에서 물을 길어 연료통에 받아왔
다. 깊숙한 눈밭을 가로지르며 물을 길러 가는 발걸음이 달이
갈수록 무거워졌다. 방한화를 신은 발을 높이 들 힘도 없어 그
대로 고꾸라지는 바람에 얼굴이 눈밭에 처박히는 일도 자주
있었다. 보온 기능을 다한 스키 재킷은 이제 실내에서조차 쓸
모가 없었다. 바람이 나무 헛간을 사방에서 두드려대고 벽 틈
새로 눈이 새어 들어올 때는 와들와들 몸을 떨었다. 오로지 밥
생각뿐이었다.

현장 조사 막바지에 이르렀을 때 나는 탈진한 상태였고 비
쩍 마른 데다 탈모도 생겼다. 온종일 어지럼증에 시달렸고 정
신도 혼미했다. 건망증도 생겼다. 혈액 검사 결과 비타민 B12

어떻게 고양이를 끌어안고 통닭을 먹을 수 있을까

결핍이었다. 의사는 비타민 B12를 한 달에 한 번씩 내 왼쪽 엉덩이에 주사로 투여했다. 그는 동물성 식품을 먹지 않아서가 아니라 먹을 것 자체가 부족한 탓이라고 알려줬다.

나는 나름의 자료 조사를 거친 뒤에 다음과 같은 사실을 알게 됐다. 다양한 식품으로 구성된 식사를 충분히 섭취하면 비타민 B12도 필요한 만큼 섭취할 수 있다. 식품 속 박테리아와 곰팡이에 비타민 B12가 함유돼 있기도 하고 워낙 많은 식품에 비타민 B군이 미량이나마 함유돼 있기 때문이다. 고기가 포함된 식단이든 채식이든 비건식이든 충분한 음식을 다양하게 섭취하고 끼니마다 비타민 B12가 풍부하게 함유돼 있는지 각별히 신경을 쓰는 걸로도 충분하다. 내 경우 음식 자체를 충분히 먹지 못했던 탓이 컸다. 비타민 B12가 풍부하다는 동물성 식품을 섭취하며 지냈는데도 그랬다.

비타민 B12 결핍은 채식인과 육식인은 물론 비건에게도(보충제 복용조차 엄격히 거부하는 비건 사이에서도) 드물다는 사실 역시 나중에야 알았다. 비타민 B12 결핍은 요양 시설에 거주하는 노인이나 병원에 입원한 환자들, 섭식 장애가 있는 사람들, 특정 약물을 복용 중인 사람들에게서 주로 나타난다. 노인이나 환자는 대체로 식욕이 없기 때문에(또는 너무 짜거나 기름기가 많거나 맛없는 음식을 주로 먹기 때문에 식욕이 동하다가도 금세 가신다) 음식을 충분히 섭취하지 못한다. 이들에게, 그리고 건강한 비건들에게 다음과 같은 조언을 전한다. 보충제를 복용하라. 아니면 채식 햄버거나 비타민 B12가 풍부하게 함유된 간편식이라도 사먹으라. 비타민 B12 결핍은 가볍게 넘길 일이 아니다. 나도 그 사실을 알았으면 좋았을걸……

단백질은 어떻게 섭취해요?

비건이 받는 질문 중 1위는 단연 이것이다. "그래서, 단백질은 어떻게 섭취해요?" 비건들 사이에서는 '단백질이 비건의 시간을 잡아먹는 비율'라는 제목의 온라인 밈까지 떠돌 정도다. 이 밈에는 원형 차트에 색상별로 나타낸 비율 항목이 제시된다. 이를테면 분홍색은 "모자란 단백질 공급원을 찾아다니는 데 드는 시간"을, 빨간색은 "단백질을 밥 먹듯 섭취하고 있다고 말하는 데 드는 시간"을 뜻한다. 그리고 이 차트는 온통 빨간색이다.

이런 측면에서 보면 비건들의 답답한 심정도 충분히 이해하지만 다른 사람들이 왜 그렇게 걱정하는지도 알겠다. 비타민 B12처럼 단백질 역시 우리 건강에 매우 중요한 요소다. 단백질, 정확히 말하면 단백질을 구성하는 아미노산은 근육과 피부, 효소, 호르몬을 구성하는 기본 물질일 뿐만 아니라 모든 인체 조직에서 필수적인 기능을 한다. 그런 점에서 단백질 결핍이 큰 문제인 건 맞지만 이는 '음식을 충분히 섭취하지 못하는 개발도상국에서나'[37] 그렇다. 거듭 말하지만 서구에서는 노인이나 환자, 단백질을 충분히 섭취하지 않거나 식습관이 불균형한 사람이라면 모를까 단백질 결핍은 극히 드물다. 단백질은 대다수 음식에 일정량 함유돼 있기 때문에 부유한 나라에서는 단백질을 충분히 섭취하는 데 그리 많은 노력을 들이지 않아도 된다(쿠키, 당근, 감자칩으로만 구성된 식단이 아니라면 말이다). 평균 수준의 활동을 하는 사람을 기준으로 하루 단백질 권장량은 체중 1킬로그램당 0.8그램이다. 매사추세츠대학교 로웰캠퍼스 연구원들에 따르면 동물성 단백질과 식물성 단백질은 별 차이가 없다.[38] 건강에 미치는 효과가 동일하다는 얘기다. 하지만 식물성 단백질은 체내 흡수율이 낮고 필수 아미노산도 다소 부족하기 때문에 비건의 경우 만일에 대비해 체중 1킬로그램당 그보다 좀 더 많은 단백질(0.9그램)을 섭취해야 한다고 권장한다. 근력이 많이 필요하거나 지구력을 요하는 운동을 하는 경우라면 그보다 훨씬 더 많은 단백질이 필요하다. 가령 마라톤 선수는 체중 1킬로그램당 최소 1.2~1.4그램, 근력을 쓰는 운동선수라면 1.4~1.9그램이 필요하다.

운동을 많이 할 때 더 많은 단백질이 필요하듯 운동을 즐기는 비건이라면 일반적인 비건보다 더 많은 단백질이 필요하다. 이는 생각보다 어렵지 않다. 나는 최근 몇 달간 일주일에 3~4회 운동을 하고 있다. 암벽타기(근력과 민첩성을 요하는 운동), 실내 암벽 등반(근력과 지구력을 요하는 운동), 피트니스(근력 운동)를 일주일에 한 번씩 한다. 내 몸무게는 약 54킬로그램으로, 운동을 가장 격렬하게 하는 비건 유형이라 쳐도 최대 99그램의 단백질이 필요하다. 이 정도는 비건식으로도 쉽게 섭취 가능하다. 스스로도 몸이 탄탄하고 건강하며 힘이 센 편이라고 생각한다.

그럼 하루 단백질 권장량은 어떻게 채우느냐고? 내 경우 단백질이 매우 풍부한 콩과 식물을 섭취한다. 가령 렌틸콩 100그램의 단백질 함량은 10그램이다. 점심 샐러드에 병아리콩 한 줌을 넣으면 12그램이 추가된다. 땅콩(엄밀히 말하면 견과류가 아닌 콩과 식물이다) 한 줌을 더 먹으면 13그램이 늘어난다. 강도 높은 운동을 하고 나서 (콩이 주성분인) 비건 단백질 셰이크를 마시면 근육 회복이 촉진된다. 단, 거듭 말하지만 단백질은 '일반적인' 식품에 거의 다 함유돼 있다. 템페는 보통 1인분에 약 20그램의 단백질이 함유된 고단백 식품이다. 구운 흑빵(통밀가루나 통곡물 가루 등으로 만든 빵—옮긴이) 한 조각의 단백질 함량은 약 4그램, 피타 브레드(pitta bread, 넓적하고 동그란 모양의 아랍 빵—옮긴이)의 단백질 함량은 약 9그램이다. 오트밀 한 사발에는 약 9그램, 검은콩 약간에는 약 15그램이 함유돼 있다. 퀴노아와 메밀 같은 곡물에는 100그램당 약 9그램, 두부에는 11그램, 아몬드 한 줌에는 약 21그램의 단백질이 함유돼 있다. 자, 어서 먹으라, 순식간에 '#plantbeast(초식 야수)'로 변신할 테니.

초식용 치아

사실 동물성 음식을 먹지 않고도 아무 문제없이 살 수 있다는 건 틀린 말이 아니다. 특히나 인체는 원래 고기를 소화시킬 수 없기 때문이다. 이는 최초 인류의 치아를 매우 꼼꼼히 조사해 이들이 섭취한 음식을 밝혀낸 고고학 연구를 통해 드러났다. 이를테면 직립 보행을 한 인류인 사헬란트로푸스 차덴시스(Sahelanthropus tchadensis)의 치아를 살펴보면 질긴 섬유소가 함유된 식물을 많이 씹었던 흔적이 보인다. 이들은 씨앗과 견과류도 섭취했다. 사헬란트로푸스 차덴시스는 700만 년 전에 존재했으며 인간보다 유인원에 더 가까웠다.

이로부터 여러 세대가 지난 후에도 인류의 조상들은 주로 식물을 섭취했다. 약 300만~400만 년 전쯤 아프리카에 살았던 인류로 현대 인간과 생김새가 비슷한 오스트랄로피테쿠스의 치아를 살펴본 결과, 현대 침팬지가 먹는 것과 비슷한 음식을 먹었던 걸로 밝혀졌다. 이들은 이파리, 식물 뿌리, 다량의 과일, 꽃을 먹었고 때론 나무껍질도 먹었다. 곤충을 한 주먹씩 먹기도 했다. 세월이 더 흐른 뒤에 등장한 현대 인류의 조상 호모 에렉투스는 녹말이 많은 덩이줄기, 뿌리, 구근, 과일, 채소, 씨앗을 먹었다.[39] 이들의 치아는 뼈에서 살을 뜯어내기보다 식물을 씹는 데 훨씬 더 적합했던 듯하다. 이는 지금도 마찬가지다. 입을 크게 벌리고 거울을 들여다보면 우리의 치아가 오랑우탄 같은 초식 동물의 치아와 매우 유사하다는 점을 알 수 있다. 다시 말해 어금니는 넓적한 반면 송곳니는 짧고 뭉툭하다.

여러분이 오랫동안 제대로 먹질 못해(이를테면 그린란드로 현지 조사를 떠나 있었다거나 자기 일에 불만인 요리사가 일하는 요양 시설에서 살다 나와) 굶주린 배를 부여잡고 길을 걸어간다고 치자. 별안간 널브러진 소의 사체가 눈에 들어온다. 가죽을 벗겨낼 칼이나 날카로운 물건이 없다면 난처한 일이다. 송곳니도 소용없다. 너무 뭉툭하기 때문이다. 대다수 고양잇과 동물을 비롯한 육식 동물처럼 턱을 최대한 움직여 입을 크게 벌릴 수도 없다. (손톱 등으로) 어떻게든 가죽을 뚫는다 하더라도 먹는 즐거움은 별반 못 느낄 것이다. 날고기는 질기고 소화시키기도 어려울 테니 말이다.

　나중에 인간은 고기를 먹을 수 있게 된다. 우리가 가진 초식 동물의 치아 때문이 아니라 초식 동물의 치아를 가졌다는 약점을 다른 방식으로 극복했기 때문이었다. 바로 무기를 발명한 덕이었다. 250만 년 전쯤, 인류는 견과류 껍질을 깨뜨릴 때 썼던 돌을 이용해 뼈에서 고기를 발라내기 시작했다. 이따금 동물의 두개골을 부수는 데도 돌을 사용했던 듯하다. 창을 쓰기 시작하면서 동물 사냥은 더 수월해졌다. 또다시 세월이 흐르고 화살과 활, 총이 등장했으며 종국에는 가장 파괴적인 인류의 무기가 될 농장 동물의 가축화를 고안해냈다. 오로지 인간이 먹기 위해 동물을 수백만 마리씩 사육하고 개량하고 교배하고 질식사시키고 감전사시키고 도살하는 방식을 생각해낸 것이다.

적응하는 소화 기관

인간은 무기가 발명되기 전에도 어쩌다 한 번씩 고기를 먹었다. 식용 식물이 거의 없었고 수많은 동물들이 자유롭게 돌아다니던 곳에서 살았던 원시 인류의 경우 분명 그랬을 것이다. 이제 연구자들은 인류의 조상이 잡식 동물이었다고 믿고 있다. 식물만 먹다가 이따금씩 나무에서 떨어진 새나 작은 원숭이를 게걸스레 먹었을 수도 있다. 하지만 이렇게 만찬을 즐긴 후에는 참을 수 없는 복통에 시달렸을 것이다. 지금도 그렇지만 인간의 장은 그 시절에도 고양이를 비롯한 육식 동물의 창자처럼 짧고 곧지 않았다. 길고 주름이 많아서 과일 및 식물처럼 섬유소가 풍부한 음식을 소화시키는 데에는 적합했지만 고지방 육류에는 적합하지 않았다.

하지만 진화는 유사시에 대비해 몇 가지 묘책을 발휘했다.

이 시기에 인간은 더욱더 효과적인 무기를 개발하던 중이었고 식습관도 달라지기 시작했다. 인체도 여러 세대를 거치며 새로운 식단에 적응해갔다. 초기 인류의 창자는 과일 및 식물을 소화시키는 데 안성맞춤이었다. 대장이 시작되는 부위에 자리한 작은 주머니 모양의 맹장에는 박테리아가 가득해 식물 섬유소를 소화시키는 역할을 톡톡히 해냈다. 식물은 특히나 소화가 잘 안 된다. 뼈가 없는데도 빛을 향해 꼿꼿하게 자라는 것만 봐도 알 수 있다. 이는 어떻게 가능한 걸까? 식물의 세포는 세포벽에 둘러싸여 있는데, 이 단단한 세포벽 덕분에 세포들이 블록으로 탑을 쌓듯 수직으로 차곡차곡 쌓여 위로 뻗어나갈 수 있다. 식물을 먹는 사람에게는 이 단단한 세포벽을 잘게 갈아 분해시켜주는 넓적한 어금니와 이 세포벽을 무너뜨려줄 세

균이 많이 사는 긴 창자가 필요하다.

과학 전문 기자인 마르타 자라스카는 스카이프 인터뷰 도중 이렇게 말했다. "이 원시 인류가 일반적인 현대 미국인들처럼 고기를 많이 먹었다면 극심한 대장 경련에 시달렸을 거예요. 복부 팽만감, 복통, 심한 구토감도 느꼈을 테고요." 심지어 사망에 이를 수도 있었다.

연구에 따르면 인간의 몸은 서서히 육류 섭취에 적응할 수밖에 없었다. 인간의 식단이 식물 위주에서 씨앗과 견과류로 구성된 중간 단계 식단을 거쳐 마침내 육류가 대부분인 식단으로 점차 바뀌었기 때문이다. 이러한 변화는 무기의 등장뿐 아니라 기후 변화가 일어난 시기와 맞물린 결과로 나타난 것이다. 가령 일부 지역에서는 강우량이 줄기 시작했는데, 그 결과 무수한 과일과 식물 종이 급격히 줄어들었다. 그래도 씨앗과 견과류는 여전히 (손쉽게) 구할 수 있었는데, 과학자들의 생각대로 인류의 초기 조상이 섬유소는 적고 지방이 풍부한 씨앗과 견과류를 더 많이 먹었다면 (섬유소를 소화시키는) 맹장은 쪼그라들고 (지방질을 소화시키는) 소장은 더 발달했을 것이다. 그랬다면 인간의 소화 기관이 고기를 소화시킬 수 있는 길도 활짝 열렸을 것이다.

하지만 진화는 거기서 끝나지 않았다. 실상 수천 년 동안 인간은 동물성 음식을 훨씬 더 쉽게 섭취할 수 있도록 더 빠르게 진화했다.

유당불내증이 사라져가다

최근 연구들을 살펴보면 농업 혁명 이래로 인간의 유전자에 새로운 변이가 다양하게 일어나면서 현재의 식습관에 이르렀다는 것을 알 수 있다. 요즘에는 당뇨병을 예방해주고 체내 혈당을 조절해주는 유전자 변이를 갖고 태어나는 사람들도 있고, 탄수화물을 소화시켜주는 AMY1(아밀라아제) 유전자를 더 많이 갖고 태어나는 사람들도 있다. 대다수 북유럽인들은 우유에 함유된 젖당을 소화시킬 수 있는 유전자를 갖고 태어난다. 반면 다른 나라 사람들은 성인이 된 후 유당불내증이 생긴다.

젖당은 유제품에 들어 있는 천연당으로, 우유의 단맛을 낸다. 젖당을 분해하려면 소장 벽에서 분비되는 락타아제라는 효소가 필요하다. 건강한 아기의 몸은 젖을 먹고 소화시키는 데 필요한 적절량의 락타아제를 분비한다.[40] 생후 수개월이 지나면서 락타아제 분비량은 점차 줄어든다. 치아가 나기 시작해 고형식으로 넘어가면 젖을 먹을 필요가 없다. 다른 포유류도 마찬가지다. 가령 자연 상태의 송아지는 9개월이 지나면 젖을 먹지 않는다. 하지만 축산 농가의 송아지는 생후 몇 주가 지나면 젖을 강제로 끊어버린다. 그래야 인간에게 판매할 몫을 남겨둘 수 있기 때문이다. 낙농업이 번창한 사회에서 자란 어린이는 일정 시간이 지나면 모유에서 우유로 옮겨간다. 점심 때 우유 한 잔을 마시고, 염소 치즈가 들어간 샌드위치를 먹고, 간식으로 요구르트 한 컵을 먹는 식이다.

우유를 이다지도 사랑한 결과 유당불내증이 있는 네덜란드인은 고작 5퍼센트에 불과하다. 반면 남아메리카, 아프리카, 아시아의 대다수 성인들은 우유를 전혀 소화시키지 못한다. 일본인, 중국인들만 해도 생후 3~4년이 지나면 락타아제 소화 효소의 90퍼센트가 줄어든다. 이들에게 우유를 두 잔씩 마시라고 하면 복부와 장에 통증과 경련이 일어날 것이다.

역사적으로 지구의 모든 성인은 유당불내증이었다. 7,500년 전까지만 해도 이 세상에는 유제품이 없었고 가만히 서 있을 때 젖을 짜게 내버려둘 만큼 줄기차게 출산하던 젖소도 없었다. 인간은 우유를 마시지 않았고, 우유를 소화하는 특별한 효소도 분비하지 못했다. 고기를 소화하는 유전자가 없었던 것처럼 말이다. 그런데 이제 그 유전자가 생겨난 것이다.

'고기 유전자'의 등장

예일대학교를 나와 록펠러대학교에서 박사 학위를 딴 케일럽 핀치(Caleb Finch) 교수는 노화·건강·질병 분야의 명사다. 그는 인간과 대다수 유인원의 유전자가 대부분 일치하는데도 인간이 유인원보다 훨씬 더 오래 사는 이유를 알아내고 싶었다. 수년간의 연구 끝에 찾은 답은 바로 아포지질단백질 E(apolipoprotein E), 즉 아포이(ApoE) 유전자였다. 이 유전자는 육류에 함유된 것과 같은 지질을 운반하는 역할을 하며 위험한 전염병, 염증, 높은 콜레스테롤 수치에 대처하는 기능을 한

다. 핀치와 여타 보건 연구원들에 따르면 인간이 고기를 먹을 수 있는 것도 이 유전자 덕분이다.[41]

이를 진화의 마법이라고 불러도 틀린 말은 아닐 것이다. 다만 이 아포이 유전자에는 작은 결점이 있다. 이 유전자에는 E2, E3, E4의 세 가지 유전형이 있는데, 이 중 어떤 유전형을 갖고 태어나느냐는 사람마다 다르다. E4는 '고기 적응' 유전자로 불린다. 인간은 불과 냉장고를 발명하기 전부터 이미 고기에 대한 욕망을 가지고 있었고, E4 유전자 덕분에 우리 조상들은 날것이나 상한 고기를 먹고도 설사에 시달리지 않았다. 하지만 E4 유전자는 노화를 촉진시키기 때문에 이 유전자를 가진 사람들은 비교적 젊은 나이에 사망한다.

진화는 역습한다. 2,000년이 지나고 E4 유전자가 적응하면서 진화한 E3 유전자(핀치의 설명에 따르면 이처럼 거꾸로 순번을 매기는 관행은 논문 발표 순서와 관련이 있다고 하니 너무 큰 의미를 부여하지는 말자)를 지닌 인간이 태어난 것이다. E3 유전자는 인간이 고기를 소화시킬 수 있게 해줄 뿐만 아니라 수명도 연장시키는 것으로 알려져 있다.

E3는 세상에서 가장 흔한 유전자이기도 하다. 반면, E4 유전자를 갖고 태어나는 사람은 13퍼센트에 불과하다. 이들은 평균 수명이 4년이나 짧고 심장 질환 및 알츠하이머병이 생길 가능성도 더 높으니 운이 나쁜 셈이다. 기타 변형 유전자를 갖고 있는 사람들과 상한 고기 먹기 대회에서 겨룬다면 우승은 따

놓은 당상이라는 점이 다소나마 위안이 될지도 모르지만.

하지만 인간이 고기를 쉽게 소화시키게 해주는 특별 유전자를 갖고 있다고 해서 생존하고 성장하는 데 고기가 꼭 '필요한' 건 아니다. 유제품도 마찬가지다. 우리가 그 맛을 즐기고 인체가 수천 년 동안 소화시키는 법을 체득하긴 했지만 '먹을 수' 있다는 게 꼭 '먹어야 한다'는 뜻은 아니다. 우리는 솜사탕도 쉽게 소화시키지만 그렇다고 우리 몸이 솜사탕을 먹도록 만들어졌다고 볼 수 없을뿐더러 솜사탕이 우리 몸에 필요한 것도 아니다.

우리에게 필요한 건 비타민 B12, 단백질, 몸에 좋은 지방산을 비롯한 필수 영양소다. 해로운 비건식은 지방산, 철분, 칼슘, 요오드, 아연과 주요 영양소의 결핍을 낳는다. 해로운 육식도 다르지 않다. 우리는 식품에서 어떻게든 필수 영양소를 얻어야 한다.

21세기라 하더라도 그린란드의 외딴 마을에서 산다면 물개나 고래 고기를 먹어 영양소를 얻는 수밖엔 없다. 인도네시아에 산다면 템페와 두부 섭취를 통해 영양소를 얻으면 된다. 서양 사람은 식물과 곡식, 씨앗과 비타민 B12 보충제를 골고루 섭취해 영양소를 얻으면 된다.

늙어서도 건강하게 살고 싶은 사람에게 해줄 수 있는 최선의 조언은 이것이다. E3 유전자를 갖고 태어날 것, 간을 망가뜨리는 약물은 쓰지 말 것, 채소·과일·견과류·씨앗·통곡물을 비롯한 영양가 풍부한 식품으로 구성된 비건식을 먹을 것, 이왕이면 자연을 벗 삼아 규칙적으로 운동할 것, 요양원에 절대 들어가지 말 것, 가공식품을 먹지 말 것, 가끔씩 비타민 B12 보충제나 비타민 B12 성분이 함유된 대체육을 먹을 것(하지만 프랑켄슈타인 대체육은 지나치게 섭취하지 말 것). 그러면 바람을 이루리라.

도살장 박물관 견학

"다들 준비됐어요? 정말 들어오고 싶은 거죠?" 인솔자가 외친다. 앞에 선 학생들이 재잘거리는 소리에 자신의 말이 묻히지 않도록 애써 목소리를 높인다. "좋아요, 이제 시작합시다. 여기는 돼지를 도축하기 전까지 키우던 축사예요." 견학단 리더가 양손으로 거대한 금속제 문을 서서히 밀어젖힌다. 문 너머로 층고가 높은 널따란 장방형 양돈사(養豚舍)가 보인다. 어둑하고 서늘한 데다 눅눅한 냄새도 난다. 사임은 희미한 소독약 냄새 같다고 생각한다. 높이 난 작은 창문으로 들어오는 가느다란 빛줄기만이 도살장 박물관 이편에 있는 축사를 밝힐 뿐이다. 이 축사 한가운데로 약 2미터의 좁다란 길이 나 있고 양쪽으로는 금속제 창살과 콘크리트 칸막이로 나뉜 수백 개의 돈방(豚房)이 늘어서 있다.

사임은 동급생들과 이 길을 따라 어기적대며 걷기 시작한다. 몇몇은 나직한 소리로 말을 주고받는다. 그중 한 명은 산소마스크를 쓰고 있다. 사임은 보드에 올라탄 채 돈방 펜스를 열고 안으로 들어가 슬랫 위를 빙 돈다. 그러니까 여기서 도축 차례가 될 때까지 돼지가 머문 것이다. 돼지가 생후 4~7개월이 될 즈음, 아니면 육식인들이 마음대로 정한 몸무게까지 살을 다 찌울 즈음까지 말이다.[42]

인솔자가 손뼉을 치며 경쾌한 말투로 말한다. "모두들 잠깐 이리로 와서 원형으로 서줄래요? 자, 여기가 어떤 곳인지 말해 줄게요." 그녀는 키가 큰 40대 여성이다. 긴 금발 머리가 등 뒤로 치렁치렁하다. 사임은 그녀의 이름이 궁금하다. 하긴 그녀는 자기소개도 하지 않았다. 사임은 그녀의 얼굴을 빤히 쳐다보지 않으려 애쓴다. "여러분의 왼쪽 벽에 걸려 있는 게 쇠로 된 단미(斷尾) 기구예요, 이걸로 마취 없이 새끼 돼지의 꼬리를 잘라냈죠. 이건 2017년에 출시된 비교적 최신 모델이고요. 가까이 가서 자세히 살펴봐도 좋지만 만지지는 마세요. 몇 안 남은 단미 기구 중 하나거든요. 대부분은 단백질 혁명이 일어난 뒤에 활동가들이 없앴고, 과거의 직업으로 기억되고 싶지 않았던 전직 양돈업자들도 상당수 없애버렸죠."

동급생 두어 명이 옆쪽으로 가 그 낯선 기구 주변에 둘러선다. 사임이 지금 서 있는 자리에서도 잘 보인다. 그 물건은 보나마나 손잡이였을 초록색 플라스틱과 삼각 형태의 쇠 부분, 즉 날로 돼 있었다.

"그런데 꼬리를 절단하는 건 그보다 훨씬 전에 금지되지 않았나요?" 사임의 동급생 존스가 말한다.

"맞아요." 인솔자가 답한다. "유럽연합에서 그로부터 25년 전에 이미 금지시킨 바 있죠. 마취 없이 꼬리를 절단하면 극심한 고통을 느낀다는 걸 익히 알고 있었거든요. 신경이 많이 밀집된 돼지 꼬리의 살을 뚫어 즉시 잘라내야 했으니까요."[43]

사임은 시계를 조작해 입고 있는 옷의 온도를 높인다. 불현듯 한기가 느껴지는 이유가 인솔자가 들려준 이야기 때문인지 어둡고 습한 이곳의 서늘한 기온 때문인지는 알 수 없다.

"하지만 거의 모든 양돈업자들이 예외 조항을 발동시켰죠." 인솔자가 말을 잇는다. "육식주의 정부는 방관했고요. 공식적으로는 사육장의 환경을 바꾸거나 돼지가 질경질경 씹을 수 있는 밀짚을 깔아 꼬리물기를 통제하고, 그 방법이 소용없을 때만 새끼 돼지의 꼬리를 절단할 수 있었지만 여기 네덜란드에서는 그렇지 않았어요. 수천 마리의 돼지들을 콘크리트로 된 작은 돈방에서 사육했으니 지푸라기도, 장난감도, 이렇다 할 자극제도 없어 지루함을 못 견딘 돼지들이 다른 돼지의 꼬리를 한없이 물어뜯었던 거예요.[44] 감염된 돼지 때문에 양돈 농가는 금전적인 손해를 입었죠. 병든 돼지의 고기를 팔 순 없으니까요. 그래서 결국 새끼 돼지의 99퍼센트는 꼬리를 절단하게 된 겁니다."

사임은 문득 줄리아 할머니가 반려돼지와 함께하는 장면이 담긴 가정용 비디오를 가족들과 함께 보던 기억이 났다. '돼지 형제' 또는 '꿀꿀이'라는 애정 어린 이름으로 불린 그 돼지는 도살장에서 구조된 후 조부모님 집에서 살았다. 단백질 혁명 후 처음 몇 년 동안 거의 모든 이들이 구조된 가축을 거뒀고 사회성이 뛰어나다는 이유로 돼지가 유독 많은 사랑을 받았는데, 사람들도 돼지를 가르치는 걸 즐겼다.[45] 꿀꿀이는 공을 물어왔고 '앞발'을 내주기도 했으며 주인들과 목줄 없이 산책을 나갔다. 주인들과 한 침실에서 잠을 잤고 소파에 나란히 앉아 있기도 했다. 사임은 이따금 꿀꿀이에 대한 일화를 들을 때면 한편으론 집에서 더는 동물을 키울 수 없다는 사실이 못내 아쉬웠다. 돼지나 고양이를 보살핀다는 건 꽤 근사한 일인 듯싶다. 로봇 반려견인 미스터 채링턴은 꿀꿀이보다 더 많은 재주를 부릴 수 있지만 보살핌이 거의 필요하지 않고 ('전원' 버튼을 누르지만 않는다면) 죽지도 않을 것이다.

"저건 뭔가요?" 사임의 동급생 중 하나가 고개를 뒤로 젖힌 채 박물관 천장을 가리킨다. 천장에는 몇 미터 간격으로 작은 금속 노즐이 매달려 있다. "가스 샤워기인가요?"

"아니에요." 인솔자가 답한다. "스프링클러예요. 돼지를 도축하기 전에 물을 뿌려서 깨끗이 씻기는 도구죠. 돼지를 가스로 질식시키지는 않았어요. 수평아리만 가스로 질식사시켰죠. 목을 따 죽이거나 분쇄기에 집어넣기도 했고요. 돼지나 소는 기절시킨 후 혈관을 절단해 도살(온몸의 피를 빼내는 '방혈'을 말한다—옮긴이)했죠. 제대로 기절하면 그걸로 끝이었지만 그렇지 못하면 방혈 없이 산 채로 도살했어요."

인솔자가 사임의 머리 너머를 잠시 응시한다. 그녀는 말을 멈추고는 눈을 몇 차례 껌뻑이더니 보일 듯 말 듯 고개를 설레설레 젓는다. 다시 말문을 연 그녀에게서 조금 전의 활기는 찾아볼 수 없다. "질문이 더 없으면 이제 돼지를 매달아 피를 빼내는 작업을 하던 컨베이어 벨트로 이동합시다. 그리고 털을 뽑을 수 있도록 돼지를 담가두는 뜨거운 물탱크도 살펴볼 거예요. 거기 뒤쪽에 선 빨간 머리 남학생, 질문 있나요?"

사임은 학급 친구들 사이로 머리만 비죽 나오게 보드의 높이를 살짝 조작한다. "몇 마리나……" 사임은 목소리가 갈라지자 헛기침을 한다. "매년 도살된 건가요?"

그녀는 진작부터 그 질문을 예상하고 있었다는 듯 고개를 끄덕인다. "닭이요, 돼지요?"

"둘 다요." 사임이 답한다. '내가 진짜 알고 싶어서 물은 걸까.' 사임의 양 볼이 달아오르고 심장이 쿵쾅댄다.

"네덜란드의 경우 산란계 업계에서는 매일 3,000만 마리의 암컷이 알을 낳았죠.[46] 네덜란드가 한때는 세계 최대 달걀 수출국이었으니, 도살장이 숨 가쁘게 돌아갔을 거예요. 먼저 육류업계에 공급할 사료용으로 매일 150만 마리의 닭을 도살했어요. 생후 6주~12개월이 지난 육계와 산란계를 합한 숫자죠. 돼지의 경우…… 네덜란드에서는 육식주의가 절정에 달했던 2018년에 돼지 160만 마리가 도살됐어요.[47] 육식인들은 이 양돈장에서 하루에만 4만 5,000마리를 도살했죠. 보통 생후 2개월이 지난 새끼 돼지를 도살했지만 적정 몸무게에 도달하는 속도에 따라 도살 시기는 달랐습니다." 인솔자는 말 한 번 더 듣지 않고 한 치의 망설임도 없이 실상을 속사포처럼 쏟아낸다. 사임은 마음속으로 생각한다. 하긴 하루에 적어도 세 번은 이런 학생들과 기업체 견학단, 관광객들을 상대할 것이다. 사임을 향한 대답이라기보다 혼자서 하는 말 같다. 그녀가 이어서 말한다. "도축일은 돼지의 나이가 아니라 몸무게에 따라 달라졌어요. 공장식 사육 때문에 돼지는 하루가 다르게 몸집이 불어났죠. 2013년에는 도살당하는 돼지의 평균 몸무게가 92킬로그램,[48] 2017년에는 95킬로그램이었습니다." 그녀는 사임을 향해 불안감을 달래주는 듯한 미소를 지어 보인다. "이곳은 도축두수가 적은 편이었어요. 당시엔 미국에서만 매년 1억 1,200만 마리가 도살됐죠."

인솔자는 펜스 옆에 있는 문을 열고 학생들을 또 다른 장소로 안내한다. 이번에는 훨씬 더 밝은 곳이다. 벽면에는 금속제 발판이 눈높이에 설치돼 있고 그 위로는 약 45센티미터 간격으로 옷걸이 같은 기구들이 매달려 있다. "이곳이 진짜 도살장이에요." 그녀는 학생들이 주위에 모여드는 와중에도 말을 멈추지 않는다. "두 군데로 분리된 도축 공장이죠. 예전 같으면 우리가 서 있는 이곳에는 청색 작업복을 입은 사람들이 돌아다녔을 겁니다. 이곳에서 돼지를 도살하고 방혈하고 털을 뽑았죠. 도축장 뒤쪽에 있는 저곳은 흰색 작업복을 입은 사람들만 들어갈 수 있었어요. '클린 라인(clean line)'에 속한 사람들이었는데, 이들이 도축된 돼지(지육)를 각 부위별로 잘라내는 작업(골발 정형)을 맡았죠." 사임이 바닥을 내려다본다. 티 하나 없이 깨끗하다. 다행히 오늘은 보드를 타고 와 운동화가 바닥에 닿지 않는다.

인솔자가 손가락으로 원을 그리는 시늉을 한다. "'클린 라인' 구역에 매달린 고리들이 보이나요? 돼지의 뒷다리를 저 고리에 걸어두면 바닥으로 피가 쏟아졌죠." 그녀는 벽에 있는 빨간색 버튼을 누른다. 컨베이어 벨트가 웅웅거리며 돌아가기 시작한다. 사임은 고리가 얼굴로 곧장 달려들 것만 같아 재빨리 자리를 피한다.

그녀는 기계 소음에 뒤질세라 외쳤다. "짐작했겠지만 도축장 직원들에게도 힘든 작업이었어요. 시간이 갈수록 대다수가 돼지의 피와 비명에 익숙해졌어요. 무감각해진 거예요. 지루한 일이라는 생각까지 들었죠. 정신적으로도 육체적으로도 힘든 일이었어요. 시간당 돼지 650마리를 도축하고 부위별로 정형했으니 작업 속도가 빠를 수밖에 없었고요. 100킬로그램에 달하는 동물을 거꾸로 들어 올리고 뒤집어서 목을 따는 건 쉬운 일이 아닙니다. 더군다나 빨리 해치워야 했고요. 그러다가 일이 잘못되면 돼지를 손으로 도살해야 하는 경우도 가끔씩 생겼어요. 안 그러면 돼지가 몸에서 피가 다 빠져나갈 때까지 고리에 걸린 채 몸부림을 쳤을 거예요. 돼지를 단번에 도살하지 못하는 경우가 얼마나 많았는지 공식 수치는 나와 있지 않지만, 도살장에서 일했던 내부 고발자들의 인터뷰를 참고하면 아주 보수적으로 잡아도 약 1퍼센트는 될 겁니다."

그렇다면 시간당 6마리가 넘는다는 얘기다. 사임은 머릿속으로 재빠르게 계산한다. 연간 4,500마리다. 사임은 별안간 머리가 핑 돌아 벽에 손을 짚고 기대려던 찰나에 황급히 손을 거둔다. 아무것도 손대고 싶지 않다. 작업자들이 마지막 교대 근무를 끝마칠 때 아무리 깨끗하게 씻어냈다 해도. "도축 작업은 임금도 형편없었어요. 대다수의 작업자들이 폴란드나 카보베르데(서아프리카 대서양에 위치한 섬나라-옮긴이) 출신이었고 시간당 10유로를 받으며 밤늦도록 일했죠. 요즘 물가로 환산하면 2크립토(cryptos, 저자는 암호화폐를 화폐 단위로 쓰고 있다-옮긴이)쯤 되려나요."

인솔자는 컨베이어 벨트를 껐다. "이제 견학 막바지에 다다랐군요. 돼지 사체를 담그던 뜨거운 물탱크를 구경하고 싶은 사람 있나요? 부위별로 잘라 포장하던 곳은요?" 사임은 초조한 표정으로 주위를 둘러본다. 놀랍게도 동급생 대다수가 이미 출구 쪽으로 향하고 있다. "없나요? 충분히 둘러봤나요? 좋아요, 그럼 마지막으로 한 가지 질문만 하고 끝내도록 하죠. 축산업이나 정육업에 종사한 가족을 둔 사람 있나요?"

출구로 막 나가려던 학생들이 걸음을 멈추고 돌아선다. 누구도 입을 열지 않는다. 사임은 숨죽인 채 구석 자리에 서서 옆쪽을 힐끗 쳐다본다. 2미터도 채 떨어지지 않은 그곳에 파슨스가 있다. 파슨스의 조부모님이 한때 양계장을 운영했다는 건 모르는 사람이 없다. 그는 머리를 숙이고 시선을 떨군 채 오른 손을 든다.

"알려줘서 고마워요. '반대 운동'에 동참한 조부모님을 둔 사람은요?"

사임이 알기론 극소수였지만 단백질 혁명을 막으려 오랫동안 힘써온, 영향력이 센 골수 육식인들이 반대 운동을 이끌었다. 그중 대다수는 육류·유제품 업계에 종사했고, 식품 소비재 당국에서 일하거나 동물성 식품 부문과 긴밀한 유대 관계를 맺어온 육식주의 정부 소속 사람들도 있었다. 이들은 합심해 수년간 육류·유제품에 대한 면세를 추진하고 온갖 방법을 동원해 식물 기반 경제로 전환하려는 움직임을 어떻게든 저지하려 했다. 그러자 유럽연합 사법재판소가 두유, 아몬드 우유 같은 명칭이 소비자들의 혼란을 초래할 수 있다는 이유를 들어 더 이상 '우유'라는 명칭을 붙여선 안 된다는 판결을 내렸다. 우유, 버터, 치즈, 크림, 요구르트 같은 식품들은 유제품과 직접적인 관련이 있는 동물성 식품일 때만 그 명칭 사용이 허용됐는데, 소시지 같은 육가공품의 명칭도 사정은 다르지 않았다.[49] 그로부터 수년이 지나 사임이 엄마 뱃속에 있을 무렵 이 판결은 뒤집혔다. 그때부터 식물성 식품이 표준이 되었고 식품 제조 과정에서 동물 도살 여부를 포장지에 명시해야 했다.

반대 운동 진영은 일부 유명 비건들이 식물 위주 식단 때문에 영양실조에 걸려 사망했다고 주장하는 가짜 뉴스를 수십 건씩 퍼뜨리기도 했다. 그들은 축산 농가에서 생산되는 고기가 사라질 경우 전 세계가 식량 부족과 기근에 시달릴 것이라고 경고하는 다큐멘터리도 제작했다. 극소수의 급진주의자들로 이루어진 단체들이 폭력 행위로 기소되는 일도 있었는데, 개중에는 격분한 미국 양우업자들이 식물성 우유 공장 직원들을 폭행하는 일도 있었고, 2025년에는 어느 테러 단체가 유명 맥도날드 지점 화장실에 폭탄을 설치해 터뜨린 일도 있었다.[50] 맥도날드가 소고기 패티를 식물성 대체육으로 바꾸면서 맥크리켓만 유일한 '고기' 메뉴가 될 것이라고 발표한 직후였다.

"우리 할아버지요." 사임 근처에 서 있던 소녀 존스가 말한다. 출구에 가까이 있던 또 다른 소년도 조용히 손을 든다.

인솔자가 친근한 말투로 말한다. "여기에 있는 그 누구도 잘못이 없어요. 어찌 보면 그건 여러분의 조부모님들도 마찬가지죠. 그 점이 매우 중요하답니다. 시대도, 가치관도, 지식 수준도 달랐으니 그 당시엔 잘못된 일인 줄 모르고 해서는 안 되는 일을 했을 뿐이죠."

사임 주변에 선 학생들이 웅성거리기 시작한다.

인솔자가 허리를 곧추 세우고 고개를 살짝 든다.

"이 도살장은 우리 조부모님, 그러니까 골드스타인 집안이 운영했어요. 단백질 혁명이 한창일 때 자진해서 폐쇄하기로 결정했죠." 그녀가 숙연한 어조로 말한다. "하지만 우리 아버지

임마누엘은 그 결정에 반대했고 혈기 왕성한 젊은이였던 만큼 반대 운동에 적극 동참하셨어요."

문득 사위가 쥐 죽은 듯 조용해진다. 사임은 두 다리가 젤리로 변하기라도 한 것처럼 보드 위에서 잠시 중심을 잃고 흔들린다. 그런 말을 할 줄은 꿈에도 몰랐다. 물론 그렇다고 달리 보인다는 건 아니다. 그녀는 집안사람들과 다르다. 게다가 육식인인지 비건인지는 겉모습만 봐선 결코 알 수 없는 법이다. "내가 여러분 나이일 때만 해도 창피했었죠." 그녀가 이어서 말한다. "하지만 부모님이나 조부모님이나 자기가 죽인 돼지를 요리해서 먹었던 사람들이 그랬듯 죄책감에 시달렸다는 걸 이제는 압니다. 닭, 소, 염소를 기른 사람들도요. 다들 그렇게 생각하는 거죠?"

"네." 사임이 우물거린다. 주변의 동급생들도 그 말에 동의한다. 사임은 파슨스가 눈을 비비는 모습을 본다.

"좋아요." 인솔자가 말한다. "경청해줘서 고맙습니다. 필요한 사람들을 위해 온라인 심리 상담 시간을 마련했어요. 구내식당에서 더 깊은 대화를 나눌 시간도 가질 거고요. 식물성 우유와 버섯 완자를 곁들인 야채 수프도 준비돼 있답니다."

어떻게 고양이를 끌어안고 통닭을 먹을 수 있을까

7장

바보야,
문제는 법이야!

먹는 것이 정치적 의사 표현이라면 법은 믿음의 표현이다. 인간다움에 대한 믿음, 동물다움에 대한 믿음, 고통에 대한 믿음, 고통의 느낌에 대한 믿음, 선한 행동과 정의와 올바른 것과 올바르지 않은 것에 대한 믿음이 법에 담겨 있다. 법은 대안적 성경이다. 초인간적 신의 존재를 선의 근원이라고 믿고 찬양하는 성경이 아니라, 선의 근원을 인간성이라고 믿는 신념을 기리는 성경이다.

이 장에서는 인간의 법과 인간성에 대한 신념이 동물을 마음껏 착취하고 먹어도 좋다고, 산 채로 동물을 실험에 이용하고 동물원과 수족관에 강제로 가두고 인간의 입맛에 따라 외양과 유전자를 바꿔도 좋다고 결정해온 장본인이었음을 보여주려 한다. 또한 인간과 동물의 차이를 바라보는 관점이 최근 급격히 변하고 있으며 이 변화가 법에 반영되는 건 시간문제라는 것도 보여줄 것이다.

너무 들뜨진 말자. 기나긴 세월 동안 어떤 신념이 법이 되고 어떤 신념이 처벌의 대상이 되는지를 정해온 주체는 지식이 아닌 권력이었다. 법 집행자들은 정치인들, 공무원들, 철학자들, 과학자들이다. 이들은 주로 검은 양복과 흰 실험실 가운을 입고 있는, 두 발 달린 도도한 '신'들의 클럽에 속해 있다. 이들은 인간 및 여타 동물과 관련된 법을 만든다. 이 법들은 수백 년 동안 치열한 논쟁의 중심에 있었던 신념을 바탕으로 한다. 그것은 바로 선악을 판단할 줄 아는 '나', 즉 인간은 주체고 동물은 객체, 즉 물건이라는 것이다.

동물은 인간의 소유물인가

중세 시대에는 토마스 아퀴나스(Thomas Aquinas)가, 18세기에는 이마누엘 칸트(Immanuel Kant) 같은 영향력 있는 사상가들이 이러한 주장을 펼쳤다. 아퀴나스는 동물에게 자유 의지가 없다고 생각했다. 그는 동물이 환경의 노예인 까닭에 수단으로 이용되는 존재라고 생각했다. 스스로가 아니라 타인을 위해 존재한다는 것이다. 아퀴나스에 따르면 인간은 지능 덕분에 자유 의지를 지니며 바로 이 점 때문에 동물은 인간보다 열등하다. 칸트의 시각 역시 이와 놀랍도록 유사했다. 구체적으로 말해 그는 오로지 인간만이 자율성을 발휘한다고 믿었다. 동물은 자기 인식(self-awareness)이나 합리성이라는 개념을 모른다는 것이다. 그런 이유로 동물은 인간이 마음대로 부릴 수 있는 자원이라고 봤다. 동물을 인간이 이용하는 수단으로 보는 사고방식은 기독교사의 지배적인 사상이었고 서구 문화에 깊이 뿌리박혀 있다.

동시에 이 관점은 늘 반론에 부닥쳤다. 아시시의 성 프란체스코(St. Francis of Assisi)는 모든 생명체가 인간의 이익을 위해 태어났다는 믿음이 오만한 발상이라고 생각했다. 그는 지구에 사는 동물의 위상은 인간의 목적에 따라 달라지는 것이 아니라 신의 뜻에 따라 정해지는 것이므로 동물도 동등한 대우를 받을 자격이 있다고 믿었다. 18세기 철학자 루소(Jean-Jacques Rousseau)는 동물이 감정을 느낄 줄 알고 여러 면에서 인간과 매우 유사하므로 인간은 동물을 올바르게 대해야 한다고 주장했다. 사람은 함부로 대하지 않으면서 인간과 비슷한 생명체는 왜 그렇게 대하는가? 루소는 이 이론을 체계화한 직후부터 자신의 반려견에게 더는 명령을 내리지 않았다. 동물을 발아래에 두고 신 행세를 하는 '우월한 인간'이라는 해묵은 발상이 참으로 해괴하다고 생각했던 것이다.

동물을 인간이 이용하는 물건으로 본 사고방식에 반기를 들었던 가장 유명한 사람은 18세기 법철학자 제레미 벤담(Jeremy Bentham)이었다. 벤담은 다른 동물을 대하는 태도를 결정하는 기준은 논리적인 사고력이 아닌 통각이라고 믿었다. 생명체를 올바르게 대하는 기준이 논리적인 사고력이라면 젖먹이와 정신 장애가 있는 사람도 물건으로 대해야 한다. 스스로 판단할 능력이 없는 건 매한가지이기 때문이다. 이후 동물권을 연구한 피터 싱어나 톰 리건 등의 사상가들은 이 같은 원리를 근거로 가축 사육, 사냥, 동물 실험을 중단해야 한다고 주장했다. 동물의 고통이 인간의 욕구보다 중요하기 때문이다.

그럼에도 이들의 주장은 신 행세를 하는 법 집행자들에게 별다른 인상을 남기지 못했다. 동물이 수단에 불과하다는 케케묵은 사고가 법에 그대로 녹아든 결과, 동물은 법적 실체로 여겨지지 않는다. 법적 권리도, 의무도 없는 물건이나 사물이라는 말이다.

이 주제를 좀 더 깊이 파고든 수많은 사람들이 이 주장에서 허점을 찾아내기 시작했다. 그들은 법에 뭔가가 빠져 있다고 직감했다. 소가 의자와 다른 건 분명하다. 소 등에 올라타려고 하면 소는 그 자리를 벗어나려 하거나 세게 날뛰어 올라탄 사람을 내팽개칠 것이다. 이는 의자와는 달리 소가 심장이 박동하는 생명체고 자유 의지를 지니며 나름의 기호가 있다는 것을 보여주는 증거다. 그럼에도 법에 따르면 소는 법적 실체가 아니다. 그러니 소는 인간이 자기 등에 올라탈 권리가 있는지 없는지를 결정하지 못한다. 그건 그 소의 주인이 결정할 일이다. 같은 이유에서 소는 인간이 자기 생식기에 장비를 집어넣어 강제 임신시키거나, 새끼를 떼어놓거나, 판매 목적으로 젖을 짜낼 권리가 있는지 없는지를 결정하지 못한다. 이런 면에서 보면 소는 도구다. 인간 덕분에 이 세상에 존재하는 소유물이다. 이는 가축, 실험동물, 반려동물도 다르지 않다.

반려견과 중성화 수술

"고환을 그냥 잘라버려." 친구는 내가 사다준 백합을 꽃병에 꽂으며 단호하게 얘기했다. "이번엔 정말 선을 넘은 거라고. 앞으로 더 심해질 텐데." 친구는 꽃을 꽂다 말고 심각한 표정으로 나를 쳐다봤다. "수술이 영 내키지 않으면 테스토스테론 억제제를 쓰는 방법도 있어. 별것 아냐. 언제 그랬냐 싶게 금방 진정될걸."

나는 친구에게 내게 새로운 사랑이 찾아왔다고 얘기한 터였다. 2년 전, 출장 차 눈부신 햇살이 쏟아지는 그리스의 섬을 찾았을 때 그 주인공을 만났다. 여인의 마음을 뒤흔들어 '꺄르르' 웃음을 터뜨리는 여린 소녀로 바꿔놓은 내 사랑을. 2주 뒤 나는 네덜란드로 먼저 돌아왔고, 이후 공항에서 재회해 함께 우리 집으로 왔다. 암스테르담에 있는 내 아파트에서 함께 보낸 첫날 밤, 우리 둘 다 긴장한 채 밤을 꼬박 지새웠다. 이튿날, 새로운 보금자리가 될 우리 집 근처를 돌아다니며 내가 아끼는 장소들을 구경시켜줄 때는 기뻐서 어쩔 줄 몰랐다. 내가 좋아하는 공원, 화를 삭일 때 즐겨 찾는 해변, 우리 가족, 내 친구들, 내 삶을 소개했다. 글을 쓰느라 고된 하루를 보내고 귀가할 때든 출장 후 피로에 절은 채 귀가할 때든 언제나 나를 반겨줄 반려견이 생긴 것이다.

그런데 그게 아니었다. 내 사랑은 우리 집에 오고 몇 주가 지나자 나를 본숭만숭했다. 인터뷰를 끝내고 귀가한 나를 쳐다보지도, 주변을 탐색하지도 않았다. 나를 등진 채 창가에 가만히 서 있거나 우리 집을 지나쳐 걸어가는 다른 여자아이들을 마냥 쳐다보기만 했다. 며칠 뒤부터는 다른 여자아이들을 보면 소리를 냈다. 끙끙대질 않나, 꽥꽥대질 않나, 낑낑대질 않나⋯⋯. 지나가는 여자아이에게 호감을 느끼거나 상대가 조금이라도 관심을 보이면 내 말에 귀를 닫았다. 큰소리로 말해도 소용없었다. 그러던 차에 산책 도중 두 번이나 줄행랑을 쳐 모르는 여성을 덮치는 바람에 억지로 떼어내야 하는 사태가 벌어졌다. 주변 사람들에게 조언을 구하자 이제 사춘기라 발정기에 암캐 근처에라도 가면 곤란한 일이 생길 수 있으니 가능한한 빨리 중성화 수술을 해야 한다고 입을 모았다.

그들이 건넨 조언에는 반려동물이 주인 뜻대로 하지 않으면 강제로라도 굴복시켜야 한다는 통념이 깔려 있었다. 반려동물은 소유물이므로 반려동물은 주인의 뜻에 따라야 한다는 것이다. 주인의 뜻에는 대개 선의가 섞여 있다. 예를 들어 견주라면, 발정기의 반려견이 길 건너편에 걸어가는 매력 만점의 암컷 닥스훈트를 보자마자 욕정에 못 이겨 도로 한복판으로 뛰어드는 사태를 막고 싶을 것이다. 차에 치이느니 중성화 수술을 하는 편이 낫다는 생각이 왜 안 들겠는가? 그럼에도 반려동물을 타고난 습성 이상으로 길들이려는 인간의 욕심에는 어딘가 불합리한 구석이 있다. 야생 늑대의 후예인 개를 왜 집에서 맘대로 기르며 본연의 모습을 지우려는 걸까? 그뿐만인가. 우리는 반려견이 '야생적'이기보다 귀여워 보이길 바란다.

이는 실제로 일어나고 있는 일이다.

고분고분해진 은빛여우

다윈은 모든 가축이 놀라울 정도로 생김새가 유사하다고 말했다. 가축은 자기 조상보다 몸집이 다소 작고 뇌와 이빨 역시 더 작다. 귀는 늘어지고 꼬리는 말려 있으며 털이 얼룩덜룩한 경우가 많다. 나이보다 어려 보이기도 하는데, 성체가 되고 나서도 한동안 어려 보인다. 오늘날 반려동물이 깜찍한 외모를 가지게 된 것도 수백 년간 진행된 가축화의 결과다. 인간은 돼지, 개, 양, 토끼 등 다수의 야생 동물들을 더 친근한 존재로 만들기 위해 품종을 개량하고 이종 교배를 했다. 그 결과 동물들은 갈수록 몸집도 작아지고 털은 더 복슬복슬해지고 껴안아주고 싶은 생김새로 변해갔다. 그와 동시에 지능은 떨어졌고 의존적 습성도 강해졌다.

2014년, 전 세계의 야생 늑대는 고작 20만 마리였다. 반면 가축화된 개는 4억 마리가 넘었다. 사자는 4만 마리였지만 집 안에서 키우는 고양이는 6억 마리였다. 2018년, 지구상에 남은 육상 포유류의 최소 60퍼센트는 가축이었고 그중 대다수는 인간이 식용 및 기타 목적으로 사육하는 소나 돼지였다. 육상 포유류의 4퍼센트만이 야생, 즉 인간이 길들인 동물이 아니었다. 닭 등의 가금류는 전 세계 조류의 70퍼센트를 차지했는데, 이는 우리 인간이 사육하고 이용하고 식용하지 않는 조류가 고작 30퍼센트에 지나지 않는다는 말이다.[51] 야생 동물은 점차 줄어드는 가운데 가축화된 동물 무리만 번성한다.

동물을 길들이는 일은 어처구니없을 만큼 쉽다. 그리고 그 과정은 우리 생각보다 훨씬 더 빠르게 진행된다. 동물학자이자 유전학자인 드미트리 벨랴예프(Dmitry Belyaev) 교수와 그의 연구 조교였던 류드밀라 트루트(Lyudmila Trut)는 10년에 걸쳐 공격적인 야생 동물을 순종적이고 의존적인 애완동물로 길들이는 데 성공해 이를 입증했다.[52] 이들의 실험 대상은 은빛여우(silver fox)였다. 특수 보호 장갑을 끼고서야 겨우 다가갈 수 있을 정도로 공격적인, 무는 습성으로 유명한 종이었다.

벨랴예프 교수는 이 과업을 연구 조교에게 위임했다. 트루트는 하루도 빠지지 않고 은빛여우 무리를 가둬둔 우리의 창살 사이로 장갑 낀 손을 집어넣어 그 반응을 관찰했다. 그 이상의 접촉은 허용되지 않았다. 그래야 새로운 행동이 나타날 경우 학습의 결과가 아닌 이종 교배의 결과임을 확실히 알 수 있기 때문이다. 트루트는 관찰 결과를 기록으로 남겼다. 그녀는 자신의 손을 보고 발칵 성을 내며 반응하는 여우들은 배제했고 손을 보고도 가만히 있는 여우만 골라 번식시켰다.

4세대에 첫 번째로 태어난 여우는 그녀를 보자 꼬리를 흔들었다. 2년이 지나자 여우들은 제 이름에 반응했고 관심을 끌기 위해 낑낑대거나 짖어댔다. 트루트와 동료 연구원들의 손을 핥는가 하면 인간이나 다른 여우들과 더 많이 놀고 싶어 했다. 야생 상태에서는 새끼만 장난기를 보이고 생후 한 달 반 뒤부터는 한층 성숙해지고 공격적으로 변한다는 것을 연구원들은 알고 있었다. 이 실험 여우들은 평생 장난기를 보였다. 습성뿐만 아니라 외모도 변해갔다. 세대를 거듭할수록 귀가 늘어졌고 코와 발이 짧아졌다. 꼬리가 말려들어갔고 털은 더 화려해졌으며 암컷과 수컷의 생김새가 날이 갈수록 서로를 닮아갔다. 암컷은 어릴 때 성적으로 완전히 성숙해졌다. 생김새는 깜찍했고 의존적인 행동을 더 자주 보였는데, 이는 연구자들이 친근함이라는 단 하나의 특징만을 기준으로 선별한 결과였다.

1991년, 완전히 가축화돼 고분고분하고 의존적인 성향을 지닌 은빛여우 100마리가 등장했다. 이 '은빛여우 2.0'은 눈부시게 아름다운 모피를 얻고 싶었던 인간에게 이용당하고 말았다. 2015년, 중국은 1,000만 마리의 은빛여우를 번식시켜 전세계 최대 규모의 은빛여우 모피 원산지가 됐다. 유럽 모피사육협회에 따르면 같은 해 유럽의 사육 규모는 200만 마리였다.[53]

개의 가축화는 그보다 훨씬 더 더디게 진행됐지만 결과는 비슷했다. 2015년, 오리건주립대학교 연구자들은 개의 가축화가 개의 습성에 끼친 영향을 알아보려고 늑대와 가축화된 유기견, 집에서 키운 반려견을 대상으로 연구를 진행했다.[54] 이들은 이 세 집단 앞에 바구니를 엎어 놓고 그 안에 고기 조각을 넣었다. 늑대 열 마리 중 여덟 마리는 손쉽게 고기를 끄집어냈다. 유기견은 대체로 실패했고, 반려견 열 마리 중 아홉 마리는 고기를 끄집어내려는 시도조차 하지 않고 현장에 동석한 주인만 물끄러미 바라보며 앉아 있을 뿐이었다.

소는 당사자가 아니다

동물에 관한 우리의 생각은 최근 들어 크게 변했다. 그럼에도 법은 더디게 바뀌었다. 몇 년 전만 해도 소를 비롯한 동물들은 법에 소유물로 명시됐다. 주인과는 엄연히 별개인, 본연의 가치와 자아를 지닌 의식 있는 존재가 아니었다. 법률상으로 동물은 자동차와 다름없는 '물건'이었다. 소유인의 경제적 손실을 보호해야 한다는 명목 때문이었다.

법적으로는 X가 소유한 자동차를 Y가 허가 없이 쓸 수 없다. 그건 절도다. 법은 자기 소유가 아닌 차를 훼손해서는 안 된다고도 명시하고 있다. 그 차가 회사 소유 차량이고, 따라서 이 차를 운전하는 직원뿐만 아니라 회사에게도 가치 있는 자산이라면, 해당 직원은 회사가 손해를 입지 않도록 이 차량을 관리할 의무가 있는 점도 법에 명시돼 있다. 하지만 자동차 자체는 아무런 권리도, 의무도 없다. 물건이기 때문이다.

동물 관련법도 이와 동일한 원칙을 바탕으로 한다. 소는 아무 권리가 없다. 소에게 주인이 아닌 사람이 해를 끼쳐서도 안 된다. 이 소를 소유한 농부에게 경제적 손실을 입힐 수 있기 때문이다. 축산업자는 특히 수송과 수용 시 법에 명시된 대로 소의 '복지'와 관련된 문제들을 처리해야 할 법적인 의무를 지닌다. 경제적 시스템하에서 소가 최대한의 생산성을 유지할 수 있도록 한다는 게 법의 취지였다. 언어에서든 정치에서든 법에서든 소는 인간이 이용하는 물건으로 취급된다.

2013년 이후로 법이 일부 개정됐다. 네덜란드의 경우 새로 마련된 〈동물법(Animal Act)〉하의 조치들이 등장했지만 실효성이 있다기보다 이론상 존재하는 것에 불과했다. 1조 3항에 따르면 동물은 통각이 있으므로 동물 복지 및 보전에 반하는 행위는 방지해야 한다. 2조 1항에 따르면 동물에게 고통을 주거나 해를 입혀서는 안 되며 건강과 복지를 침해해서도 안 된다. 민법에도 변화가 있었다. 3조 2a항은 동물이 물건이 아니라고 명시하고 있다. 이는 광범위한 파급 효과를 예고한다. 이를테면 머리에 총을 쏴서 소를 즉사시켜서도 안 되고, 닭의 부리를 잘라서도 안 되고, 돼지 꼬리를 불로 지져서도 안 되고, 건강한 수평아리를 질식사시켜서도 안 되고, 실험쥐에 주삿바늘을 찔러 넣어서도 안 되고, 서커스장 코끼리에게 재주 부리기를 강요해서도 안 되고, 개를 중성화시켜서도 안 되고, 범고래를 수족관에 가둬서도 안 되고, 예민한 말의 등에 초보자가 올라타 엉덩이를 들썩이며 충격을 가해서도 안 된다는 뜻이다.

그런데도 이 모든 일들이 여전히 일어나고 있다.

전부 합법적으로 말이다.

사실상 '정당한 목적'에 부합하지 않는 경우에만 동물에 고통을 주거나 동물 복지를 침해할 수 없다고 법에 명시돼 있기 때문이다. 최근 들어 네덜란드 및 유럽에서는 동물이 감정을 느낀다는 사실을 법적으로 인정하고 있지만 여전히 동물은 권리 주체가 아니다. 물론 네덜란드 민법 3조 2a항은 동물이 물건이 아니라고 규정하고 있다. 다만 여기에는 다음과 같은 단서가 달려 있다. "공공질서와 공중도덕, 불문법과 성문법에 근거한 법적 원리와 의무, 한계를 적절히 준수할 때 물건과 관련된 조항들은 동물에도 적용 가능하다."

뭐라고요?

이를 쉬운 말로 내게 설명해준 법률 연구원(legal researcher)에 따르면 "네덜란드 법체계에서 동물은 인간에게 쓸모가 있는 경우라면 여전히 물건으로 여겨진다는 의미다."[55]

그럼 그렇지⋯⋯. 법조계 사람들이 사실상 동물의 '본질적인 가치'를 합법화하는 효력이 없는 것이나 마찬가지라고 보는 것도 놀랄 일이 아니었다. 그녀는 이렇게 설명했다. "법전에 수록된 일부 판결문을 보면 압류물이나 이혼 시 재산 분할의 대상으로 취급한 사례가 있기는 해요. 그러나 그것만으론 동물에 대한 처우가 나아졌다고 볼 순 없는 데다 구조적인 개선도 이뤄지지 않았으니 동물에게는 아무런 권리가 없는 거죠."

아무나 제 등에 올라타거나 인공 수정을 시켜도 정당한 목적에 부합하는 경우인지 아닌지를 판단하는 당사자는 소가 아니다. 소를 어떻게 이용하든 그 정당성을 판단하는 당사자는 주인이다. 가축에 대한 처우가 정당한지를 판단하는 당사자는 축산업자와 소비자다. 약물 실험 등을 위해 동물을 이용하는 것이 정당한지를 판단하는 당사자는 과학자다.

우리는 하루에도 수억 차례 이를 정당하다고 여긴다.

법은 정당한가

네덜란드 통계청에 따르면 2017년에 네덜란드 내 도축장에서 도살된 가축은 6억 2,751만 1,800마리다. 매달 5,200만 마리, 매주 1,300만 마리, 하루에 200만 마리꼴로 도살되는 격이다. 하루를 24시간으로 계산하면 시간당 7만 8,000마리다.

정당하다.

같은 해, 네덜란드 식품 소비재 당국이 발표한 보고서에 따르면 매년 1,000만 마리의 닭이 네덜란드 가금류 농장에서 도살되기 전에 폐사한다고 한다. 수송 도중에도 100만 마리가 폐사하고 1,500만 마리는 날개가 부러지는 고통을 겪는다. 물과 먹이도 충분히 공급받지 못한다. 다섯 마리 중 한 마리는 다리에 상처를 입는다. 이 보고서는 99.9퍼센트의 도살장에서 도살이 부주의하게 이뤄지는 경우가 자주 있다고도 전했다. 가령 닭을 감전사시킬 때 닭이 곧바로 죽지 않으면 산 채로 목을 자른다.

정당하다.

유럽의 동물원에서는 매년 약 3,000~5,000마리의 건강한 동물이 '잉여'로 취급돼 도살된다.

정당하다.

21세기에 들어서도 수만 개의 동물원과 수족관에서는 규정에 부합한다며 동물들을 매우 비좁은 공간에 가둬둔다. 유명한 연구에 따르면 일반적인 동물원의 사자와 호랑이는 야생에 있을 때보다 약 1,800배 더 좁은 공간에서 생활한다고 한다. 북극곰은 100만 배 더 좁은 공간에서 지낸다. 이는 동물원에 사는 아프리카코끼리, 범고래, 사자 같은 동물들이 야생 상태에 있을 때보다 수명이 짧아진다는 걸 의미한다.

정당하다.

2016년에는 네덜란드에서만 44만 9,874건의 동물 실험이 있었다. 동물 종별로 실험 건수를 살펴보면 쥐는 27만 1,567건, 닭은 5만 2,237건, 그 외 조류는 7만 2,380건, 어류는 2만 8,476건, 돼지는 1만 129건, 소는 4,073건, 개는 656건, 양은 438건, 말·조랑말은 146건, 히말라야원숭이는 70건, 필리핀원숭이는 34건, 마모셋은 16건, 고양이는 89건, 햄스터는 1,443건, 기니피그는 3,148건, 토끼는 8,579건, 페렛은 249건이었으며 그 외 동물도 수백 건에 이른다.[56]

같은 해 미국에서는 82만 812건의 동물 실험이 있었다. 이는 수백만 마리의 어류와 쥐, 연구 시설에 감금돼 있지만 실험에 이용하지 않은 13만 7,444마리의 동물을 제외한 숫자다. 미국법상 이 동물들은 자신들의 '복지'를 주장할 권리가 없으므로 동물 실험 통계에 포함되지 않기 때문이다.[57] 미국 농무부와 동식물건강검역소(the Animal and Plant Health Inspection Service)에서는 자국에서 실험에 이용되는 척추동물을 총 120만~270만 마리로 추정하고 있다.

정당하다.

네덜란드 동물 실험 산업을 다룬 한 보고서에는 이런 각주가 달려 있다. "한 마리의 실험동물을 다수의 연구에 이용할 가능성도 있다. 다시 말해 실제로 이용된 실험동물의 수보다 동물 실험 건수가 더 많다." 이런 말도 있다. "통계에 따르면 35만 7,689건(88.7퍼센트)의 동물 실험에서 동물은 실험 도중 죽거나 도살된 것으로 보인다. 4만 5,681건(11.3퍼센트)의 동물 실험에서만 동물이 실험 종료 후에도 살아남았다."[58]

정당한가?

흰 가운을 입은 '인간 신'

인간은 이 세계와 법을 호령한다. 인간은 철장과 철조망 너머에, 우리와 수족관에 동물을 가둬놓는다. 동물이 인간의 이익에 복무하는 존재라고 생각해서다. 인간은 동물성 단백질 수요를 양껏 채우기 위해 동물을 더 많이 번식시킨다. 우리 입맛에 맞게 변형시키고 제 구실을 다했다고 생각하면 도살한다.

2018년, 과학자들은 먹이는 적게 먹고 살은 더 빠르게 찌는 돼지와 닭을 만들어내려는 연구에 매진했다. 한편 쉼 없이 우유를 생산하는 홀스타인종처럼, 큰 유방을 가진 동시에 육우처럼 빠르게 성장하는 완벽한 소 품종을 만들어내는 데 열중한 과학자들도 있었다. 내가 아는 한 엄청난 돈을 벌어다줄 이 소는 아직 태어나지 않았다. 하지만 실험 과정에서 수백 번의 자연 유산과 기형 송아지 출산이라는 결과가 빚어졌다. 이 책을 쓰고 있는 지금도 또 다른 연구자들이 유전자 조작을 통해 혈중 스트레스 수치가 낮은 돼지 품종을 개발하는 데 열을 올리고 있다.[59] 가축을 더 빨리 자라게 하고 수송하고 도살하는 방식이 점차 '효과적'으로 개선되던 최근 수십 년 동안 가축의 혈중 스트레스 수치는 급격하게 증가했다. 흰색 실험실 가운을 입은 '인간 신(human god)'들은 혈중 스트레스 호르몬 수치가 증가하면 돼지에게는 물론 시장에도 좋을 게 없다고 생각했다 (스트레스를 받으면 고기가 질겨지는데, 소비자는 질긴 고기를 싫어했기 때문이다).

연구 지원금을 잔뜩 거머쥔 최고의 두뇌들이 한자리에 모였으니 가장 확실한 해결책을 찾았을 거라 생각할지도 모르겠다. '돼지를 비롯한 가축들이 기존의 사육·수송·도축 시스템 때문에 스트레스를 받는다면 시스템에 변화를 주면 그만 아닌가.' 하고 말이다. 그런데 과학자들이 제시한 전문적인 해결책은 그게 아니었다. 과학자들에 따르면 바꿔어야 하는 건 바로 동물이었다.

이 문제를 해결하기 위해 과학자들은 과연 어떤 방법을 떠올렸을까? 이들은 유전자 시험을 개발해 스트레스에 예민한 돼지(즉, 질긴 고기)는 잘 번식하지 못하게 만들었다. 실험 경비는 20유로였다. 이 유전자 시험을 주문할 수 있는 웹사이트에 따르면 양돈업자는 이 시험에 투자한 금액을 보전할 수 있었다. 스트레스에 시달리는 돼지는 '특히나 상당한 경제적인 손실'을 초래할 수 있기 때문이다.

과학자들은 질긴 소고기에 대해서도 매우 기발한 해결책을 내놨다. 이른바 송아지 사육 상자다. 갓 태어난 송아지를 어미한테서 떼어내 자기 몸집보다 약간 더 큰 이 상자 안에 가두는 것이다. 송아지는 이 상자에 4개월 동안 갇혀 살다가 도축된다. 걷거나 놀기는커녕 움직이지도 못한다. 송아지의 근육이 부드러워야 접시에 놓일 송아지 고기도 더 부드럽고 더 촉촉해질 테니까.

'인간 신'들은 이를 정당하다고 여겼다.

기계와 같은 존재

우리는 자연의 질서라는 사다리의 아래쪽에 동물이 자리한다는 믿음, 즉 인간이 만들어낸 증기 기관이나 비트코인처럼 동물 역시 인간의 창조물로 취급하며 인간의 쓰임을 위해 만들어진 존재로 보는 시각과, 동물이 인간보다 통증이나 고통을 덜 느낀다는 믿음을 기준으로 정당성을 판단한다.

17세기 프랑스 철학자이자 수학자인 르네 데카르트(René Descartes)는 동물을 기계라고 생각했다. 그는 동물을 생각할 줄도 모르고 감정을 느낄 줄도 모르는 존재, 즉 자기 몸에 가하는 자극에 자동 반응을 보이는 로봇으로 여겼다. 하지만 동물은 우리에게 필요한 기계다. 과학자들이 몸속에서 일어나는 흥미로운 일들을 살펴보기 위해 시행하는 생체 해부(살아 있는 유기체를 잘라 속을 열어보는)에는 특히나 안성맞춤이다.

동물 몸에 칼을 대고 절개하면 대개는 움찔거리거나 비명을 지를 테지만, 데카르트에 따르면 이는 동물이 겁을 먹거나 통증을 느껴서가 아니다. 물이 끓으면 물주전자가 비명 소리 같은 소음을 내지만 통증을 느껴서 내는 소리는 아닌 것과 같은 이치다.

17세기 유명 과학자 중 한 명이자 영국학술원의 회원이었던 동시대인 로버트 후크(Robert Hooke)도 이에 동조한 모양이다. 그는 살아 있는 생명체가 숨을 쉴 때 몸속에 어떤 변화가 일어나는지 궁금했다. 이를 알아보기 위해 그는 비 내리던 어느 오후, 살아 있는 개를 실험용 탁자에 결박해 배를 갈랐다. 톱으로 갈비뼈를 잘라 목 아래에 빈 튜브를 꽂고 한 시간 동안 흉곽이 위아래로 오르내리는 모습을 바라보며 부풀었다 가라앉는 폐와 개를 휘둥그레진 눈으로 관찰했다. 후크가 이 실험을 하는 동안 쾌감을 느낀 건 아니다. 훗날 동료들에게 보낸 편지에 따르면 개가 그처럼 고통스러워하는 모습을 보는 건 고역이었지만 자신의 권리이자 필요악이라고 생각했다고 한다. 이 역시 정당한 일이었다. 법은 그의 편이었고 이는 앞으로도 수 세기 동안 변함없을 터였다.[60]

무의미한 동물실험법

네덜란드는 1950년까지 실험에 이용되는 동물과 실험의 성격, 실험동물에 대한 처우를 제대로 파악하지 못했다. 1977년에서야 〈동물실험법(the Experiments on Animals Act)〉이 시행됐는데, 이 법에 따르면 동물실험위원회(animal experiment commission)가 발행한 실험 자격증 없이는 동물 실험을 수행할 수 없다. 이제 동물을 산 채로 해부할 수 없게 됐지만 위원회가 해당 실험의 "필요성과 불가피성"이 실험동물이 겪는 고통보다 더 크다고 판단한 경우에는 해를 입히거나 죽이는 것이 여전히 용인됐다.

네덜란드에서는 대다수의 동물 실험이 인체의 작동 원리와 신체적·정신적 질환을 살펴본다는 명목으로 진행됐다. 동물 의약품 및 복지와 관련된 민간 실험은 소수였으며, 그마저도 고기로 팔기 위해 가축이 심각한 스트레스나 질병을 겪지 않게 만드는 연구가 대다수였다.

동물 실험 연구에서는 과학자들이 실험동물에 해당 질환을 유발시킨 뒤 잠재적인 치료법을 연구한다. 가령 과학자들은 유전자 조작을 통해 타고난 형질을 바꾸거나, 새끼를 밴 실험동물을 상대로 의도적인 처치를 시행해 기형 새끼를 태어나게 하거나, 건강한 동물에 의도적인 질환을 유발하거나, 동물의 장기 또는 뼈에 외과적 시술을 통한 손상을 유발하거나, 화상을 입히거나, 식량·물·수면·사회적 교류 차단 및 전기 충격을 통해 우울증·트라우마·불안 장애에 시달리게 만든다.

무엇을 위한 동물 실험인가

그런데 모든 연구원들이 이에 가담한 건 아니다. 2019년, 네덜란드에서는 뜻이 맞는 몇몇 학자들이 모여 동물 실험을 대체할 실험 방법을 개발하기 시작했다. 이들의 실험실은 살아 있는 인체 세포가 담긴 트레이로 가득하다. 연구원들은 이 세포 조직이 실험에 적합할 정도로 제대로 배양되고 있는지 면밀히 모니터링하고 있다. 또 실험용 첨단 컴퓨터 기술 개발에 적극 힘쓰고 있다. 이들은 동물 대체 실험의 잠재적 가능성에 열성적으로 매달리고 있으며 큰 야심도 갖고 있다. 바로 네덜란드가 "동물 없는 혁신적인 실험법을 선도하는 것"이다.

이 과학자들이 동물 대체 실험 방법을 연구하게 된 데에는 동물 실험이 동물을 가혹하게 다룬다는 이유도 있다. 가령 신경과학 박사 과정을 밟고 있던 빅토리아 드 레이우(Victoria de Leeuw)는 살아 있는 쥐의 혈관에 파라핀을 주입하는 끔찍한 경험을 한 후로 동물 없는 대체 실험법을 모색하는 데 전념했다. 하지만 가장 중요한 이유는 수많은 동물 실험으로 도출해낸 결과가 실상 인간에게는 무의미하기 때문이다.

동물의 세포는 어떤 물질에 접촉했을 때 인간의 세포와는 다른 반응을 보이는 경우가 많다. 무엇보다 동물은 동일한 상황에 처했을 때 인간과 다르게 행동할 때가 많다. 동물 실험이 아무 소용이 없다는 사실을 입증한 수많은 연구 결과들이 나온 것도 같은 맥락이다. 6장에서 언급한 유방암 연구에 이용된 쥐를 예로 들어보자. 쥐의 경우 대두가 유방암 위험을 높이는 것으로 나타났지만 인간은 반대다. 인간과 쥐는 호르몬 조절에서 매우 큰 차이를 보이기 때문이다.

이런 중대한 차이점들이 더 많이 공개되고 있는 중이다. 2011년에 라드바우드 대학병원(the Radboud UMC), 위트레흐트 대학병원(the UMC Utrecht), 네덜란드 심장센터(the Netherlands Heart Institute)의 연구원들이 내린 결론에 따르면 대다수의 의료용 동물 실험이 환자를 위한 성공적인 치료법을 찾는 데 아무 도움도 되지 못했다. 신약 및 새로운 치료법을 개발하기 위한 실험 중 최대 85퍼센트가 인간에게는 아무런 효과가 없었던 반면 실험동물에게만 긍정적인 영향을 미친 것으로 드러나기도 했다.[61] 그런데 이 실험들조차도 대다수가 제대로 이뤄지지 않아 실험 도중 쥐, 토끼, 영장류 등 실험동물들이 헛된 죽음을 맞았다. 미국의 여타 과학자 단체들이 내린 결론도 이와 마찬가지였다.

토끼의 눈과 닭의 눈

최근 수년 간 연구원들에게 발행됐던 수많은 면허들을 자세히 들여다보니 동물 실험이 포함된 연구가 과연 누구에게 도움이 되는지 의아했다. 예를 들어 면허 신청서 20186086호에는 3,744마리의 쥐에게 특정 질환을 유발하고 약물을 주입한 뒤 행동 검사를 실시해 인간의 조현병을 연구하고자 한다는 취지가 적혀 있었다. 원래 물을 무서워하는 쥐를 (깊은) 물에 빠뜨리거나 주삿바늘로 찌르는 등 "부정적 자극"을 주는 것도 포함돼 있었다. 이 신청서를 낸 연구원은 이 때문에 쥐가 "양호한 수준의 불편함"을 느끼겠지만 인간 조현병의 원리에 대한 "중요한" 통찰력을 제시하길 바란다고 했다. 이 신청은 승인돼 연구가 진행됐고 연구 후 실험동물들은 전부 도살됐다.

또 다른 신청서는 비만을 해결하기 위한 연구로, 연구자들은 1만 2,167마리의 쥐를 대상으로 외과적 처치(수술)를 하거나 주사를 놓거나 "에너지 불균형을 유발하는 처치"를 하고 싶어 했다. 어느 수의사가 내게 설명해준 바에 따르면 이는 강제로 먹이를 주입하거나 극도로 추운 환경을 조성해 더 많은 에너지를 쓰게 하면서 손실된 에너지를 보충할 수 없게 만든다는 의미였다. 즉, 효과적으로 살찌우거나 굶주리게 하겠다는 말이다. 이 신청 역시 승인돼 연구가 진행됐고 실험동물은 연구 도중에 죽거나 연구 종료 후 전부 도살됐다.

이 모두를 "불가피한" 연구라 부를 수 있을까? 동물 실험 결과가 인간에게 성공적으로 적용된 사례가 미미하다는 사실을 알게 된 후라서 강한 의구심이 들었다. 법적으로 필요악일 때만 동물 실험 연구가 가능하다고 명시한 상황에서 대다수의 경우 이 "불가피성"이 미심쩍다면 결국 어떤 연구만 가능할까? 당연히 인간의 생명을 구했다거나 삶을 크게 개선시킨 사실이 입증되고 뒷받침된 동물 실험 연구, 동물 실험이 아니면 절대 진행될 수 없는 연구만 남지 않을까? 새로운 동물 대체 실험을 개발 중인 사람들도 같은 생각이다. 그 때문에 이들은 기존 연구법, 즉 동물 실험을 고수하는, 수적으로 훨씬 우세한 동료 과학자들과 수년째 각을 세워야 했다.

이런 배경 탓에 고통스러운 눈 염증 실험(살아 있는 토끼의 눈에 자극적이거나 해로울 가능성이 있는 물질을 투여해 그 영향을 관찰하는 것)이 2013년에야 없어졌다. 동물에게도 통각이 있어 고통을 느낄 줄 안다는 사실이 수백 년 전에 이미 드러났는데도 말이다. 요즘에는 (육류업계의 폐기물이라는) 폐사 닭의 눈알이 이용되고 있다. 이를 통해 알아낸 새로운 사실은 뭘까? 닭의 눈은 인간의 눈과 공통점이 많은 반면 토끼의 눈은 그렇지 않다는 것이다. 그러니 2013년까지 토끼를 대상으로 진행한 어마어마한 건수의 실험들이 이제 와서 생각하면 불필요했다는, 애먼 동물을 대상으로 실험했다는 얘기밖에는 안 된다. 동물 대체 실험을 연구 중인 드 레이우는 쥐와 여타 동물을 대상으로 진행한 실험들도 같은 관점으로 보게 될 것이라고 말했다. "쥐도 인간과 완전히 똑같지는 않아요. 그러니 쥐보다는 인간 세포를 모델로 한 실험이 더 낫죠."

한번은 어쩔 수 없이 영장류를 대상으로 동물 실험을 해야 했던 연구원과 얘기를 나눈 적이 있다. 그는 최근 들어 쏟아지고 있는 동물 실험에 대한 부정적인 보도를 보고 마음이 불편했다고 한다. 나도 그 심정을 이해한다. 지난 수년간 인터뷰를 하며 만난 가장 강경한 동물 실험 반대론자들조차 생후 수개월째부터 인간의 식용을 위해 초대형 축사에서 사육되는 돼지·소·닭보다는 실험동물의 처지가 그나마 낫다고 이구동성으로 말했다. 적어도 이론상으로는 동물 실험이 허용되는 경우는 다음과 같다. 동물 실험을 대체할 대안이 없는 경우, 해당 연구의 필요성과 불가피성을 입증할 수 있는 경우, 신청서를 제출하는 경우다. 그러나 그보다 수적으로 훨씬 더 많은 가축을 괴롭히는 데에는 아무 조건도 필요 없다. 동물성 원료 없는 대체 유제품과 대체육이 나온 지 한참이 지났는데 말이다.

같은 고통, 같은 욕망

동물을 고통을 모르는 기계로 취급한 데카르트의 케케묵은 사고방식을 21세기를 사는 사람들이 하루아침에 버릴 것이라 생각했다면 오산이다. 동물이 고통을 느끼는지, 고통을 느낀다면 어떻게 느끼는지, 인간의 고통과 비교 가능한지를 둘러싸고 과학자들 사이에서는 여전히 갑론을박이 한창이다. 아니, 동물 실험 안내 책자에 나온 말을 빌리면 "고통을 동물의 속성이라고 말하기는 어렵다. 고통을 느끼는지 동물에게 물어볼 수 없기 때문이다."

사실이다. 물론 물어볼 수는 없다. 하지만 내게 묻는다면 한마디로 답하겠다. 고양이 꼬리를 밟고 나서 반응을 살펴본 후에 그 질문을 다시 생각해보라고. 좀 길게 답하자면, 이 주제를 다룬 신뢰할 만한 연구들에 따르면 중추신경계가 완전히 발달한 동물은 감각의식(sensory consciousness)이 있다. 적어도 모든 척추동물, 즉 포유류·어류·파충류·양서류·조류가 여기에 해당한다. 우리는 이 동물들이 우리와 똑같은 방식으로 고통을 경험한다는 걸 안다. 뇌가 똑같이 반응하기 때문이다. 꼬리를 밟을 때 고양이가 내지르는 비명은 구식 물주전자가 내는 소리가 아니라 우리가 새끼발가락을 찧었을 때 내지르는 소리에 비할 만하다. 동물도 인간과 마찬가지로 진통제를 주사하면 통증 자극에 대한 반응이 감소하고, 예기치 않게 자극을 받으면 격렬하게 반응한다. 게·달팽이·하루살이 등 가장 작은 동물조차 통증을 느낄 줄 알며 이 통증을 기억해뒀다가 같은 상황이 생길 때마다 피하려는 경향을 보이는 것으로 알려져 있다.

동물도 신체적 통증뿐 아니라 통증의 일종으로 볼 수 있는 정신적 고통 즉, 우울감, 고독감, 극도의 스트레스, 두려움을 느낀다는 연구 결과 역시 나와 있다. 대규모 양돈장에서 관찰한 바에 따르면 일부 돼지의 경우 얼마간 시간이 흐르면 빛이나 소리에 더 이상 반응하지 않고 식욕도 잃는다고 한다. 넋이 나간 듯 무기력해져 독방에 갇힌 사람이나 심한 우울증에 시달리는 사람이 보일 법한 행동을 하는 것이다. 영국에서 동물원에 사는 동물의 건강을 조사한 또 다른 연구에서는 절반 이상의 코끼리들이 심각한 스트레스 증상을 보인 것으로 드러났다. 동물원 사자들은 철조망이 쳐진 우리 속에서 어슬렁거리며 생의 절반을 보낸다. 이 역시 스트레스 징후로 볼 수 있는 일종의 신경증적 행동이다.

거위는 짝을 떼어놓으면 스트레스 호르몬이 치솟는다. 새 짝을 찾아줘도 소용이 없다. 원래 짝이 돌아와야 진정된다. 소는 사교성이 매우 뛰어난 동물이라 다른 소들과 관계를 맺을 때 감정을 격하게 표현한다. 소는 무리 안에서 두서너 마리의 친한 친구를 사귀고 이 친구들의 피부를 깨끗하게 핥아주며 대부분의 시간을 함께 보낸다. 이 친구들을 떼어놓으면 뇌 속 스트레스 신호가 급격히 증가해 친구들을 큰소리로 부르며 찾아다닌다. 그 외에 온갖 몸짓 신호를 보내기도 하는데, 생물학자들에 따르면 이는 친구들을 그리워한다는 증거다. 같은 무리 내의 다른 소를 싫어하는 경우도 있다. 가령 두 마리가 다투면 몇 개월씩, 심지어 몇 년씩 원한을 품고 서로를 피해 다닌다.

우리는 범고래가 같은 포드(pod, 고래 '떼'를 이르는 말-옮긴이)에 속한 가족, 친구 등의 개체들과 평생 무리지어 산다는 것을 안다. 범고래 새끼를 어미에게서 떼어놓고 수족관 안에서 관객에게 재주를 부리게 하면 인간이 공황 상태에 빠질 때 나타나는 신체적·신경증적 증상과 비슷한 증상을 보인다.

어떤 과학자들은 동물이 스트레스와 통증을 경험하는 건 사실이지만 인간과는 달리 회상 능력이 없으므로 그 정도가 심하지 않다고 반박하기도 한다. 인간이 발가락을 찧고 나서 무엇을 얼마나 회상하는지는 모르겠지만, 내 경우 보통은 발가락을 쥐고 죽어라 악을 쓰며 펄쩍펄쩍 뛰기 바쁘다. 인간의 통증은 "많은 사고력이 요구되는 반응이 아니"라는 연구 결과들을 보면 나와 의견을 같이하는 연구자들도 있는 모양이다.

인간과 동물 둘 다 통증과 스트레스를 경험하고 이를 피하고 싶어 한다는 점이 양자의 유일한 공통점은 아니다. 둘 다 뿌리 깊은 욕구를 갖고 있다. 이를테면 갇혀 사는 건 싫어한다는 것, 동족과 무리지어 살고 싶어 한다는 것(인간, 원숭이, 개, 돼지, 토끼, 닭처럼 떼를 지어 사는 동물인 경우), 종 특유의 행동을 하고 싶어 하는 것(가령 돼지는 지푸라기를 질겅질겅 씹는 걸 좋아하고 소는 자유롭게 돌아다니는 걸 좋아한다), 제 품에서 새끼를 키우고 위험으로부터 보호하고 싶어 한다는 것 등이다. 우리는 동물이든 인간이든 이 유구한 욕망들이 고도의 지능이나 자의식과는 별개이며 보다 깊은 내면에 도사리고 있는 것임을 안다. 겁을 내는 것도 어떻게든 스스로를 보호해야 한다고 알려주는 유구한 본능 중하나다. 그래서 누군가가 나를 해치려 하면 겁을 집어먹는 것이다. 돼지나 개도 다르지 않다. 제 젖을 빨아먹던 송아지를 떼 놓으면 어미가 공황 상태에 빠지고 외로움을 느끼는 것도 이 때문이다. 소 역시 무리 지어 살고 새끼를 먹여 살리도록 진화 했기 때문이다. 이를 이해하는 데 지능이나 인간의 언어 따위 가 필요한 건 아니다. 가슴으로만 느낄 수 있는 감정이니까.

인간의 독재

동물은 통증과 스트레스를 경험하는 방식뿐 아니라 거의 모든 측면에서 인간과 비슷하다. '동물의 왕국'의 주인이자 신이라고 자칭하지만, 실상 인간이 동물과 거의 다르지 않다는 점은 과학 자들 사이에서 논쟁의 여지가 없다. 인간도 동물이라는 사실에 누가 이의를 제기하랴. 하지만 논쟁거리가 '되고' 있다. 이 논쟁 은 다윈이 진화론을 내세워 인간과 동물을 명확히 구분 짓기가 불가능하다는 것을 입증해 보인 19세기 이래로 약이 오를 만큼 더디고도 야비하게 전개돼왔다.

다윈 이후로 수십 명의 과학자들이 인간의 독점적인 위상을 재탈환하려 부단히 애써 왔다. 우선 데카르트와 같은 맥락에서 동물은 감정을 느낄 줄 모른다고 오랫동안 주장했다. 그러다가 동물은 감정과 행동을 회상하는 능력이 없다고 주장했다. 그다 음에는 동물들이 자기 생각을 객관적으로 판단하지 못한다고, 전문 용어로 '메타 인지'가 불가능하다고 주장했다. 그런 뒤에 는 메타 인지는 가능할지 몰라도 도덕적 사고는 불가능하다고

수정했다. 과거를 돌아보고 미래를 내다보는 사고력이 없다고
도 말했다. 자유 의지도, 언어도, 지능도, 고차원의 감정(후회, 죄
책감, 수치심)도 없고, 도구를 사용하지 못하고, 시간 개념도, 자
의식도 없으며 스스로를 알아보지 못한다고도 말했다.

　동물 연구자들은 이 주장들이 틀렸음을 거듭 증명해 보였
다. 생물학자들과 발달심리학자들이 누차 밝혔듯 인간이 특별
한 위상을 지닌 건 사실이다. 하지만 인간은 동물의 왕국 꼭대
기가 아니라 동물의 왕국 중간쯤에 있다. 인간이 특별한 재능
을 지닌 동물인 건 사실이지만 동물 역시 저마다 재능을 갖고
있다. 인간은 동물이지만 동물은 인간이 아니다. 모든 동물 종
이 자기에게 주어진 특수한 환경에서 생존하는 데 필요한 방
식으로 진화해왔다. 대다수 동물은 시각, 후각, 속도, 지구력,
힘, 사회성, 저온과 고온에 대한 내성, 물에서 헤엄치는 능력,
그 밖에 생존하기 위해 발달할 수밖에 없었던 여러 가지 능력
면에서 인간보다 월등하며, 원래 인간의 전형적인 특징으로 여
겼던 능력 역시 동물의 왕국에서도 찾아볼 수 있다.

　인간, 유인원, 돌고래, 코끼리, 돼지, 까치와 까마귀, 그리고
심지어 개미도 자기 인지(self-recognition, '나'라는 존재를 인식하
는 것-옮긴이)가 가능하다. 인간은 2세 즈음에 자기 인지가 발달
한다. 개는 주인이나 다른 존재에 애착을 느끼는데, 최근 연구
에 따르면 이는 개가 아이와 유사하게 자신과 주변 환경을 인
식한다는 것을 보여준다. 다른 사람의 입장에서 생각해보는 공

감 능력은 원숭이, 돌고래, 쥐 같은 다양한 포유동물에게서도 나타난다. 공감 능력이 있기 때문에 서로 모르는 쥐들이 고통을 감수해가며 서로를 위해 위험을 자청하고 보상을 포기한다 (재미있는 사실은, 쥐의 행동학 연구에서 이 보상이 초콜릿이라는 점이다. 인간과 마찬가지로 쥐는 단것을 매우 좋아한다). 실험군 쥐를 우리에 가둬둔 다른 쥐 옆에 두고, 우리를 열어 갇혀 있던 쥐를 풀어주는 방법과 맛있는 초콜릿을 얻어내는 방법을 동시에 학습시킨 연구의 결과만 봐도 쥐의 공감 능력을 똑똑히 확인할 수 있다. 쥐는 다른 쥐를 풀어준 다음에야 초콜릿을 찾으러 나선 경우가 많았다. 이 중 절반은 막 풀려난 쥐들과 초콜릿을 나눠먹기도 했다.

쥐와 관련된 그다지 유쾌하지 않은 사실은, 가장 널리 이용되고 있는 실험동물이 바로 쥐라는 점이다. 동물 없는 대체 실험을 개발 중인 과학자이자 약물 대사·독성학(toxicology) 교수인 헤니 흐로트하위스(Geny Groothuis)에 따르면, 사람들은 쥐를 귀엽고 깜찍한 동물로 생각하지 않기 때문에 실험동물로 쓴다. 반면 개는, 개라는 종 자체가 쥐보다 더 똑똑하거나 더 친근한 존재라고 할 수 없음에도 "쥐와 달리 껴안아주고 싶을 만큼 더 깜찍해 보이기 때문에" 실험동물로 쓰지 않는다.

한편 원숭이, 조류, 어류, 문어 등 온갖 동물들도 도구를 쓴다.

원숭이는 시간 개념이 있을 뿐만 아니라 오후 계획과 그다음 날 계획을 세울 수 있다. 맛있는 먹이를 두고 경쟁해야 한다는 사실을 알고 있으면 일찍 기상하고, 몇 시간 뒤에 요긴하게 쓸 일이 있을지도 모른다는 생각에 돌을 모아두기도 한다. 코끼리, 고래목의 동물, 까마귀는 죽은 동료를 애도하며 대대적인 추모식을 연다.

특정 동물은 일정 수준의, 또는 놀랄 만한 고도의 지능을 갖고 있으며, 심지어 오징어도 지능을 갖고 있다. 언어도 마찬가지다. 물론 동물이 인간에 버금가는 대화를 주고받는 건 아니지만 나름의 언어, 적어도 우리가 이해하지 못하는 언어를 갖고 있는 건 확실하다. 고릴라는 특유의 손짓 언어로 과거에 있었던 일을 들려준다. 프레리도그와 오징어는 완벽한 문법을 구사하는 것으로 보인다. 박쥐는 뒤에서 험담하는 걸 즐긴다. 동물을 이해하지 못하는 건 인간도 매한가지이므로 동물이 인간을 이해하지 못한다고 해서 자연히 인간의 '지능' 수준이 더 높다고 말할 순 없다. 동물은 그저 우리와 다른 것뿐이다. 다른 나라에서 온 사람이 자기 모국어를 쓴다고 해서 그들이 우리보다 지능이 떨어지는 건 아닌 것과 같은 이치다.

수백 년에 걸쳐 조장된, 인간의 우월성에 대한 환상들이 산산이 깨지는 것 같은가. 하지만 우리가 여타 동물 종보다 더 두각을 보이는 분야들은 여전히 많다. 살아 있는 동물을 멸종시키거나 새로 만들어내는 것도 그중 하나다. 이쯤 되면 진화를 대놓고 비웃는 수준이다. 우리 인간은 신 뺨치는 솜씨를 타고났다. 신은 기껏해야 인간 두 명과 동물로 넘쳐나는 정원 하나를 만들었을 뿐이지만 우리 인간은 수억 마리의 가축과 애완 동물을 양산하고 있지 않은가.

우리 인간은 공격성에서도 타의 추종을 불허한다. 물론 자연 역시 가혹하고 야생 동물은 서로를 물고 뜯고 난리지만, 오로지 인간만이 무기와 신기술과 실험실과 여타 동물 종을 감금·고문·착취·도살하는 다종다양한 방법을 개발해냈다. 지구상에 지난 4,500만 년 이상 생존했던 야생 포유류 종 가운데 6분의 1만 살아남고 나머지는 인간이 등장하면서 멸종했다. 이와 비슷한 대량 멸종 현상은 현재 바다에서 일어나는 중이다. 2017년 기준으로, 인간이 모든 해양 동물을 손아귀에 넣으려는 생각이 없었던 시절에는 존재했던 해양 포유류 중에서, 단 5분의 1만이 살아남은 것으로 나타났다. 해양과 육상의 멸종된 포유동물 가운데 절반은 지난 50년 동안 사라졌다. 미국의 저명한 연구자인 폴 팔코브스키(Paul Falkowski)는 이를 인류의 "우니쿰(unicum, '유일하게 존재하는 예'라는 뜻의 라틴어-옮긴이)"이라고 불렀는데, 바로 다른 종을 계획적으로 멸종에 이르게 하는 인간의 능력을 가리키는 말이었다. 대량 멸종 현상의 범인으로 동족인 우리를 지목한 것이다.

비인간 권리 프로젝트
미국인 변호사 스티븐 와이즈(Steven Wise)는 비영리 단체 '비인간권리프로젝트(Nonhuman Rights Project)'를 이끌며 동물도 인권과 같은 권리를 보장받을 수 있도록 힘쓰고 있다. 동물이 전적으로 인간과 동등하다거나 동물도 인간이 갖는 권리와 똑같은 권리를 보장받아야 한다고 생각해서가 아니다. 부당한 처우를 받는 동물들을 변호하는 일이 변호사로서 할 수 있는 최소한의 도리라고 생각해서다. 하지만 동물을 법적 실체가 아닌 수단으로 보는 한 이는 불가능한 일이다.

와이즈가 특수한 상황에 놓인 동물은 법적 인격으로 보호받아야 한다고 판사들을 설득하고 나선 것도 이 때문이다. 건물이나 기업을 법적 인격으로 취급하는 것처럼 동물도 법적 보호를 받아야 한다는 것이다. 법적 인격은 열대우림이나 강에도 부여할 수 있다. 남아메리카와 뉴질랜드, 인도에서는 자연을 파괴하려는 자들로부터 보호하기 위한 방편으로 열대우림과 강에 법적 지위를 부여했다.[62]

오랫동안 이 일에 몸담은 와이즈가 경험한 바에 따르면, 동물이 법적 인격으로서의 지위를 인정받은 사례는 세실리아라는 이름의 침팬지가 유일했다. 세실리아는 아르헨티나의 한 동물원에서 콘크리트 우리에 갇혀 방치되다시피 하다 지금은 특별히 마련한 생크추어리로 옮겼다. 와이즈의 웹사이트에 따르면 세실리아는 그곳에서 잘 지내고 있다고 한다. 와이즈의 동료들은 인도에서 돌고래들이 '비인간 인격체'라는 법적 지위를 받아내게 해줬고, 현재는 미국의 한 코끼리도 같은 지위를 얻을 수 있도록 노력을 기울이고 있다.[63]

와이즈와 동료 동물권 변호사들이 수십 건의 인신보호영장 소송을 제기했지만 일부 판사들은 콧방귀까지 뀌며 소송을 각하해왔다. 그래도 와이즈는 흡족하다. "우리는 혁명을 일으키고 있습니다." 그는 2018년 가을, 전화로 이렇게 말했다. "법이 근본적으로 바뀔 때가 온 거예요. 판사들이 위험을 감수하려들지는 않겠지만 지금 우리는 전환점에 서 있습니다. 세실리아가 법적 지위를 얻어낸 소송이 다른 판사들에게 영감의 원천이 돼줄 겁니다. 이 유인원이 미국에서 최초로 권리를 얻어낸 동물이긴 해도 마지막이 되진 않을 거예요."

그 말대로 와이즈와 다른 활동가들은 가시적인 효과를 거두고 있는 듯하다. 그것도 법정을 한참 넘어선 곳까지 말이다. 2005년, 디트로이트의 한 공원은 코끼리 없는 최초의 동물원이 됐다. 2015년, 인도의 한 판사는 어느 조류 상인에게 새장에 가둬둔 약 500마리의 새를 방생하라고 명령했는데, "나는 것은 새의 기본권"이라는 게 그 이유였다.[64] 2018년, 인도의 대법원은 새로 들어서는 가금류 농장들은 더 이상 비좁은 우리에서 닭이나 기타 조류를 사육할 수 없다고 판결했다. 2019년, 중국의 창평 오션월드에 갇혀 살던 흰돌고래 두 마리는 아이슬란드 남쪽 해역에 있는 생크추어리로 옮겨졌는데, 이는 수족관 측에서 "윤리적인 고려 사항들로 인해" 돌고래와 고래를 더는 수용할 없다고 발표한 직후에 일어난 일이다.[65]

와이즈는 자신의 저서와 논문에서 동물 관련 법이 서서히 변화하는 현재를 노예제를 둘러싼 법률이 바뀌던 역사적인 시대와 비교하며 이렇게 설명했다. "당대인들은 실현 불가능한 일이라고 말했다. 경제 체제가 무너지고 사람도 기업도 파산할 거라고 했다. 이는 현재 동물권과 관련해 들리는 주장들과 토씨 하나 다르지 않고 똑같다. 하지만 동물들은 반드시 권리를 획득하게 될 것이다." 어려운 과업이라고? 사실이다. 하지만 와이즈에게는 단순한 문제다. "동물은 판사들이 알아듣는 언어를 쓰지 못한다. 인간이 동물을 대변하지 않는다면 과연 누가 할 수 있을까?"

물론 동물은 인간의 언어를 쓸 수 없다. 아직까지는.

"내 새끼를 어디로 데려가는 거야?"

2018년, 아마존은 동물의 마음을 읽을 수 있는 장치를 개발하고 있었다. 이 장치를 10년 안에 출시할 수 있기를 희망하며 이미 자사 온라인 카탈로그에 게시한 참이었다.[66]

이 장치를 개의 머리에 장착하면 이런 속마음이 들릴지도 모른다. "아, 좋아라, 주인의 부드러운 손길, 제발, 멈추지 말아요! 왜 쓰다듬다 마는 거예요? 저건 뭐지, 간식? 주인이 냉장고로 가고 있다! 뭐야, 간식이 아니네. 잠깐 있어봐요, 재주를 보여줄 테니까 간식 좀 달란 말이에요!" 얼마나 재밌을까. 그런데 이 장치를 젖소에 부착하면 이런 말이 들릴지도 모른다. "가까이 오지 마. 거기 만지지 말라고, 아, 아프단 말이야! 저리 가. 안

돼! 내 새끼를 어디로 데려가는 거야?" 흥미가 싹 가신다.

가축이나 실험동물이 자신들의 경험을 인간의 언어로 옮길 수 있는 방법이 생긴다면 분명 이런 말만 하지 않을까 싶다. 달리 무슨 말을 할 수 있을까? 상자에 갇힌 송아지가 몸을 움직이기도 귀찮던 차에 차라리 잘됐다고 속으로 쾌재를 부르며 시시때때로 농부를 찬양하기라도 할 줄 알았나? 머리끝까지 스트레스를 받은 돼지들이 도살장으로 실려 가는 트럭 짐칸에서 다함께 합창이라도 할 줄 알았나?

인간이 동물을 고통으로 내몰고 있다는 건 이미 모두가 알고 있다. 보고 듣고 말하고 싶지 않을 뿐이다. 기술이 기어코 귀 기울이게 하는 순간이 올 때까지 말이다.

합법이라는 이유로 매일같이 수억 마리의 동물이 고통과 두려움에 시달린다는 사실은 다음과 같은 사고 실험의 가능성을 열어준다. 다른 종을 착취하거나 멸종시키지 않고 인간이 어떻게 먹고살 수 있을까? 경제 시스템 자체를 비판적으로 재고해봐야 한다는 점에서도 그렇지만, 무엇보다 우리 인간을 다른 관점으로 바라보게 만든다는 점에서 까다로운 사고 실험이다. 즉, 인간이란 무엇인지, 비인간 동물(nonhuman animal)이란 무엇인지, 동물권에는 어떤 내용을 담아야 하며 인권과는 어떻게 다른지, 인간이 인도적인 행동을 저버린 지 오래인 지금, 이런 법들이 인간과 동물에 어떤 의미일지를 다른 시각에서 모색하게 한다.

사이보그가 인간을 지배한다면

이는 벅차다 못해 조금 두렵게 느껴지기도 하는, 중요한 질문들이다. 하지만 이런 질문을 생각조차 하지 않고 인권은 보장하되 동물권은 무시하는 현 법체계를 고집하는 것은 더더욱 섬뜩한 일이다. 법에 우리 인간이 여타 동물 종보다 우월하다고 명시하고 이를 이유로 인간이 다른 존재를 지배해도 된다고 규정한다면 인간보다 우월한 다른 존재가 우리를 지배하는 것도 가능하다.

이 존재들은 이미 우리 삶에 들어와 있다. 1998년, 영국 출신의 인공두뇌학(cybernetics) 교수인 케빈 워릭(Kevin Warwick)은 자신의 팔에 라디오 칩을 이식해 자칭 세계 최초의 사이보그가 됐다. 사이보그는 인간의 몸에 기계를 이식한 결합체다. 그는 수술 이후 손가락을 튕기는 동작만으로도 사무실 전등을 켜거나 문을 열 수 있었다. 이 장치들이 멀리서도 그의 신원을 확인해주기 때문이다. 그는 머릿속 생각만으로도 지구 반대편에 있는 컴퓨터 기계의 손가락을 제어할 수 있다. 한동안은 그의 아내가 뇌로 그의 신체를 제어하기도 했다(그녀 역시 사이보그가 됐다).

이 부부는 스스로를 '업그레이드'할 줄 아는 사람들이 더 많아져야 한다고, 그것도 인간이 만들어낸 로봇과 컴퓨터 시스템이 우리를 장악하기 전에 빠른 시일 내에 실현돼야 한다고, 그렇지 않으면 그것들이 인간 위에 군림하는 날이 올 것이라고 장담한다. 뉴욕 출신 예술가 닐 하비슨(Neil Harbisson)은 워릭의 조언을 따랐다. 그는 뇌가 색상을 소리로 전환시킬 수 있도록 두개골에 컬러 감지 센서인 아이보그(eyeborg)를 장착했다. 우리 같은 사람들은 할 수 없는 일, 즉 색깔을 귀로 들을 수 있게 된 것이다. 그는 아이보그를 장착한 상태로 여권 사진을 찍어도 된다는 허가를 받았다. 그의 말마따나 사이버 권리를 인정받은 것이다.

인간이라는 존재의 의미는 매순간 바뀔 것이다. 법도 그에 따라 바뀔 것이다. 지금은 피부색이 어두운 사람도 국민으로 인정받는다. 과거에는 아니었다. 지금은 여성의 권리를 법적으로 인정한다. 두 세대 전만 해도 그러지 않았다. 이제 네덜란드에서는 남성 성기를 갖고 태어난 사람이 스스로를 여성도 남성도 아니라고 생각한다면 제3의 성으로 인정한다. 이는 2016년 전만 해도 법적으로 불가능했다. 최근에는 강과 열대우림이 본질적 가치를 지닌 존재로 인정받아 고의로 해를 가하려는 사람들로부터 보호받을 권리를 획득하기도 했다.

미래에는 사이보그가 인간의 권리와 동물의 비인간 권리를 얻어낼 것으로 보인다. 이 권리들에 어떤 내용이 담길지, 언제쯤이면 시행될 것인지는 인류 역사의 바로 그 순간에 우리가 권한을 위임한 당국이 결정할 것이다. 어떤 연구가 필요하고 또 불가피한지, 어떤 고통이 '정당한지', 다른 존재의 고통이 인간의 관심사보다 얼마나 더 중요한지도 당국이 결정하게 될 것이다. 법은 매우 더디게 바뀌지만 인간의 행동은 하루가 다르게 바뀐다. 세상도 마찬가지다. 다음 장에서는 극소수의 실천으로 전 지구적 기후 재앙을 어떻게 막을 수 있는지를 살펴보려 한다.

8장

기후 변화를 막는
가장 쉬운 방법

슬리퍼에 진흙이 달라붙었다. 발가락이 먼지와 쓰레기로 새카 매졌다. 나는 햇빛을 받아 아직 온기가 남아 있는 벽에 기대고 섰다. 목을 길게 빼면 머리보다 약 45센티미터 더 높은 담 꼭 대기가 보일 것이다. 등 뒤로는 자바해가 펼쳐져 있다. 이 장 벽을 경계로 내가 현지 조사를 수행하던 인도네시아 슬럼가 와 자바해가 나뉜다. 나는 이곳에 올 때마다 장벽 꼭대기로 올 라갔다. 한쪽 발 바로 옆에는 자바해가 놓여 있다. 돌벽 너머로 살짝만 발가락을 뻗어도 물에 닿을 것만 같다. 반대쪽에는 약 2미터 아래에 광대한 슬럼 지구가 펼쳐져 있다. 이곳에서는 어 부 무하마드가 사랑하는 아내와 어린 두 아들을 키우며 손수 지은 집에서 살고 있다. 그의 아내는 내가 공심채를 좋아한다 는 걸 알고 그곳에 들를 때마다 일부러 요리를 해준다. 슬럼가 뒤쪽으로는 뭐가 있을까? 더 많은 집과 슬럼가와 아이들과 어 른들로 넘쳐난다. 내 눈엔 이 장벽이 해안 침수 예방이라는 원 대한 과업을 감당하기에는 꽤 얇아 보였다. 장벽 꼭대기에 양 발을 딱 붙이고 서면 딱 맞을 정도의 두께였으니 말이다. "저

벽은 무너지고 있어요." 무하마드가 말했다. "지난번에 센 파도가 덮쳤을 때 제방 한쪽이 무너졌는데, 바닷물이 너무 세게 들이닥치는 바람에 전부 허물어졌죠." 가족은 모두 살아남았지만 무하마드의 아내가 넘어지면서 팔이 부러졌고 전 재산이 물에 휩쓸려갔다.

사람이라면 이런 데서 살고 싶진 않을 것이다. 2014년, 해양 전문가들은 인도네시아의 수도이자 1,000만 명 이상의 거주지인 대도시 자카르타가 기후 변화로 인해 해수면 아래로 잠길 첫 번째 도시가 될 거라고 경고했다. 나는 1년간 이곳에서 지내며 기후 변화가 전 세계 최하 극빈층에 끼치는 영향을 조사했다. 나는 강둑을 따라 형성돼 있는, 홍수에 가장 취약한 최극빈층 슬럼 지구 중 한 곳에서 나무와 진흙, 골이 진 강철로 만들어진 집을 임시 거처로 삼았다. 수돗물이 없어 요리를 하거나 씻을 때는 우물에서 물을 길어 와야 했다. 전기가 들어올 때도 이따금 있었지만 그마저도 잠깐이었다. 수위가 크게 상승하면 발전기가 모조리 멈춰버려 느닷없이 모든 것이 어둠에 잠겼다.

거실로 몹시 더러운 강물이 들이닥칠 때 지붕으로 피신하는 건 나나 다른 주민들에게 흔한 일이었다. 길거리가 물에 잠기면 남자아이들이 소형 고무보트를 타고 노를 저어 동네를 돌아다니면서 노인과 병약자들을 집에서 구조했다. 내겐 홍수가 피 말리는 경험이었지만 장기간 거주해온 주민들에게는 새삼스러운 일이 아니었다. 그 도시에서 가장 싼 동네들은 하나같이 해안가나 강가에 밀집해 있었는데, 이들 지역은 그해에만 해도 여러 번 물에 잠겼다. 주민들은 질병에 걸렸다. 홍수로 범람한 물은 허리띠를 졸라매 산 소파, 아이들의 교복, 매트리스 밑에 감춰둔 학비를 비롯해 장사하던 가게, 쌀부대, 변변찮은 살림마저 매번 휩쓸어가 빈곤은 더 심화됐다. 손수 지은 집에 남은 것이라곤 바닥으로 흘러내리는, 세균과 오물이 득실대는 끈적끈적한 흙물뿐이었다. 집안과 길바닥을 아무리 닦아내도 홍수가 지나갈 때마다 사람들은 병에 걸리거나 죽어나갔고 아이들은 설사, 습진, 호흡 곤란, 심한 두통, 구역감 등 원인 모를 증상에 시달린다. 병원에 갈 돈도 없으니 왜 아픈지, 왜 죽었는지 이유조차 알지 못한다. 물론 의심이 가는 지점은 있다. 자카르타의 수많은 공장들이 시내로 흐르는 강물에 화학 물질을 폐기한다는 사실, 또는 시에 제대로 된 쓰레기 수거 시스템이 갖춰지지 않아 대다수가 폐기물을 공공 배수로에 투기한다는 사실이 그 원인일지도 모른다.

무하마드는 내가 기후 변화의 미래를 예측하기 위해 현지 조사를 수행하며 지내는 곳에서 한 시간 남짓 떨어진 자카르타 연안에 가족과 함께 살았다. 내가 이따금씩 들르는 다른 어민 가구 수십 호도 그곳에 있다. 내 이웃들과 마찬가지로 그들도 홍수 피해를 입었다. 자카르타 내의 이 지역에서도 홍수는 점점 더 심해지고 있었다. 홍수가 날 때마다 쥐꼬리만 한 돈을 받고 고된 일에 나서는, 뼈만 앙상한 노동자들이 제방을 보수하고 다시 쌓았다. 웃통을 벗은 몸은 땀으로 번들거렸고 치아 사이가 벌어진 틈에는 담배 한 대가 꼭 들어맞았다. 그들은 뜨거운 시멘트를 한 겹 바른 곳에 부서진 벽돌들을 끌어모아 들이붓고는 주민들에게 작별인사를 하며 이렇게 말했다. "당분간은 안전하게 지낼 수 있을 겁니다. 다음에 또 보자고요!"

다음번까지 오래 기다릴 필요도 없을 것이다. 내가 그곳에 머무는 동안 내내 자카르타 사람들은 저지대에 사는 네덜란드인들을 비롯해 수백만 명이 곧 처하게 될 위협에 맞닥뜨렸다. 지난 40년간 해수 온도가 높아지면서 이 위협은 더 커지기 시작했다. 해수면이 훨씬 더 빠르게 상승했고, 만년설이 녹아 해수면 상승 폭이 더 커졌으며, 이는 결국 전 세계 홍수 발생 확률을 높였다. 1900~2010년 사이에만 해수면이 17센티미터 이상 상승했다. '기후 변화에 관한 정부 간 협의체(IPCC, Intergovernmental Panel on Climate Change)'는 2100년까지 약 43~73센티미터 더 상승할 것으로 내다보고 있다. 이는 보수적으로 잡은 예상치에 불과하다. 2015년, 저명한 기후과학자인 제임스 핸슨(James Hansen)과 그의 동료 연구자들은 해수면이 금세기 말까지 "최대 수 미터" 더 상승할 것이라고 예측했다.[67] 나사 연구원들에 따르면 온실가스 배출 탓에 해수면이 274센티미터 이상 상승할 것이라고 한다. 하지만 이 위기일발의 순간에, 때마침 과학자들이 기후 위기를 막을 수 있는 해결책을 내놨음에도, 이 메시지는 대다수 소비자들에게 가닿지 못하고 있다. 나부터도 오랜 세월이 흐른 뒤에야 이 메시지를 이해하게 됐으니 말이다.

이미 시작된 위기

뭐, 그러시겠지.

어림도 없는 소리야.

단순화가 좀 심한데?

허풍이 따로 없네.

그로부터 2년 전, 식품이 기후에 끼치는 영향에 대한 보고서를 읽을 때만 해도 머릿속에서는 이런 생각들이 정신없이 교차했다. 이 수치들을 보면서 어리둥절해진 나는 자료 조사 초기 몇 주 동안엔, 당시 미국 대통령의 말마따나 가짜 뉴스라고 생각했다.

연구 보고서들을 내려놨다.

다시 집어 들었다.

또 다시 내려놨다.

나는 과학자라는 보고서 저자들에게 이메일을 보냈다. "친애하는 귀하께"라고 운을 뗐다. "이게 오타는 아니겠죠? 독자가 요지를 더 잘 이해할 수 있게 단순화시킨 건가요? 아니면 제 머리가 나빠서 무슨 말인지 못 알아듣는 걸까요?" 보고서 내용에는 전혀 오류가 없었다. 데이터에 대한 내 해석은 정확히 들어맞았다. 그러자 이게 전부 거짓은 아닌지 궁금해졌다. 혹시 이들이 '공정한 과학자'인 체하면서 수치를 일부러 잔뜩 부풀리고 독자와 정책 입안자들을 겁줘서 자기네들의 정치적인 의도를 밀어붙이려는 건 아닐까?

보아하니 그건 아니었다. 내 생각이 맞다면 수많은 대학에 포진해 있는 세계 방방곡곡 출신의 활동가들이 담합해 모종의 기밀 선전을 펼치고 있다는 얘기밖엔 안 됐으니까. 이 보고서들은 대동소이한 메시지를 담고 있었는데, 대략 다음과 같이 네 가지로 나뉜다.

1. 기후 변화는 자연스럽고 정상적인 현상이다. 하지만 이번만큼은 아니다.

기후 변화는 21세기를 사는 우리 입장에서야 새롭게 부상하는 주제일지 몰라도 지구에서는 늘 일어나고 있는 현상이다. 열을 흡수해 대기권에 가두는 온실가스의 양과 지구가 반사하는 태양 광선의 규모가 변화함에 따라 날씨가 더 추워지거나 더 더워지는 시기가 나타나는데, 이 시기들은 약 10만 년마다 번갈아 나타나며 자연 환경이 그 원인으로 작용하곤 했다. 그 외의 원인은 없었다. 이 같은 기후 변화 현상들이 나타난 대부분의 시기에는 인간이 존재하지 않았기 때문이다. 하지만 기후 변화가 정상적인 현상이라 하더라도 최근 들어 기후가 변하는 속도는 정상이라고 볼 수 없다. 마지막 빙하기 이래로(즉, 지난 1만

년 동안) 지구의 기온은 비교적 안정세를 유지해왔지만 최근에
는 급격히 상승했다. 대기 중 이산화탄소 농도는 1850~2018
년에 최대 40퍼센트 증가했다. 역대 가장 빠른 속도로 말이다.

2. 기후 변화는 사실이다. 기후 재앙은 선택이다.

기온 상승은 대기 중 이산화탄소 양에 비례한다. IPCC에 따르
면 대기 중 온실가스 양이 450ppm까지 안정될 경우 기온 상
승은 2도 이하로 유지될 확률이 높다. 2020년 1월, 대기 중 온
실가스는 415ppm이었다. 이 경우 해수면이 100년마다 약 90
센티미터 이상 상승하고, 따라서 특정 지역에서는 여러 문제
점들이 나타날 테지만 전 지구적인 재앙을 일으키지는 않는
다. 문제는 인간의 생활 방식이 근본적으로 바뀌지 않는 이상
450ppm 이하로 유지하기란 불가능해 보인다는 점이다.

　2050년에는 지구 인구가 약 90억 명에 이를 것으로 전망
된다. 이 인구가 현재 서양인들의 식습관과 생활 방식을 그대
로 따라간다면 인류는 멸망할 것이다. 더 강력한 자연재해가
일어나 기아, 물 부족, 가뭄, 기근, 빈곤, 무장 갈등이 한층 더
심해질 뿐 아니라 수백만 명의 기후 난민과 사상자들이 속출
할 것이라는 데 거의 모든 과학자들이 동의하고 있다. 이로 인
해 발생할 비용과 대대적인 피해 규모는 20세기 전반부의 경
제 공황 및 두 차례에 걸친 세계대전에 비견할 만하다. 대도시
의 폭염도 더는 견디기 어려울 것이며 어떤 기후 예측 모델을

참고하느냐에 따라 다르겠지만 런던, 뉴욕, 암스테르담 같은 도시는 물에 잠기고 말 것이다. 글로벌 챌린지스 재단(Global Challenges Foundation)과 인류미래연구소(Future of Humanity Institute)의 연구원들에 따르면 이 같은 극단적인 기후 변화를 되돌릴 가능성은 5퍼센트다. 이 기후 변화들이 대처 불가능한 자연 현상들을 연쇄적으로 일으키면 인류는 결국 종말을 맞이할 것이다.

3. 오늘날의 기후 변화는 대부분 육류·유제품 산업이 원인이다.

온실가스 양이 이렇게 급격히 증가한 데는 세 가지 배경이 작용한다. 18세기 말에 태동한 산업 혁명, 1878년에 발명된 내연 기관과 대규모의 화석 연료 사용, 공장식 축산업의 등장이 바로 그것이다. 21세기에는 육류·유제품 산업이 과잉 방목으로 인한 대대적인 초원 침식, 물 부족과 수질 오염, 생물 다양성 실종, 농경지 확장을 위한 삼림 벌채를 부추겨 환경에 심각한 영향을 미쳤다. 2019년, 전 세계 토지 면적의 약 35퍼센트가 농업에 쓰였고 이 중 4분의 3이 축산업, 다시 말해 가축 사육과 사료용 농작물 재배에 이용됐다. 산림을 대규모로 벌채해 새로 개간한 토지에는 대두와 옥수수, 여타 식용 작물을 심는다. 2018년에만도 1,600억 제곱미터의 산림이 파괴됐다(사우스캐롤라이나주의 두 배에 해당하는 면적이다). 이 같은 산림 벌채로 엄청난 양의 이산화탄소가 배출됐다. 축산업으로 인한 온실가스 배출량은 자동차 운전이나 비행기 운행으로 배출되는 양보다 많고 섬유 산업이 끼치는 영향보다 그 여파가 더 크다.

4. 기후 변화에 맞서는 가장 효과적인 방법은 비건이 되는 것이다.
2017년, 184개국의 과학자 1,500명이 비건식을 촉구했다. 이들의 메시지는 바로 식물 위주 식단이 세상을 구할 수 있다는 것이다. 과학자들은 개개인이 최악의 재난 시나리오를 막을 수 있는 방법은 육류와 유제품을 최대한 먹지 않는 것이라고 말한다. 새로운 제품을 덜 산다거나 비행기를 덜 타는 등의 조치들은 이보다 후순위였다.

지금 당장이어야 한다

사실상 한 가지 해결책밖엔 없고, '지금부터 당장' 실천에 옮겨야 한다는 메시지가 연구 보고서마다 줄줄이, 똑똑히 적혀 있었다. 그럼에도 이러한 외침은 사람들에게 가닿지 못하는 듯하다. 새해를 맞이해 선행을 다짐하는 1월 1일도 아니고, 자녀가 독립해 드디어 새로운 요리를 시도해볼 수 있는 시간이 생기는 5년 뒤도 아니고, 머스터드를 조금 찍어 적포도주 한 잔에 곁들여 먹기 좋은 올드 암스테르담(Old Amstredam, 네덜란드 정통 치즈-옮긴이)의 맛을 비건 치즈로도 오롯이 느끼게 될 미래도 아닌 '바로 지금'이어야 한다. 아니면 우리가 알던 세상은 곧 종말을 맞이할 것이다.

또는 큰 타격을 받아 기후 난민으로 떠도는 8인의 대가족이 여러분의 집으로 몰려와 에어 매트리스에서 잠을 청하는 날이 코앞에 닥칠지도 모른다(하지만 집에 이미 난민이 넘쳐나 그들은 다른 거처를 전전해야 할 것이다). 안 그래도 기후 난민 탓에 시름에 젖어 있는 판국에 점입가경으로 여러분이 살고 있는 도시의 기온까지 크게 상승해 이웃 노인들을 위해 하루에 3회 이상 휘발유 통에 물을 받아 날라야 하는 일도 생길 것이다. 이 사태의 여파로 반려자와 다투는 일도 더 많아질 것이다. 진흙탕 싸움을 벌이며 이혼하는 건수가 급격하게 증가할 것이고, 기후 난민에게 폭력을 행사하는 사건도 늘어날 것이며, 난민들을 공개적으로 경제 위기의 원흉으로 지목하는 일도 점차 빈번해질 것이다. 기후 난민의 경우, 의료보험 혜택을 받고 싶다면 방조제를 쌓는 강제 (무상) 노동을 해야 한다는 법안을 내놓는 정치인이 등장할 수도 있다. 그날이 오면 기후 재앙이 기정사실이 아닌, 선택지였던 옛 시절을 사무치게 그리워하게 되리라.

과학자들의 메시지는 내게는 물론이고 내 벗들, 가족들, 기자들, 대다수 동료 연구자들과 정치인들에게 가닿지 못했다. 기후 변화가 감지되고 있다는 건 사실이다. 하지만 우리는 이를, 언젠가는 휴가를 보내리라 벼르던 휴양지에서나 일어나는 일이라고 생각한다. 홍수를 피해 피난을 떠나는 방글라데시·인도네시아 사람들의 사진을 신문에서 마주할 때면 한숨을 내쉬며 덮어버린다. 눈과 귀가 닳도록 보고 들었기 때문이다. 네

덜란드인들은 잿빛의 습한 북유럽 특유의 가을 날씨가 사라질
지도 모른다며 짓궂은 농을 주고받곤 했다. "기후 변화? 어디
한번 와보라 그래!" 네덜란드인들은 외쳤다. "우리도 따뜻한
날씨 좀 누려보자고!" 하지만 인간이 만들어낸 식품 생산 시스
템이 기후 변화를 가속화하는 가장 큰 원인이고, 식물 위주 식
단이야말로 치명적인 기후 변화를 막아낼 수 있다는 사실은
까맣게 모르고 있었다.

자연은 우리가 필요없지만, 우리는 자연이 필요하다

하지만 '종말이 임박했다'는 이유로 식습관을 바꿔야 한다는
말이 아니다. 세상은 멀쩡할 것이다. 인간이 당장 생활 방식을
근본적으로 바꾸지 않는 경우 사라지는 것은 지구가 아니라
지구에 서식하는 동식물이다. 《인간 없는 세상(원제: The World
Without Us)》에는 폐가 구석구석에서 잡초가 자라나와 벽을 타
고 기어오르며 가옥을 무성하게 뒤덮는 모습을 묘사하는 대목
이 나오는데, 이는 작가가 무장 갈등으로 황폐화된 마을 등 전
세계 방방곡곡에 방치된 장소들에서 목격한 현상이었다. 이들
지역에서는 잡초가 온 마을을 뒤덮고 인가는 허물어지고 동물
이 서식하고 산림이 다시 생겨나고 대기 질이 좋아진다. 이 책
의 1부는 순식간에 읽었지만 그 뒤부터는 지루하게 느껴졌다.
200쪽까지 읽고 나서야 비로소 책에 담긴 메시지를 이해했다.
이 책에 나온 세계 곳곳의 버려진 마을들은 인간을 아쉬워하

지 않았다. 인간이 생존하는 데에는 자연이 필요하지만, 자연은 인간이 필요하지 않다.

우리는 식물이 만들어내는 산소 없이는, 작물을 재배할 토양 없이는 전혀 살 수 없다. 그러니 대다수는 지구가 건강하기를 바라는 것일 테다. 우리의 생존을 위해서나 자식 세대와 그 후 세대의 생존을 위해서나 지구가 건강해야 한다. 우리는 이것이 순리임을 안다. 뼛속 깊이 느끼고 있다는 말이다. 인간의 심장은 자연 환경에 노출될 때 더 차분하게 박동한다는 사실이 수많은 연구를 통해 밝혀졌다. 아름다운 꽃·숲·해변 그림을 바라보는 것만으로도 마음은 한결 느긋해진다. 보다 지속가능한 방식으로 지구를 대하기 위해 갖은 노력을 기울여야 하는데, 신문이나 TV에서 보도되는 심각한 기후 변화 소식들을 보고 있자니 그저 무력해진다. 글로 읽는 것도 너무 버겁다. 그 규모와 심각성과 복잡성 때문에 어떤 결말이 닥칠지 가늠할 수가 없다. 너무 밝은 불빛에 눈이 부셔 눈앞에 길을 보지 못하고 눈을 꼭 감은 채 꼼짝 않고 서 있는 것과 같다. 겁을 집어 먹은 채 고속도로 위에 서 있는 사슴처럼 코앞에 닥칠 일을 기다리면서 말이다.

논쟁 중인 과학계

우리가 기후과학자들의 권고를 무시해도 된다고 확신하는 이유는 또 있다. 바로 기후 변화를 막으려면 동물성 제품 생산을 얼마나 줄여야 하는지를 두고 전문가들 사이에서 갑론을박이 한창이라는 점 때문이다. 한쪽에서는 육류와 유제품을 모조리 끊어야 한다고 주장하는가 하면, 한쪽에서는 육류, 버터, 치즈, 달걀을 소량 섭취하는 건 괜찮다고 말한다. 우리는 전문가들이 기왕이면 과학 분야에 문외한인 사람들도 이해할 수 있는 말로, 더 명쾌하고 더 일관성 있는 최종 결론을 내려주길 바라고 있다.

한마디로, 결론 따위는 없다.

육류업계와 낙농업계가 환경에 전무후무한 악영향을 끼치고 있다는 점에 대해 과학자들이 이견을 좁히지 못해서가 아니다. 그건 부인할 수 없는 사실이다. 문제는 두 산업이 환경에 끼치는 여러 영향들 중에서 어느 측면을 부각시키면 좋을지 혼란스러워하고 있다는 데에 있다. 일각에서는 배출량에 주목하고, 또 다른 일각에서는 토지를 최대한 살릴 수 있는 방법을 모색하는 게 더 가치 있는 일이라고 생각한다. 한 과학자 단체에 따르면 폐기물을 처리해 연료나 비료로 전환시키는 소수의 농가로 이루어진 낙농업 체제에서라면, 후자가 가장 효과적이라고 한다. 소규모 축산을 통해 '재활용 시스템'을 구축하면 축산업이 차지하는 토지 면적을 줄일 수 있어 완전한 식물 기반 농업 체제를 구축하는 것보다 효율적이라는 것이다.

한편에서는 소규모 축산 농가라 하더라도 엄청난 환경 문제를 야기할 수 있다고 단언한다. 반추 동물이 '폐기 식물'이나 특화된 식물성 사료를 먹는다 하더라도 여전히 온실가스인 메탄을 배출하리라는 게 그 이유다. 결국 배출량은 별 차이가 없을 거라는 의미다. 돼지와 닭을 사육하고 운송하고 도축하는 전 과정 자체가 온실가스 배출의 원인이기 때문이다.

더욱이 동물은 콘센트에 꽂아둔 고장 난 어댑터나 다름없어 그리 효과적인 단백질 공급원이 아니라는 것도 이제 기정사실로 통하고 있다.

식물로부터 바로 단백질을 섭취하라

이 은유를 이해하려면 우선 단백질이 뭔지 알아야 한다. 아미노산이 사슬처럼 연결된 것을 단백질이라고 하는데(끈으로 꿴 구슬처럼 생겼다) 아미노산은 대략 20가지로, 단백질의 형태와 구조는 아미노산의 종류와 배열 순서에 따라 달라진다. 인간을 비롯한 여타 동물들이 아미노산을 전부 체내에서 생성해낼 수 있는 건 아니다. 식품으로 섭취해야 하는 아미노산도 있다. 곡물, 콩과 식물 같은 식물성 단백질 공급원이나 아미노산을 만들어내는 녹색 채소가 그 예다. 식물성 단백질을 섭취한 동물한테서도 아미노산을 얻을 수 있다. 동물은 아미노산을 단백질로 바꾸는데, 동물로부터 얻은 고기, 우유, 달걀에 이 단백질이 함유돼 있다.

그런 점에서 가축은 일종의 어댑터 역할을 한다. 가령 전압이 다른 나라에 간다면 변환 어댑터가 필요하다. 이 변환 어댑터를 소켓에 먼저 꽂고 콘센트를 연결해야 가전 등을 쓸 수 있다. 이론상으론 세심하게 설계된 시스템 같지만 식품으로 치면 이런 식의 어댑터는 별 소용이 없다. 동물이 음식을 전부 단백질로 바꾸는 건 아니기 때문이다. 동물도 성장하고 숨 쉬고 움직이려면 일정량의 단백질이 필요하다. 동물의 몸에 남아 있는 건 잉여 단백질이라는 얘기다.

가령 오믈렛을 먹을 생각으로 곡식을 크게 한 줌 집어 닭에게 먹이고 난 뒤 달걀을 낳을 때까지 기다린다고 생각해보자. 곡식을 쪼아 먹은 순간부터 달걀을 낳기까지의 시간, 다시 말해 곡식이 닭으로, 닭에서 다시 달걀로 변하는 소화 과정 중에 40퍼센트가량의 단백질이 손실된다. 그러니 곡식을 그대로 먹는 게 훨씬 효과적이다. 단백질이 온전히 다 흡수될 테니까 말이다. 그래도 닭은 여타 가축에 비하면 그나마 효과적인 단백질 어댑터다. 소의 경우에는 섭취하는 단백질 가운데 96퍼센트가 이와 동일한 과정을 거치며 손실된다.

우리가 이렇게 우회적으로 섭취하는 것은 단백질뿐만이 아니다. 우리는 오메가-3 같은 지방산도 이와 같은 방식으로 해양 생물을 통해 섭취한다. 보건 당국에서도 생선에 오메가-3가 함유돼 있다는 이유로 어류를 자주 섭취하라고 권고한다. 오메가-3가 우리 몸에 좋다는 건 틀린 말은 아니다. 항염증 효과가 있는 데다 뇌가 다양한 활동을 하는 데 매우 중요한 역할을 하며, 일부 암·우울증·관절염·류머티즘·치매 발병 확률도 낮춰준다. 하지만 어류는 오메가-3를 체내에서 생성해내지 못한다. 오메가-3를 만들어내는 해초를 먹기 때문에 체내에서 발견되는 것이다. 그럴 바엔 차라리 생선을 거칠 필요 없이 해초를 곧바로 섭취하는 편이 낫다.

실제로 필요한 양보다 훨씬 더 많은 단백질을 먹어야 한다는 통념(세계보건기구에 따르면 유럽인들은 일반적으로 평균 단백질 필요량보다 두 배가량 더 많이 섭취하고 서아프리카인들의 단백질 섭취량은 이보다 적은데도 여전히 평균 단백질 필요량을 초과한다)과 더불어 단백질은 동물성 식품에만 함유돼 있다는 믿음에 오랫동안 매달려온 결과, 인류는 극히 비효율적이고 매우 비합리적인 식품 체계를 만들어냈다. 2018년, 인류는 육류·유제품으로부터 한 해 섭취한 칼로리의 고작 18퍼센트, 그리고 한해 섭취한 단백질의 37퍼센트만을 얻었지만, 이들 업계는 전 세계 농업용 토지의 83퍼센트를 장악했고 온실가스의 60퍼센트를 배출했다.

식단만 바꿔도 세상이 바뀐다

옥스퍼드대학교 동물학과의 토지경제학자(Land economist) 조지프 푸어(Joseph Poore)는 옥신각신 논쟁하는 과학계에 넌더리가 났고 명쾌한 결론을 내고 싶었다. 그는 스위스 출신의 동료 연구사 토마스 네메세크(Thomas Nemecek)와 함께 식품 및 기후 변화를 주제로 역대 가장 종합적인 연구를 수행했다. 이 공동 연구에서 그는 전 세계 농장 3만 8,700호와 당시 세계 인구가 섭취한 음식의 90퍼센트 이상을 조사했다. 2018년, 이들은 〈사이언스(Science)〉에 연구 결과를 실어 "동물성 식품을 섭취하지 않는 것이 지구 환경에 가장 큰 도움이 된다"고 명시했다.

연구 결과에 큰 충격을 받은 푸어는 그 즉시 비건이 되었고 다른 이들에게도 비건이 되라고 권했다. 모두가 지금 당장 고기와 유제품을 끊는다면 전 세계 온실가스 배출량은 절반으로 줄어들고 물 부족 및 토지 산성화 문제도 최악의 사태를 얼마간 피할 수 있기 때문이다.

푸어는 그저 채식주의자가 되는 것만으로는, 다시 말해 식단에서 고기를 없애되 달걀과 유제품은 그전처럼 섭취하는 것으로는 별 효과가 없다고 말한다. 치즈 산업의 온실가스 배출량이 닭·돼지 사육 과정에서 나오는 배출량과 비슷하기 때문이다. 고기는 먹지 않지만 생선은 먹는 페스코테리언(pescatarian, 해산물은 섭취하는 채식주의자-옮긴이)의 식습관도 별 효과가 없기는 마찬가지다. 보통은 물고기 양식장에서 배출되는 메탄이 소 사육장에서 배출되는 메탄보다 더 많기 때문이다. 게다가 태평양에 버려진 플라스틱의 70퍼센트는 어업 폐기물이다.[68] 이른바 '지속가능한 방식으로 생산한 유제품·육류'보다 식물 위주 식단이 환경 보호에 더 확실한 효과가 있다. 지속가능한 방식으로 생산한 유제품·육류는 식물성 식품에 비하면 전혀 친환경적이지 않기 때문이다. '목초 사육 소고기'는 친환경적인 이미지를 내세우고 싶어 하는 식당에서 자주 내놓는 메뉴이지만, 실제론 그 못지않게 많은 영양소를 함유한 (완두 콩이나 일반 콩 등의) 식물성 단백질보다 온실가스 배출량이 여섯 배 더 많고 그에 이용되는 토지 면적도 서른여섯 배나 더 넓다. 푸어는 가장 지속가능한 방식으로 생산된 동물성 제품마저도, 운송 등의 요인들 때문에 비교적 배출량이 많은 식물성 식품(가령 아보카도나 대두)보다 수십 배 더 많은 오염을 유발한다고 추정했다.[69]

그의 분석은 근거가 탄탄했고 설득력도 있었다. 그러니 토지 재활용 농업 시스템(the reuse-land farming system)의 가장 열성적인 지지자들조차 이를 인정할 수밖에 없었다. 자신들이 쓴 논문의 주석에 마지못해 언급하는 것으로 그치긴 했지만 말이다. 즉, 비건식이야말로 환경에 가장 큰 도움이 되며, 가장 효율적인 방식으로 동물을 생산한다 하더라도 곧바로 섭취 가능한 식물성 식용 단백질을 생산할 때보다 토지 이용 효율성은 다소 떨어질 수밖에 없다는 것이었다. 과학계에서 일찌감치 합의된 이 주장은 유엔이 푸어의 연구 결과를 검증한 보고서를 발표하고 나서야 뉴스거리가 됐다. 난데없이 '세상을 구하는 비거니즘' 운운하는 표제들이 각종 일간지를 장식했고 다음과 같이 천명하는 긴급 성명이 뉴스 사이트들에 내걸렸다.[70] "기아와 에너지 부족, 기후 변화가 불러올 최악의 결과로부터 이 세상을 구하려면 비건 식단으로 바꿔야 한다."[71] 이런 말도 있었다. "세계 인구가 증가하고 있고 이 인구가 동물을 더 많이 먹게 될 것이므로 농업은 앞으로 더 큰 영향을 미칠 것이다. (…) 전 세계 대다수 인구가 동물성 식품이 없는 식단으로 전환하는 것만이 환경에 끼칠 영향을 실질적으로 줄일 수 있는 유일한 길이다."

풍요로운 국가의 채식 의무

자카르타의 슬럼가를 비롯해 개발도상국에 사는 주민들이 기후 변화가 가져올 타격의 가장 큰 피해자가 될 예정인 데 반해, 이들이 배출하는 이산화탄소는 거의 전무하다는 사실은 아무리 생각해도 불공평하다. 정작 이들이 안고 있는 문제를 일으킨 장본인은 침수된 적이 없는 안전하고 안락한 곳에서 비교적 유복하게 사는 다른 나라 사람들이다. 이들은 같은 지구에 살면서도 에너지를 더 많이 쓰고 비행기도 더 많이 타고 전 세계 육류·유제품 업계와 이해관계도 더 많이 얽혀 있다.

네덜란드만 해도 최근 수십 년 동안 수많은 가축을 수입했다. 대규모 산업들은 유럽과 북아메리카에서 먼저 부상했으며, 산업 혁명이 태동한 이래로 유럽은 아시아 전체를 합친 것과 거의 맞먹는 규모의 이산화탄소를 배출했다. 유럽 인구가 아시아보다 4억 명 더 적은 7억 4,000만 명인데도 그렇다. 유럽인들이 아시아인들보다 훨씬 더 많은 에너지를 쓰고 있으니 앞장서서 일제히 식물 위주 식단으로 바꿔야 마땅하다. 그리고 그렇게 할 수 있는 기회가 우리에게 있다. 메탄을 내뿜고 온실가스를 배출하는 풍요로운 국가가 져야 할 책임이다.

푸어 같은 과학자들의 진심 어린 호소에 귀 기울이지 않는 것은 우리가 피곤하게 살기보다 게으르게 사는 편을 더 선호하기 때문이라는 부분적인 이유도 있다. 게다가 오랜 습관을 바꾸는 건 많은 노력을 요하는 일이다. 하지만 그보다 더 중요한 이유는 우리가 이 문제를 다른 나라 탓, 다른 사람 탓으로 돌린다는 것이다. 다른 사람이 동물성 식품을 줄이지 않는다면 나 하나 노력해봤자 아무 소용없는 일 아니냐는 식이다. 하지만 이 주장은 근거가 약할뿐더러 말도 안 되는 얘기다.

오해하진 말자. 물론 전 세계가 일제히 식단을 바꾼다는 건 비현실적인 얘기다. 빈곤층이거나 외딴 지역에 사는 이들은 식물성 대체 식품을 구할 수 없다. 미국 같은 부유한 나라조차 이른바 '식품 사막(food deserts)'이 존재한다. 미국에서 가장 빈곤한 가구가 모여 사는 이곳에서는 식물성 식품을 쉽게 구할 수 없는 데 반해, 단돈 2달러면 동네 패스트푸드 드라이브스루에서 치킨 너깃 450그램을 살 수 있다. 이 사람들이 하나같이 자발적으로 해초 소시지를 구해 먹지는 않을 것이다. 그게 아니래도 신경 쓸 일은 많기 때문이다. 경제가 급속히 성장하는 나라들도 있다. 가령 중국에서는 식물성 식품을 손쉽게 구할 수 있는데도 육류 생산량이 지난 몇 년 동안 급속도로 증가했다. 인구 증가와 맞물려 고기가 부유한 서양 국가의 이미지를 연상시키는 사치품으로 격상됐기 때문이다. 비교적 최근까지도 평범한 중국인들은 육류를 섭취할 형편이 못 됐다. 식당에서 고기를 주문할 정도가 되면 성공한 인생이다. 2014년, 미국인들은 1인당 연간 평균 약 119킬로그램, 네덜란드인들은 약 90킬로그램, 중국인들은 약 63킬로그램의 고기를 먹었다.[72] 사정이 이렇다 보니 일부 과학자들은 최근 육류 소비가 늘어난 중국을 비롯한 일부 국가들에서 인구가 계속 증가할 것이라고 지적하며 앞으로 식물성 식품이 이들 나라에서 성공을 거둘 가능성은 미미할 것이라고 내다보고 있다.

하지만 이들은 이러한 현상이 한낱 유행에 지나지 않는다는 사실을 간과하고 있다. 유행은 바뀌게 마련이다. 평범한 중국인들이 실제로 '성공한' 서양인들이 먹는 식품으로 배를 채우고 싶어 한다면 서양 사회에서 어떤 음식이 유행할 때마다 이들의 선호도 이를 좇아갈 것이다. 다시 말해 골수 육식인들을 요즘 시대의 흡연자들처럼 달가워하지 않는 날이 도래한다면 식물성 식품의 위상은 중국에서도 높아질 것이고, 서양에서 느타리버섯 스테이크가 갑자기 유행한다면 이에 편승해 전 세계적으로 그에 대한 수요도 증가할 것이다. 식물성 식품을 '더 섹시한' 이미지로 인식하고 '좋은 안목'과 연관시킬 것이라는 말이다. 경제가 부흥하는 나라들에서 육류의 위상이 높다는 이유로 이를 소비하는 게 사실이라면 식물성 식품에 더 높은 위상을 부여하는 것도 서구인들에게 달린 일이 될 것이다.

3장에서 식물성 식품 소비가 느닷없이 유행하게 된 이유를

어떻게 고양이를 끌어안고 통닭을 먹을 수 있을까

설명하면서 살펴봤듯, 사회 규범은 특히나 전염성을 띤다. 한 집단의 3~10퍼센트만이라도 특정 신념을 퍼뜨리면 파급 효과가 나타난다는 과학계의 연구도 언급했다. 이 바람에 편승하는 이들이 더 많아질수록 종국에는 사회도 변화할 수밖에 없다. 인간은 뒤처지기 싫어하는 사회적 존재이기 때문이다. 우리는 확신을 가진 무리의 일원이 되는 편을 선호한다. 딱히 그러겠다고 결심한 것도 아닌데 현상 유지에 순응하는 것도 이 때문이다. 주변의 많은 사람들이 실천하면 나도 동참하게 된다. 공산주의 사회에서 태어났다면 공산주의가 절대 기준이 될 테고 공산주의에서 벗어난 사고는 유별나고 불온하며 체제 전복적이라고 치부할 것이다. 주변의 모든 이들이 고기를 먹는다면 육식이 절대 기준이 될 테고 결국 동물을 먹게 될 것이다. 하지만 동물을 먹는 것을 용인하지 않는 사회에서 태어났다면 고기를 먹지 말라는 금기를 깨기가 어려울 것이다.

과학자와 기자 들이 기후 변화를 긍정적으로 포장했다면 마음이 놓였겠지만, 안타깝게도 2019년 푸어와 그의 동료 연구자들, 유엔은 기후 변화가 가져올 최악의 여파에 맞서는 데는 '겨우' 11년밖에 남지 않았다고 딱 잘라 말했다. 나쁜 소식임은 분명했다. 하지만 희소식이기도 하다. 기후 변화가 가져올 최악의 여파에 맞서는 데 '장장' 11년이 남았고 비교적 소수라 하더라도 사람들이 고기와 유제품을 당장 끊는다면 파멸적인 재앙을 막을 수 있기 때문이다.

종말의 시작

이 책을 쓰면서 바뀐 것이 한두 가지가 아니다. 식품과 환경을 둘러싼 복잡다단한 물음들에 대한 이해도와 구매 습관, 요리 습관, 반려견을 보는 시선, 저녁 밥상 앞에서 파트너와 나누는 대화의 주제, 하루 중 홀로인 시간에 곰곰이 생각해보는 일들이 모두 바뀌었다. 하지만 가장 큰 변화는 따로 있었다. 그건 바로 나 자신과 타인에게 던지는 질문의 변화였다.

자료 조사를 할 때 나는 한 가지 질문에 대한 답을 찾는 데 주로 골몰했다. 인간은 육식을 중단함으로써 사회적·문화적·경제적·심리적 변화를 일으킬 수 있을까? 비현실적이고 이상주의적인 공상에 불과한 건 아닐까? 자료 조사를 하면서 나는 이것이 올바른 질문이 아님을 깨달았다. 진정으로 원하면 인간은 무엇이든 해낼 수 있다. 인간의 역사는 우리가 한때 생각조차 할 수 없었던 일들을 성취해온 사례들로 넘쳐난다.

- 전 세계 대다수 국가에서 기아를 없앴다(지금은 기아보다 과체중에 시달리는 사람들이 더 많아졌다).

- 노예제와 마녀 화형을 폐지했다.
- 지난 30년 동안 네덜란드에서는 '질병'과 범죄로 여겨지던 동성애가 대다수가 용인하는 하나의 성적 지향으로 바뀌었다.
- 열두 명의 사람을 달에 착륙시켰고 두 대의 무인탐사선을 개발해 머나먼 우주로 보냈으며 이 탐사선들은 지금도 (지구와 교신하며) 태양계 외곽을 떠돌고 있다.[73]
- 국경을 획정하고 바꾸고 없앴다.
- 농부가 소규모로 동물을 기르던 목축업을 수억 달러에 달하는 규모의 공장식 축산업으로 바꿔놓았다.

인간은 이외에도 정신 나간 일, 상상조차 못했던 일, 실현 불가능한 일, 멋모르고 한 일 등 이루 말할 수 없이 많은 일들을 벌여왔다. 그러니 내가 해야 할 질문도 바뀌어야 한다. 그런 엄청난 사회적·경제적·심리적 변화를 '일으킬 수' 있는지가 아니라 '어떤' 변화를 일으키고 싶은지를 물어야 한다는 것이다.

여러분도 응당 그래야 한다.

두 가지 미래

현실적으로 보면 우리는 양극단의 두 선택지를 갖고 있다. 한 가지는 식물 위주 식단이 표준이 된 세상이다. 다른 한 가지는 더더욱 많은 동물을 사육하고 감금하고 도살해 식용하는 세상이다.

아무 변화도 없는 세상은 선택지가 될 수 없다. 그것도 하나의 선택지라고 생각하는 사람들이 많긴 하지만 말이다. 우리는 모든 문제가 저절로 해결될 거라는 자기 암시에 빠져 있다. 미래에도 주변 공기는 여전히 깨끗하고, 제방도 평소처럼 썰물을 잘 막아내고, 슈퍼마켓에서 유기농 고기를 사먹은 지는 이미 오래고, 감쪽같은 맛을 내는 식물성 그릭 요구르트가 시판돼 마구 사들이게 될 것이라고 생각한다. 우리가 보고 싶은 미래가 바로 이런 모습이다. 평소대로 하면서 사회 공헌과 환경보호에 조금만 더 신경 쓰면 되는 미래.

하지만 모든 게 예전 같지 않을 것이다. 2100년, 전 세계 인구가 90억 명에 달하는 첨단 기술 경제 체제에서는 인도적이고 친환경적인 환경에서 가축을 사육하기가 불가능해질 것이다. 동물을 사육하기에 적합한 땅은 대부분 과밀 상태라 소, 양, 돼지를 지금보다 더 많이 욱여넣기는 어렵다. 그 많은 인구에 동물성 단백질을 공급하려면 거대한 공장식 축산 농가들을 세워야 하는데, 그러면 수만 마리의 동물들이 비좁은 축사에 평생을 갇혀 살아야 할 테고, 초당 수십만 마리의 돼지, 닭, 소가 사육되고 착취당하고 도살당할 것이다. 이런 상황이 펼쳐지면 이보다 영세한 소규모 육가공업체와 낙농업체들은 훨씬 더 효율적이고 훨씬 더 저렴한 방식을 쓰는 기계식 대형 업체들과의 경쟁에 내몰려 살아남지 못할 것이다.

작가이자 조지 W. 부시(George W. Bush) 전 대통령의 고문을 역임한 매슈 스컬리(Matthew Scully)는 육가공업계와 낙농업계의 미래를 조사한 후 등골을 오싹하게 만드는 전망을 제시하기도 했다. 그에 따르면 우리 사회가 동물을 대하는 방식에 반기를 들지 않을 경우 '공장식 축산'이라는 말은 두어 세대가 지나면 없어질 것이다. 육식주의 미래에서는 그것만이 동물을 사육하고 도살하는 유일한 방식이 될 것이기 때문이다.

하지만 꼭 그러리라는 법은 없다. 육식은 수백 년 동안 도덕적으로 용인되던 일이었다. 고기가 맛있기도 했지만 생존에도 필요했기 때문이다. 당시엔 식물성 대체육도 없었다. 하지만 이 같은 당위성은 이제 사라졌다. 우리는 단백질을 얻는 데는 동물이 필요하지 않다. 그저 맛이 좋고 손쉽게 이용할 수 있다는 생각에 길들여져 있을 뿐이다.

꼭 돈, 시간, 지식이 있어야 식물 기반의 미래를 선택할 수 있는 건 아니다. 우리에게 필요한 단 한 가지는 어릴 때부터 주입된 신화를 꿰뚫어보는 법을 배우는 것이다. 우리는 육식주의 이데올로기 속에서 육식이 정상이고 자연스럽고 필요하다는 설교를 들으며 자랐다. 이는 이 신화를 굳게 믿어온 의사, 부모, 교사, 식품 생산업자, 정치인 등이 주입한 것이다. 이들은 생존과 건강을 위해 동물성 단백질이 필요하다고 생각했다. 인간은 유사 이래로 동물을 먹었고 앞으로도 그럴 것이라고 생각했다. 동물은 도살될 때 두려움도, 고통도, 스트레스도 느끼

지 않는다고 생각했다. 이들은 그중에서도 어쩌면 가장 위험천
만할 생각, 즉 우리의 경제와 주방을 지금까지와는 다른 방식
으로 꾸려나가는 건 절대 불가능하리라는 생각도 주입했다.

우리가 권력이다

선택은 우리의 몫이지 정치인의 몫이 아니다. 그들은 월급을
받고 유권자들이 바라는 대로 해주는 사람들이다. 기업의 몫도
아니다. 기업은 돈을 가장 많이 벌어다 주는 일을 한다. 기업에
가장 많은 돈을 벌어다 주는 일은 소비자의 수요를 충족시키
는 것이다. 소비자는 바로 우리다. 우리는 구매자이자 유권자
이기도 하다. 그러니 우리는 이 두 가상 시나리오 중 하나를 택
해 실현할 힘을 가진 셈이다.

물론 정책을 통해 원하는 미래를 더 빨리 앞당길 수도 있다.
이를테면 고기세(meat tax)를 매기는 것, 생산자가 식품 포장지
와 라벨에 온실가스 배출량을 기재하도록 의무화하는 것, '자
유 방목', '인도적' 등 소비자를 호도하는 인증마크를 붙이면
벌금 또는 처벌을 받게 하는 것, 과일·야채·콩과 식물 재배 농
가에 정부 보조금을 지원하는 것, 식물 기반 라이프스타일을
누구나 누릴 수 있게 금전적 진입 장벽을 낮추는 것, 역사 속
인류의 식습관을 더 정직하게 기술하는 것, 공공 기관들의 권
고 사항을 수정하는 것 등등이 있을 것이다. 하지만 이런 조치
들은 여태 시행되지 않고 있으며, 수단과 행동으로 우리가 원

하는 것을 보여주지 않는 이상 정책 입안자들이 이를 실행할 일은 절대로 없을 것이다. 정치인과 생산자 들은 유권자와 소비자가 필요하다. 달리 말해 그들은 유권자와 소비자가 원하는 일을 한다. 변화는 낮은 곳에서부터 시작돼야 한다. 우리부터 바뀌어야 한다.

대부분은 이를 지난하고 막대한 책무라고 생각하지만 내 눈엔 인간을 해방시켜줄 희망찬 길로 보인다. 하루에 세 번, 내가 가진 힘을 행사할 기회가 있다는 사실을 상기시켜준다. 한 끼 한 끼가 내가 선택한 미래에 던지는 한 표다.

나는 내가 살고 싶은 미래에 발맞추는 기업의 제품을 꾸준히 구매함으로써 해당 기업에 지지를 보낸다. 콩, 견과류, 귀리 우유, 비욘드버거가 제품 진열대를 더 많이 차지한 모습을 보고 싶다고, 우유나 고기를 대량으로 싸게 묶어 파는 상품은 필요 없다고 슈퍼마켓에 내 뜻을 표명하는 것이다. 음식점에서는 고기나 생선 메뉴가 아닌 식물성 메뉴를 택한다. 햄버거 체인점에 가느니 차라리 비건 정크 푸드에 돈을 쓴다. 기업은 이런 선택이 매출에 반영된 결과를 투자자들에게 보고하고 투자자들은 장차 어디에 어떻게 투자해야 할지, 어떤 스타트업을 지원해야 할지 결정한다.

우리가 육식주의 신화들을 부난히 꿰뚫어보고 허위 마케팅 수법들을 알아채고 우리가 택한 미래가 실현되도록 생활 방식과 식습관을 바꾼다면 머지않아 그 미래가 당도할 것이다.

불편함은 잠시일 뿐

대개의 경우 새로운 사고방식과 새로운 식습관, 새로운 생활에 익숙해지는 데는 상당한 노력이 필요하다. 하지만 우리 인간은 언제나 변화를 이뤄냈다. 현 상황을 더는 용인할 수 없을 때 그보다 더한 일도 감내해가면서 말이다. 노예 탈출을 도운 사람들은 막대한 벌금과 수년간의 실형을 감수했다. 투표권을 요구한 여성들은 조롱당했고 이 과정에서 호전적이라는 이유로 체포되기도 했다.[74] 미국에 있는 아파트에서 이 책을 집필하는 동안 수천 명의 미국인들이 길거리를 행진하며 유색 인종에 대한 차별과 폭력을 규탄하는 시위를 벌였다. 고된 일을 마치고 시위에 동참한 그들은 추위에 떨었다. 슬로건이 적힌 피켓을 들고 목청껏 구호를 외치기보다 넷플릭스나 보는 편이 나았을지도 모른다. 하지만 그들은 자기 자신을 위해 행동에 나설 수밖에 없었다. 이들에겐 안락함보다 사회의 변혁이 더 중요했다. 이 무렵, 전 세계 여성들은 성희롱과 성적 학대에 시달린 이야기를 털어놓고 '#MeToo(미투)'라는 해시태그를 달아 공유하기 시작했다. 수치스럽게 여겨지던 이 이야기들은 외부인들이 쏟아내는 차마 듣기 거북한 비난과 회의에 맞닥뜨렸지만 성별에 따른 권력 불균형에 변화를 불러일으켰다.

그렇다면 우리는 무엇을 감내해야 할까? 조금 멀리 떨어진 슈퍼마켓에 자전거를 타고 가는 것쯤은 감내해야 한다. 동네 상점에 우리가 원하는 식물성 식품이 전부 구비돼 있는 건 아니기 때문이다. (두세 장의) 실패한 팬케이크쯤은 감내해야 한다. 달걀을 쓰지 않고 반죽을 뭉치는 법을 아직은 잘 모르기 때문이다. 예전에 먹던 음식이 좋았다고 징징대는 아이나 특선 메뉴가 아닌 비건 메뉴를 주문하면 인상을 찌푸리는 식당 종업원쯤은 감내해야 한다. 전부 불편하게 느껴질 법한 것들이지만 딱 거기까지다.

무엇보다 이 불편함은 '일시적'이다. 하나의 미래를 지지하고 다른 하나는 거부하기로 택하는 사람이 많아질수록 그 미래는 더 빨리 실현될 것이다. 마법은 필요 없다. 시장의 원리만으로도 가능하다. 슈퍼마켓은 잘 팔리는 물건만 진열대에 채워넣고 싶어 한다. 오늘 소비자가 슈퍼마켓에서 식물성 식품으로 장바구니를 더 많이 채운다면 내일은 이 상점들에서 이 식품들을 점점 더 많이 진열해두고 홍보에 나설 것이다. 식품 생산자들은 수요가 있는 제품만 공급하고 싶어 한다(안 그러면 손해를 보니까). 딱 몇 개월만 노력하면 된다. 그러면 상점과 슈퍼마켓은 어느새 우리가 원하는 미래에 유통될 새 식품들로 채워질 것이다. 우리는 새로운 요리법과 식품에 익숙해질 테고, 이는 반려자와 자녀들도 마찬가지일 것이다. 머지않아, 아니 어쩌면 생각보다 더 빨리 이렇게 말할 수 있는 날이 올 것이다. 옛날 옛적엔 인간이 고기를 먹었지.

언젠가 우리가 동물을 먹던 때가 있었지

기후 변화, 동물의 멸종, 환경 오염, 더욱더 많은 동물들이 나날이 더해가는 고통을 겪는 현실은 우리가 조금씩 나락으로 추락하고 있다는 신호다. 우리의 경제 모델과 여전히 그대로인 식습관이 인간의 존립을 위태롭게 하고 있다는 신호다. 지금이야말로 사고방식과 생활 방식을 새롭게 바꾸어야 한다는 신호다. 입에서 입으로 전하던 이야기들이 더는 이 시대에 걸맞지 않으며 현 상황에 들어맞는 새로운 이야기를 만들어내야 한다는 신호다.

내가 이 문장을 쓰고 있는 지금, 그리고 여러분이 이를 읽고 있는 지금 우리는 두 이야기 사이의 진공 상태에 놓여 있다. 우리는 과거의 세상이 어땠는지 알고 있지만, 앞으로 모든 것이 달라질 미래의 세상이 어떤 모습일지는 여전히 상상하기 어렵다. 나는 이 책에서 이 새로운 이야기의 윤곽을 대강이나마 그려 보였다. 이제 우리는 그 삶을 살기만 하면 된다.

미래학자 이안 피어슨(Ian Pearson)의 연구에 따르면 당초 '불가능하다'는 딱지가 붙었던 발상이 실현되는 데는 약 30년이 걸린다고 한다. 처음에는 조롱거리였지만 결국 보편화돼 커다란 파급을 몰고 온 역사 속 사회 변화들을 살펴보면 이 수치가 들어맞는다. 요즘은 이 과정이 더 빠르게 진행된다. 소셜 미디어 덕분에 하루아침에 새로운 유행이 생겨나는 것도, 이 유행을 거스르겠다고 마음먹는 것도 순식간이다. 여러분은 이제 둘

어떻게 고양이를 끌어안고 통닭을 먹을 수 있을까

중 하나를 결정하면 된다. 이 책의 분량을 늘려가며 더 많은 질문을 던지고 그 답을 찾아가는 과정을 보여줄 수도 있지만, 결국 중요한 질문은 단 하나다. 머지않은 미래에 자녀에게, 조카에게, 손주에게 필히 받게 될 질문, 어쩌면 스스로가 필히 자문하게 될 질문이다.

인류 역사에 큰 변화가 닥치리라는 것을 알고 있었던 그때, 이 지구와 동물들과 기후 변화에 취약한 곳에 사는 사람들과 후세대들이 어떤 대가를 치르게 될지 이미 알고 있었던 그때, 당신은 무엇을 선택했는가? 어떤 답을 내놓든 이렇게 시작되기를 간절히 바라는 마음이다. "그리 멀지 않은 옛날엔 인간이 고기를 먹었지."

이제 새롭게 진화해야 한다.

나는 늘 감사의 말에 얼마간 과장이 섞여 있다고 생각했다. 작가들은 대개 아무개의 이름을 대며 이들 없이는 책을 쓰지 못했으리라고 곧잘 말하곤 하는데, 전부 허풍이다. 작가란 아무개의 입김이 있든 없든 간에 한결같이 쓰는 사람이다(내 전작들에서 감사의 말에 언급됐던 이들에게는 미안한 얘기지만, 청량제 같은 그대들이 이 세상에 존재해줘서 감사하다는 뜻이었지 글쓰기에 도움이 돼서 고맙다는 뜻은 아니었다. 직접 펜을 쥔 것도 아니고 키보드 근처에 얼씬도 하지 않았으니 그런 영예를 얻을 자격은 없지 않은가. 부디 언짢게 생각하지 말기를 바란다. 존재만으로도 누군가에게 기쁨을 준다는 말보다 더한 상찬은 없다).

그랬는데, 알고 보니 그게 아니었다.

수많은 이들의 도움이 없었다면 이 책의 한 글자도 쓰지 못했을 것이다. 못할 것도 없지 싶다가도 엄두가 나지 않았다. 이 복잡한 분야에 문외한일뿐더러 이런 민감한 주제의 전문가가 되고 싶은 마음도 없었기 때문이다.

이 책의 집필을 가장 많이 독려해준 이가 리세트 크라이서다. 그녀는 한 단어도 놓치지 않고 원고를 교정하고 부끄러운 실수를 잡아내고 유용한 사실 자료들을 보내줬다. 원고가 순조롭게 진척되고 있다고 알리면 축하해줬고, 집필에 지나치게 매달리거나 넋을 놓고 있을 때면 나를 안심시켜줬다. 그녀가 내준 시간과 지지, 우정과 식견이 없었더라면 이 책은 빛을 보지 못했을 것이다.

이 책을 쓸 때 방향을 잡아준 또 다른 영웅은 토바이어스 리나르트(Tobias Leenaert)다. 그는 내가 '비건 과대 망상'에 빠지지 않도록 제동을 걸어주고 바쁜 일정을 쪼개 원고를 검토해줬다. 그가 의견을 보태준 덕에 새롭게 알게 된 사실들을 비판적인 관점으로 볼 수 있었다. 그에게 무한한 감사를 표한다. 영양학자 사래 판네쿠크(Saraï Pannenkoek)는 건강 관련 장을 읽고 더 자세한 설명이 필요하거나 최대한 사실대로 기술해야 할 대목들을 짚어줬다. 동료 미래학자인 피터르 요스턴(Peter Joosten)이 '가까운 미래 이야기'를 읽고 조언해준 덕에 상상으로 빚어낸 미래 세계를 더 생생하게 그려낼 수 있었다.

혼자서는 엄두도 못 냈을 복잡한 협상들을 진행하고 일정을 정리해주고 비건 샴페인을 찾아준 네덜란드 에이전트 미르트허 판 펠트에게도 감사 인사를 전한다. 이 책에 신뢰를 보내준 미국 에이전트 보니 나델에게도 감사하다. 포디엄 출판사의 빌레메인과 요스트, 그 외 여러 관계자 분들께도 함께해주셔서 감사하다는 말을 전한다(비건 케이크 선물에도 감사드린다). 이 책을 세상에 선보여준 하퍼콜린스 출판사에도 감사의 마음을 전한다. 프리럼 라이터의 동료 루 니에슈타트, 루스 슐리커의 아량에 감사드린다. 이 글쓰기 작업이 홀로 헤쳐나가야 할 모험이 될 것임을 알고 있었던 헤르트예 카우벤베르흐에게도 감사의 마음을 전하고 싶다.

전부 다는 아니지만, 이 책에서 식물 기반 라이프스타일을 둘러싼 주제들을 적지 않게 다뤘다. 더 깊이 알고 싶다면 다음 자료들을 참고하길 권한다.

읽을거리

- 조너선 사프란 포어,《동물을 먹는다는 것에 관하여(원제: Eating Animals)》(2011, 민음사)
  비거니즘과 채식주의를 가장 유려하고도 솔직한 필치로 풀어낸 책. 대다수의 사람들이 식물 위주 식단으로 바꾸게 된 계기로 이 책을 꼽았는데, 내겐 이번 책을 집필할 때 크나큰 영감의 원천이 돼줬다.

- 조너선 사프란 포어,《우리가 날씨다(원제: We Are the Weather)》(2019, 민음사)
  식품과 기후의 관계를 다룬 포어의 후속작. 나는 2019년에 〈브레이브하트 클럽(The Braveheart Club)〉이라는 제목의 개인 팟캐스트에서 이 책을 소개하며 작가를 인터뷰했다. 18회차 에피소드로, 아이튠즈와 팟빈(Podbean)에서 들을 수 있다(애석하게도 그 외 에피소드는 전부 네덜란드어로 돼 있다).

- 매슈 스컬리, 《지배자들 – 인간의 권력과 동물의 고통, 자비에 대한 요청(원제: Dominion-The Power of Man, the Suffering of Animals and the Call to Mercy)》

  위의 책들 다음으로 내 마음을 사로잡은 지적인 책. 스컬리는 이 책에서 공장식 축산업뿐 아니라 상업적 사냥, 동물을 부당하게 처우하는 그 외 활동들도 조명한다. 흥미로운 지점은 저자가 좌파 성향과 반골 기질을 지닌 반권위주의 활동가의 전형에 들어맞지 않는다는 것이다. 그는 공화당원에 독실한 기독교 신자이며 수년간 조지 W. 부시 전 대통령의 고문으로 활동했다. 이런 배경을 지닌 그가 인간이 동물을 대하는 방식과 태도가 도덕에 반한다고 말한다.

- 토바이어스 리나르트, 《비건 세상 만들기(원제: How to Create a Vegan World-A Pragmatic Approach)》(2020, 두루미출판사)

  비건 운동과 동물권 활동가들을 위한 책. 이들이 목표를 달성하기 위한 최선의 의사 소통법은 무엇이며 최고의 실천은 무엇일까? 동물을 덜 먹고 덜 착취하는 것일까? 리나르트의 실용적인 접근법과 현실적인 조언은 내가 비거니즘에 입문할 때 많은 영감을 줬다. 그는 다른 수많은 활동가들과 달리 이분법적인 사고에 치우치지 않는다. 기존 주장에 도

전하는 것을 즐기는 예리한 사상가이기도 하다.

- 멜라니 조이, 《우리는 왜 개는 사랑하고 돼지는 먹고 소는 신을까(원제: Why We Love Dogs, Eat Pigs, and Wear Cows)》(2011, 모멘토)

  이 책에서는 사회심리학자로서의 면모를 보여주고 있지만 그녀는 육식주의라는 개념을 처음으로 제창한 사람이다. 육식주의에 대해 더 알고 싶다면 이 책을 적극 추천한다.

- 멜라니 조이, 《나의 친애하는 비건 친구들에게(원제: Beyond Beliefs)》(2022, 심심)

  멜라니 조이의 두 번째 책은 비건-논비건 커플에게 특히 유용하며 비폭력 의사 소통법, 효과적으로 영향을 끼치는 방법에 대한 조언과 정보로 가득하다. 그녀의 TEDx 강연('Toward Rational, Authentic Food Choices')은 유튜브에서 찾아볼 수 있다.

- 피터 싱어, 《동물 해방(원제: Animal Liberation)》(2012, 연암서가)

  비거니즘의 대표 참고서. 철학자인 싱어는 윤리적인 근거를 제시하며 우리가 동물성 식품을 끊어야 할 이유를 매우 논리적으로 설명한다.

- 블랙 비거니즘(Black veganism, 동물 착취 문제를 인종 차별 등 사회 정의 문제와 연결시켜 생각하는 사회 정치 운동·철학·식생활을 아우르는 개념-옮긴이)에 대해 더 알고 싶다면 아프 코(Aph Ko)와 실 코(Syl Ko)가 함께 쓴 《아프로니즘-자매가 쓴 대중문

화, 페미니즘, 블랙 비거니즘에 대한 에세이(원제: Aphroism-Essays on Pop Culture, Feminism, and Black Veganism from Two Sisters)》와 《비건 자매들-음식, 정체성, 건강, 사회에 대한 흑인 여성 비건들의 이야기(원제: Sistah Vegan-Black Female Vegans Speak on Food, Identity, Health and Society)》을 권한다. '100인의 흑인 비건(www.strivingwithsystems.com/2015/06/11/blackvegansrock-100-black-vegans-to-check-out)'도 살펴보길 바란다.

볼거리

나는 식품 산업이 동물 복지와 기후에 미치는 영향을 주제로 두 차례에 걸쳐 TED 강연을 했다. 유용한 팁도 함께 전하는 이 강연은 유튜브(bit.ly/roanneyoutube)에서 볼 수 있다.

- 〈블랙피시(Blackfish)〉(2013)

  포획된 범고래에 관한 이야기를 다루는 이 다큐멘터리의 제작자들은 씨월드(SeaWorld)에서 근무했던 전직 조련사들과 동물 행동 전문가들을 인터뷰하고 민간 수족관이 내세우는 주장들이 사실이 아님을 고발한다. 수족관 측은 야생 범고래와 포획된 범고래의 수명이 비슷하다는 주장도 펼치는데, 이 역시 사실이 아니다. 포획된 거의 모든 고래가 야생 범고래보다 훨씬 더 일찍 죽기 때문이다. 범고래가 학습과 관중을 상대로 한 묘기를 '즐긴다'는 주장도 사실과 다르다. 이 영화는 포획된 고래가 조련사를 공격했던 (치명적인) 다수의 사고를 집중 조명한다.

- 〈텅 빈 바다(The End of the Line)〉(2009)

  남획이 환경과 동물, 사람에게 미치는 영향을 다룬 이 다큐멘터리는 환경 전문 기자인 찰스 클로버(이 영화에 직접 출연했다)가 쓴 동명의 책을 원작으로 하며 수많은 영화제에서 극찬을 받았다. 넷플릭스에서 시청할 수 있다.

- 〈소에 관한 음모: 지속가능성의 비밀(Cowspiracy: The Sustainability Secret)〉(2014)

  육가공업계와 낙농업계에서 벌어지는 동물 학대를 조명하기보다 육류 산업이 기후와 환경에 끼치는 영향을 심층 조사한 다큐멘터리. 해양 폐기물, 이산화탄소 배출, 토양 오염과 산성화를 파헤치며 환경 단체와 육가공업계·낙농업계가 이 정보들을 어떻게 이용하는지를 보여준다.

- 〈지구생명체(Earthlings)〉(2005), 〈도미니언(Dominion)〉(2018)

  이 두 다큐멘터리는 공장식 축산업의 동물들이 처한 실태를 보여준다. 대형 축사에서 어떤 일이 벌어지고 있는지 알고 싶다면 참고할 만하나. 다만 미국과 호주의 사육장과 도축장에 몰래 잠입한 활동가들이 촬영한 충격적인 영상을 여과 없이 보여준다는 데 주의해야 한다. 불편한 장면들 외에 한 가지 결점이 더 있다면 과장과 연출을 아슬아슬하게 줄타기하며 사용하고 있다는 점이다. 그 탓인지 해답보다 질문을 더 많이 제기하는 영화다. 이 영화는 '절대적인' 진실을 제시하지 않으며(창작물이라는 게 본래 그러하다) 우리 눈에 보이지 않는 식품 시스템에 대한 통찰을 제공한다. 직접 보고 전율하라, 그리고 각자 판단하라.

- 〈최후의 돼지(The Last Pig)〉(2017)
  도축에서 손을 떼기로 한 양돈업자에 대한 영화.
- 〈73마리의 소(73 Cows)〉(2018)
  1장에 등장한 제이와 카차 빌데를 조명한 단편 다큐멘터리.

요리

- 딜리셔슬리 엘라(Deliciously Ella)
  따라 하기 쉬운 맛있는 조리법이 필요할 때 찾는 곳. 엘라의 웹사이트 www.deliciouslyella.com과 앱에서 메뉴와 조리법을 제공한다.
- 초식남자(Man.Eat.Plant.)
  두 명의 네덜란드 여성 비건인 리세트 크라이셔와 마르티어 보르스트가 운영하는 블로그. 푸짐하면서도 영양가 풍부한 식물 기반 메뉴와 조리법을 알려준다(www.maneatplant.com).

- 위키드 헬시(Wicked Healthy)

  동명의 책과 웹사이트(www.wickedhealthyfood.com)에서 '남성미 넘치는' 비건 조리법을 제공한다. '남성성을 과시하고픈' 비건이라면 'ThugKitchen'도 방문해보길 권한다 (www.thugkitchen.com).

- 비건 챌린지(Vegan Challenge)

  식물성 식단에 대해 (더 많이) 알고 싶지만 어떻게 입문하면 좋을지 모르는 이들에게 실용적인 조언을 제공한다. (www.veganchallenge.nl)

비건 양육, 비건 가정식에 대해 자세히 알고 싶다면 드리나 버턴의 웹사이트(www.dreenaburton.com)와 그녀의 책《비건 만세!-모든 비건 가정을 위한 간단하고 매력적인 조리법(Vive le Vegan!-Simple, Delectable Recipes for the Everyday Vegan Family)》에서 훌륭한 팁을 얻을 수 있다. 알리시아 실버스톤의 블로그 '친절한 인생(http://thekindlife.com/)'도 살펴보길 바란다.

들을거리

기자인 에즈라 클라인이 진행하는 팟캐스트 〈디 에즈라 클라인 쇼(The Ezra Klein Show)〉에서 진행한 멜라니 조이와의 인터뷰는 비거니즘 입문과 관련해 (가장 유명하고) 가장 명료한 논점을 제기한다. 이 에피소드 '녹색 알약(The Green Pill)'은 각종 팟캐스트 플랫폼에서 들을 수 있다.

연구원이자 과학자인 조지프 푸어는 비건식과 기후의 실태를 '딜리셔슬리 엘라' 팟캐스트에서 논한 바 있다. 이 에피소드의 제목은 '비거니즘과 기후 변화(Veganism and Climate Change)'다.

자선가이자 시티뱅크 부회장을 역임한 필립 월렌(Philip Wollen)도 동물권을 주제로 강연을 펼쳤다. 겸손한 구석이라곤 전혀 없는 제목의 '필립 월렌-동물권에 대해 가장 많은 영감을 주는 강연(Philip Wollen—Most Inspiring Speech on Animal Rights!)'은 유튜브에서 찾아볼 수 있다.

소셜미디어

- 즐거운 비건(@JoyfulVegan)
  미국의 로데오 경기 반대 활동가인 그녀의 인스타그램에는 무료 정보와 풍부한 설명이 가득하다.
- 지구인 에드(www.youtube.com/@ed.winters)
  핵심을 잘 짚어내는 활동가이자 허튼소리를 하지 않는 남자. 대학생을 상대로 진행한 강의 '지금부터 여러분의 삶은 완전히 달라질 것이다(You Will Never Look at Your Life in the Same Way Again)'를 추천한다.

- 돔즈 톰슨(@domzthompson)

  '코끼리 먹이를 먹고 사는' 이 근육질 남자는 SNS 플랫폼을 통해 생각할 거리(와 운동 욕구)를 적잖이 제공한다.

- 모비(www.youtube.com/@moby)

  (활동가로 오해할 법한) 그의 메시지들은 인스타그램에서 볼 수 있다. 유튜브에서 시청 가능한 그의 TED 강연 '내가 비건인 이유(Why I'm a Vegan)'를 추천한다.

운동

프로베지 채식 챌린지(ProVeg Veggie Challenge)에 참여해보라! 동물 학대 없는, 맛있고 지속가능한 건강식을 30일간 먹는 것이 도전 과제다. 비건식을 하든 채식을 하든 동물성 단백질을 줄이든 지금까지와는 전혀 다른 새로운 식생활에 도전해보자. 무료 코치와 조리법뿐 아니라 품질 좋은 대체육을 판매하는 슈퍼마켓 정보 같은 실용적인 팁도 제공한다. www.proveg. com/veggie-challenge/에서 등록할 수 있다.

이외에도 내 연구 논문과 글은 www.roannevanvoorst.com 에서 더 읽어볼 수 있다. 인스타그램 계정(@roannevanvoorst)을 통해서도 언제든 소통할 수 있다.

이 책을 집필하면서 참고한 책과 인터뷰, 그 외 자료의 출처를 장별로 나눠 실었다. 인용문을 그대로 가져온 경우 해당 출처와 쪽수를 표기했다. 지면을 아끼기 위해 그 외의 추가 주석들과 유용한 추가 정보 및 설명도 따로 갈무리해 웹사이트 www.roannevanvoorst.com/onceweateanimals에 게시했다. 이 책의 주제와 관련해 자주 묻는 질문, 까다로운 질문, 중요한 질문도 웹사이트에 간추려놓았다.

들어가며

Adams, Carol J. *The Sexual Politics of Meat: A Feminist-Vegetarian Critical Theory*. New York: Continuum, 1990.

Foer, Jonathan Safran. *Dieren Eten*. Amsterdam: Ambo| Anthos, 2009.

Klein, Naomi. *This Changes Everything: Capitalism vs. the Climate*. New York: Simon & Schuster, 2014.

Monbiot, George. *Feral: Rewilding the Land, Sea and Human Life*. London: Penguin Books, 2013.

Orrell, David. *The Future of Everything: The Science of Prediction*. New York: Perseus Books Group, 2007.

Patterson, Charles. *Eternal Treblinka: Our Treatment of Animals and the Holocaust*. New York: Lantern Books, 2004.

Singer, Peter. *Animal Liberation: A Personal View. Writings on an Ethical Life*. London: Fourth Estate, 2001.

Singer, Peter. *Animal Rights and Human Obligations*. London: Pearson Education, 1976.

Waal, Frans de. *Are We Smart Enough to Know How Smart Animals Are?* New York: W.W. Norton, 2016.

1장

구스타프와의 인터뷰는 2018년 5월 30일에, 제이와 카차와의 인터뷰는 2018년 6월 14일에 진행했다. 그 외 농부들과의 인터뷰 및 관련 정보는 온라인에서 얻은 것이다(www.roannevanvoorst.com/onceweateanimals에서 책에 싣지 못한 추가 내용들의 링크를 찾아볼 수 있다). 또한 2018년 7월 10일에는 축산업자이자 치즈 생산자인 얀 디르크 레메커와의 만남을 통해, 2018년 8월 24일에는 비건이자 농부의 딸인 마를루스 부러와의 인터뷰를 통해 많은 영감과 지식을 얻었다.

Arendt, Hannah. *De banaliteit van het kwaad*. Een reportage. Amsterdam: Moussault, 1969.

Cohen, J. A., A. P. Mannarino, and E. Deblinger. *Behandeling van Trauma bij Kinderen en Adolescenten met de Methode: Traumagerichte Cognitieve Gedragstherapie*. Houten: Bohn Stafleuvan Loghum, 2008.

Coles, Robert, and Erik H. Erikson. *The Growth of His Work*. Boston: Little Brown, 1970.

Erikson, Erik H. *Childhood and Society*. New York: Norton, 1950.

Erikson, Erik H. *Dialogue with Erik Erikson*. Evans, R. I., ed. Lanham, MD: Jason Aronson, 1995.

Erikson, Erik H. *Identity: Youth and Crisis*. New York: Norton, 1968.

Erikson, Erik H. *Life History and the Historical Moment*. New York: Norton, 1975.

Friedman, Lawrence J. *Identity's Architect: A Biography of Erik H.*

Erikson. New York: Scribner Book Co., 1999.

2장

이 장을 쓰기 위해 2018년 6월 12일에는 사회심리학자 멜라니 조이 박사와, 2018년 6월 5일에는 작가 토바이어스 리나르트(채식주의를 알리고 관련 정보를 제공하는 벨기에의 비영리단체 '윤리적 채식주의 대안[Ethical Vegetarian Alternative]'의 전 사무국장)와, 2018년 6월 14일에는 작가이자 과학 전문 기자인 마르타 자라스카와 인터뷰를 진행했다.

Adams, Carol J. *The Sexual Politics of Meat: A Feminist Vegetarian Critical Theory*. New York: Continuum, 1990.

Bakker, Tom, Willy Baltussen, and Bart Doorneweert. "Concurrent-iemonitor blank kalfsvlees." LEI-rapport 2012-025, January 2012.

Beckoff, Marc, and Jessica Pierce. *Animals' Agenda: Freedom, Compassion, and Coexistence in the Human Age*. Boston: Beacon Press, 2017.

Boomkens, René. *Erfenissen van de Verlichting: Basisboek Cultuur-filosofie*. Amsterdam: Boom Uitgevers, 2011.

Boon, Floor. "Vlees zonder bloedvergieten." *Folia*, November 12, 2010.

Bradshaw, Peter. "The End of Line." *The Guardian*, June 12, 2009.

"By-catch." *Radar*, March 8, 2010.

"De verschillen tussen kooi, bio, scharrel en vrije uitloopkip." *Trouw*, February 27, 2013. 다음도 참조하라. "'Plofkip, gewone kip, biologische kip, scharrel kip.' Meer weten over eten."

Delahoyde, Michael, and Susan C. Despenich. "Creating Meat Eaters: The Child as Advertising Target." *The Journal of Popular Culture*, 1994.

Ercina, A. Ertug, Maite M. Aldaya, and Arjen Y. Hoekstra. "The Water Footprint of Soy Milk and Soy Burger and Equivalent Animal

Products." *Ecological Indicators* 18 (2011): 392–402.

"'Gezondheid van Runderen.'" *Levende Have*, 2017.

"Global Meat Production Since 1990." *Rapport Statistica*, November 22, 2018.

Gombrich, E. H. *A Little History of the World*. New Haven: Yale Univ. Press, 2005.

Harari, Yuval Noah. *Sapiens: A Brief History of Humankind*. New York: HarperCollins, 2015.

Hazard, Paul. *The Crisis of the European Mind: 1680–1715*. New York: New York Review Books, 1935.

Israel, Jonathan. *Democratic Enlightenment: Philosophy, Revolution, and Human Rights, 1750–1790*. Oxford: Oxford Univ. Press, 2011.

Keulemans, Maarten. "Geheimzinnig aapachtig oerwezen waggelde tussen onze voorouders." *De Volkskrant*, May 9, 2017.

"Klein brein, maar wel slim." *Trouw*, May 15, 2018.

Klinckhamers, Pavel. "Industriële visserij bedreigt onze Noordzee." *De Volkskrant*, July 5, 2015.

"Livestocks' Long Shadow: Environmental Issues and Options." *FOA*, 2006.

"Meat and Animal Feed." *Global Agriculture*, 2018.

Simon, David Robinson. *Meatonomics: How the Rigged Economics of Meat and Dairy Make You Consume Too Much—and How to Eat Better, Live Longer, and Spend Smarter*. Newburyport, MA: Conari Press, 2013.

Thieme, Marianne, et al. "Dierenactivist is democraat en geen terrorist." *NRC Handelsblad*, April 23, 2008.

Vialles, Noilie. *Animal to Edible*. Cambridge: Cambridge Univ. Press, 1994.

"Wilders wil aparte wet tegen 'dierenterroristen.'" *Trouw*, August 21, 2017.

Winders, Bill, and David Nibert. "Consuming the Surplus: Expanding
'Meat' Consumption and Animal Oppression." *International
Journal of Sociology and Social Policy* 24, no. 9 (2004): 76–96.
"World Meat Production 1960–Present." *Beef2live Report*, November
18, 2018.

가까운 미래 이야기 | "우리는 몰라서 먹었던 거란다"

이 장을 쓰기 위해 2018년 9월 4일에는 역사가이자 강연가인 빌럼 판 스헨덜
(Willem van Schendel)을, 2018년 7월 5일에는 식품미래연구소(the Food
Futures Lab)의 연구 책임자이자 미래 연구소(the Institute for the Future)
의 미래학자인 막스 엘더(Max Elder)를 만나 인터뷰를 진행했다.

Harari, Yuval Noah. *Homo Deus: Een kleine geschiedenis van de
toekomst*. Amsterdam: Thomas Rap, 2017.
Joosten, Peter. *Biohacking, de toekomst van de maakbare mens*. 2018.
Nowak, Peter. *Humans 3.0. The Upgrading of the Species*. London:
Penguin Ltd., 2015.
Pearson, Ian. *You Tomorrow: The Future of Humanity, Gender,
Everyday Life, Careers, Belongings, and Surroundings*. Scotts
Valley: Createspace Independent Publishing Platform, 2013.
"#Wereldzonderwerk: dit zijn de banen van de toekomst." *NOS*, March
18, 2017.

3장

이 장을 쓰기 위해 2018년 6월 25일에는 위키드 헬시의 공동 창립자이자 요
리사인 데릭 사르노를, 2018년 9월 24~25일에는 @fatgayvegan 계정의 주인
숀 오캘러한(Sean O'Callaghan)을 만나 인터뷰를 진행했다.

Andrews, Travis M. "Woman Trying to Prove 'Vegans Can Do Anything' Among Four Dead on Mount Everest." *The Washington Post*, May 23, 2016.

Barendregt, Bart, and Rivke Jaffe, ed. *Green Consumption: The Global Rise of Eco-Chic*. London: Bloomsbury, 2014.

Birchall, Guy. "Vegan Mountain Climber Dies on Mount Everest During Mission to Prove Vegans Are Capable of Extreme Physical Challenges." *The Sun*, May 23, 2016.

Brewer, Marilynn, and Wendi Gardner. "Who Is This 'We'? Levels of Collective Identity and Self Representations." *Journal of Personality and Social Psychology* 71, no. 1 (1996): 83-93.

Cherry, Elizabeth. "Veganism as a Cultural Movement: A Relational Approach." *Social Movement Studies* 5, no. 2 (2006): 155-170.

Dell'Amore, Christine. "Species Extinction Happening 1,000 Times Faster Because of Humans?" *National Geographic*, May 30, 2014.

Eggeraat, Amarens. "Waarom haten we veganisten zo?" *Vrij Nederland*, May 28, 2016.

Graham, Sylvester. *A lecture on epidemic diseases generally: and particularly the spasmodic cholera: delivered in the city of New York, March 1832, and repeated June, 1832[sic] and in Albany, July 4, 1832, and in New York, June 1833: with an appendix containing several testimonials, rules of the Graham boarding house*. New York: Mahlon Day, 1833.

Haegens, Koen. "Het Paradijs was Fruitarisch." *De Groene Amsterdammer*, 2007.

Hamad, Ruby. "Why Hitler Wasn't a Vegetarian and the Aryan Vegan Diet Isn't What It Seems." *SBS*, December 14, 2017.

Jasper, J. *The Art of Moral Protest: Culture, Biography, and Creativity in Social Movements*. Chicago: Univ. of Chicago Press, 1997.

Jones, Josh. "How Leo Tolstoy Became a Vegetarian and Jumpstarted the Vegetarian & Humanitarian Movements in the 19th Century." *Open Culture*, December 26, 2016.

Lowbridge, Caroline. "Veganism: How a Maligned Movement Went Mainstream." *BBC News*, December 30, 2017.

Macias, Elena, and Amanda Holodny. "The Eccentric Eating Habits of 9 Ruthless Dictators." *Independent*, November 16, 2016.

Melucci, Alberto. "An End to Social Movements? Introductory Paper to the sessions on New Movements and Change in Organizational Forms." *Social Science Information* 23, no. 4/5 (1984): 819 – 835.

Melucci, Alberto. "The Process of Collective Identity." In *Social Movements and Culture*, edited by H. Johnson and B. Klandermans, 41 – 63. Minneapolis: Univ. of Minnesota Press, 1995.

"Miley Cyrus Gets a Tattoo to Show She Is a Vegan for Life." *Live Kindly*, July 10, 2017.

Petter, Olivia. "The Surprising Reason Why Veganism Is Now Mainstream." *Independent*, April 10, 2018.

Poppy, Carrie. "Myth Check: Was Hitler a Vegetarian?" *Skeptical Inquirer*, November 2, 2016.

"Steeds meer mensen gaan voor veganistisch." *Kassa*, December 1, 2014.

Vegan Society. "About Us." 2006.

Viegas, Jen. "Humans Caused 322 Animal Extinctions in Past 500 Years." *Seeker*, April 24, 2014.

4장

이 장을 쓰기 위해 2018년 7월 23일에 www.eetverleden.nl을 운영하는 역사학자 마농 헨젠(Manon Henzen)을 만나 인터뷰를 하며 많은 것을 알게 됐다.

Alblas, Jasper. "Is melk gezond? De feiten en fabels over melk." *Dokterdokter*, December 16, 2016.

Bomkamp, Samantha. "Why Kale Is Everywhere: How Food Trends Are Born." *Chicago Tribune*, September 20, 2017.

Friedrich, Bruce. "Market Forces and Food Technology Will Save the World." TEDx, January 30, 2018.

"Grotere melkveebedrijven en meer melk." *CBS*, May 2, 2017.

Heijmerikx, Anton G. M. "Eten en drinken in de Middeleeuwen." *Heijmerikx*, July 2, 2009.

"Holsteinkoe rendabeler dan Jersey." *Groen Kennisnet*, April 10, 2017.

"Kan Jersey zich meten met Holstein?" *Boerenbond*, January 13, 2017.

Louwerens, Tessa. "Ontmoet de oud-Hollandse koeien." *Resource*, April 20, 2017.

"Meer melk met minder koeien." *The Daily Milk*, May 5, 2017.

"Melkproductie Nederland naar recordniveau." *Nieuwe Oogst*, May 2, 2017.

"Olympische Spelen in de Oudheid." *IsGeschiedenis*.

Reijnders, Lucas, Anne Beukema, and Rob Sijmons. *Voedsel in Nederland: gezondheid, bedrog en vergif*. Amsterdam: Van Gennep, 1975.

Schepens, Juul. "Becel speelt in op de veganistische trend met plantaardige melk." *Adformatie*, August 10, 2018.

Tetrick, Josh. "The Future of Food." TEDx, June 22, 2013.

5장

이 장을 쓰기 위해 2019년 9월 17일에는 사회학자이자 교수인 앤 델레시오-파슨(Anne DeLessio-Parson)을, 2018년 9월 26일에는 인스타그램 계정으로 더 잘 알려진 숀 오캘러한을 만나 인터뷰를 진행했다.

Adams, Carol. *Burger. Object Lessons Series*. New York: Bloomsbury Academic, 2016.

Airaksinen, Toni. "Eating Meat Perpetuates 'Hegemonic Masculinity,' Prof Says." *Campus Reform*, December 4, 2017.

Brighten, Karine. "5 Dating Tips from a Vegan Dating Expert." *VegNews*, February 2, 2017.

Brubach, Holly. "Real Men Eat Meat." *New York Times*, March 9, 2008.

"Dit is waarom mannen van vlees houden." *NU.NL*, November 20, 2016.

Fox, Maggie. "Why Real Men Eat Meat: It Makes Them Feel Manly." *NBC News*, November 21, 2012.

Gander, Kashmira. "Vegan Dating: The Struggle to Find Love When You've Ditched Steak and Cheese." *Independent*, February 22, 2017.

Kucan, Daniel. "You Eat Like a Girl: Why the Masculine Dilemma Towards Veganism Is No Dilemma at All." *Huffington Post*, August 19, 2013.

Leeuwen, Louise van. "Over Hoe de Veganist en de Niet-Veganist nog Lang en Gelukkig Leefden." *Eigenwijs Blij*, September 7, 2016.

Lockwood, Alex. "Why Aren't More Men Vegan? It's a Simple Question—with a Complicated Answer." *Plant Based News*, February 21, 2018.

"Looking for Love? Here's the Official Top 4 Vegan Dating Websites." *The Plantway*, https://www.theplantway.com/best-vegan-dating-websites/.

May, Zoe. "What Happened When I Tried to Meet Guys Using Vegan Dating Apps." *Metro*, May 9, 2018.

Mycek, Mari Kate. "Meatless Meals and Masculinity: How Veg* Men Explain Their Plant-Based Diets." *Food and Foodways* 26, no. 3 (2018): 223–245.

Rozin, Paul, Julia M. Hormes, Myles S. Faith, and Brian Wansink. "Is Meat Male? A Quantitative Multimethod Framework to Establish Metaphoric Relationships." *Journal of Consumer Research*, 2003.

Starostineskaya, Anna. "Veg Speed Dating Debuts in 20 Cities in February." *VegNews*, January 11, 2017.

Stibbe, Arran. "Health and the Social Construction of Masculinity in Men's Health Magazine." *Man and Masculinities*, July 1, 2004.

Vadas, Skye. "Inside the World of 'Vegansexualism'—the Vegans Who Only Date Other Vegans." *Vice*, October 10, 2016.

"Vegansexuality Explained." *Happy Cow*.

Walker, Jennyfer J. "I Tried to Find Love on Vegan Dating Apps." *Vice*, January 25, 2018.

Winsor, Ben. "'Vegansexual' Is a Thing and There's More Than One Reason Why." *SBS*, June 17, 2016.

6장

이 장을 쓰기 위해 영양사이자 영양학자인 사례 판네쿠크의 자문을 받았으며, 남가주대학교의 노화 신경생물학(the neurobiology of aging) 교수인 케일럽 핀치와의 질의 응답을 통해 유용한 조언을 얻었다.

Atchley, R. A., D. L. Strayer, and P. Atchley. "Creativity in the Wild: Improving Creative Reasoning Through Immersion in Natural Settings." *De Fockert* 7, no. 12 (2012). 다음도 참조하라. Bakker, Shannon. "NUcheckt: Vitamine B12-tekort komt waarschijnlijk minder voor dan beweerd." *NU.NL*, September 18, 2018. 다음도 참조하라. Bluejay, Michael. "Humans Are Naturally Plant-Eaters According to the Best Evidence: Our Bodies." *Michael Bluejay*, June 2002, updated December 2015.

Bratman, G. N., J. P. Hamilton, K. S. Hahn, et al. "Nature Experience

Reduces Rumination and Subgenual Prefrontal Cortex activation." *Proceedings of the National Academy of Sciences of the United States of America* 112, no. 28 (2015): 8567–8572.

"Duits onderzoek: veganistische producten vaak vet en ongezond." *Trouw*, April 4, 2014.

Katan, Martijn. *Wat is nu Gezond*. Amsterdam: Bert Bakker, 2017.

"Micronutrient Status and Intake in Omnivores, Vegetarians and Vegans in Switzerland." *European Journal of Nutrition* 56, no. 1 (2017): 283–293.

Schüpbach, R., R. Wegmüller, C. Berguerand, M. Bui, and I. Herter-Aeberli.

가까운 미래 이야기 | 도살장 박물관 견학

Grunberg, Arnon. "We slachten hier 650 varkens per uur." *NRC Handelsblad*, August 23, 2016.

7장

이 장을 쓰기 위해 네덜란드기업청(Netherlands Enterprise Agency)의 홍보 고문인 에드빈 판 볼페런(Edwin van Wolferen)과 인터뷰를 진행했고, 실험동물 보호와 관련해서는 2018년 10월 25일에 네덜란드위원회(the Netherlands National Committee for the protection of animals used for scientific purposes)와 동물실험중앙당국(the Central Authority for Scientific Procedures on Animals)과 접촉했다. 2018년 8월 16일에는 비인 간권리프로젝트의 로런 초플린(Lauren Choplin)과, 2018년 9월 11일에는 같은 단체 소속인 스티븐 와이즈와 인터뷰를 진행했다. 2019년 1월 15일에는 웨일 생크추어리의 캐럴 색슨(Carol Saxon)과 인터뷰를 진행했다. 네덜란드 동물 보호 단체 '디르 앤드 레흐트(Dier&Recht, '동물과 법률'이라는 뜻-옮긴이)'의 고문이자 연구자인 노르 에베르트선(Noor Evertsen)이 이 장의 주제와 관련해 많은 조언과 의견을 보탰다.

Bekoff, Marc. *The Emotional Lives of Animals: A Leading Scientist Explores Animal Joy, Sorrow, and Empathy and Why They Matter*. Novato, CA: New World Library, 2007.

Berns, Gregory. "Dogs Are People, Too." *New York Times*, October 5, 2013. 다음도 참조하라. Berns, Gregory. *What Is It Like to Be a Dog*. New York: Basic Books, 2017.

"Dolfinarium." *RAMBAM*, March 2, 2016. 다음도 참조하라. Riepema, Sanne. "'Circus' Dolfinarium onder vuur na uitzending Rambam." *AD*, May 9, 2016. 다음도 참조하라. Gold, Michael. "Is Happy the Elephant Lonely? Free Her, the Bronx Zoo Is Urged." *New York Times*, October 3, 2018.

"Human Persons." *Small Change*, August 3, 2017.

Janssen, C. "Leve het Dier." *De Volkskrant*, October 3, 2015.

Meijer, Eva. *Dierentalen*. Amsterdam: Coetzee, 2016.

Pasha-Robinson, Lucy. "Hundreds of Animal Species 'Being Consumed to Extinction'." *Independent*, October 19, 2016.

Plotnik, Joshua M., Frans B. M. deWaal, and Diana Reiss. "Self-Recognitioninan Asian Elephant." *PNAS* 103, no. 45 (2006).

WWF. *Living Planet Report*. WWF Global, 2014.

8장

이 장을 쓰기 위해 2018년 8월 22일에는 네덜란드환경평가원(Netherlands Environmental Assessment Agency)의 식품 농업 프로그램 운영자인 헨크 베스트후크(Henk Westhoek)와, 2018년 11월 15일에는 과학 선문 기자이자 저술가인 조지 몽비우(George Monbiot)와 인터뷰를 진행했다.

Boer, Imke de. "Mansholt Lecture: Circular Agriculture, a Good Idea?"

WURtalk 30, November 1, 2018.

"De Vloek van het Vlees: slecht voor klimaat, milieu, en mensheid." *NRC Handelsblad*, December 21, 2018.

Kamsma, M. "Wat als we stoppen met vlees eten?" *NRC Handelsblad*, October 25, 2018.

Poore, J., and T. Nemecek. "Reducing Food's Environmental Impacts Through Producers and Consumers." *Science* 360, no. 6392 (2018): 987 – 992.

Poore, J. "Back to the Wild: How Nature Is Reclaiming Farmland." *New Scientist* 235, no. 3138 (2017): 26 – 29.

Springmann, Marco, H. Charles, J. Godfraya, M. Raynera, and Peter Scarbor-ough. "Analysis and Valuation of the Health and Climate Change Cobenefits of Dietary Change." *PNAS*, 2016.

Stehfest, Elke, Lex Bouwman, Detlef P. Van Vuuren, Michel G. J. Den Elzen, Bas Eickhout, and Pavel Kabat. "Climate Benefits of Changing Diet." *Climatic Change* 95, no. 1 – 2 (2009): 83 – 102.

Westhoek, Henk, Jan Peter Lesschen, Adrian Leip, Trudy Rood, Susanne Wagner, Alessandra De Marco, Donal Murphy-Bokern, Christian Pallière, Clare M. Howard, Oenema, Oene, and Mark A. Sutton. *Nitrogen on the Table: The Influence of Food Choices on Nitrogen Emissions and the European Environment. European Nitrogen Assessment Special Report on Nitrogen and Food*. Edinburgh: Centre for Ecology & Hydrology, 2015.

Westhoek, Henk, Jan Peter Lesschen, Trudy Rood, Susanne Wagner, Alessandra De Marco, Donal Murphy-Bokern, Adrian Leip, Hans van Grinsven, Mark A. Sutton, and Oene Oenema. "Food Choices, Health and Environment: Effects of Cutting Europe's Meat and Dairy Intake." *Global Environmental Change* 26 (2014): 196 – 205.

Westhoek, Henk, Trudy Rood, Maurits van den Berg, Durk Nijdam, Melchert Reudink, Elke Stehfest, and Jan Janse. "The Protein

Puzzle." *PBL*, 2011.

Zanten, Hannah van, Mario Herrero, Ollie Van Hal, Elin Röös, Adrian
    Muller, Tara Garnett, Pierre J. Gerber, Christian Schader, and Imke
    J.M. de Boer. "Defininga Land Boundary for Sustainable Livestock
    Consumption. RESEARCH REVIEW." *Global Change Biology* 24
    (2018): 4185 – 4194.

나가며

이 장을 쓰기 위해 2018년 9월 25일에는 '푸드 임파워먼트 프로젝트
(Food Empowerment Project)'의 설립자이자 최고경영자인 로런 오넬
라스(Lauren Ornelas)와, 2018년 8월 10일에는 '녹색 단백질 위원(green
protein commissioner)'이자 정책 고문으로 활동하는 예룬 빌렘선(Jeroen
Willemsen)과 인터뷰를 진행했다.

Monbiot, George. *How Did We Get into This Mess? Politics, Equality,
    Nature*. London: Verso, 2016.
Weisman, Alan. *De wereld zonder ons*. Amsterdam: Atlas, 2007.

1 다음을 참조하라. Murray-Ragg, Nadia, "Australia Is the 3rd Fastest Growing Vegan Market in the World." *Live Kindly*, January 23, 2018. 다음도 참조하라. "Vegan Trend Takes Hold in Australia." *SBS*, April 1, 2018. 다음도 참조하라. Wan, Lester, "Fact Not Fad: Why the Vegan Market Is Going from Strength-to-Strength in Australia." *Food Navigator Asia*, April 25, 2018. 다음도 참조하라. "Top Meat Consuming Countries in the World." *World Atlas*, April 25, 2017.

2 이는 닐슨에서 식물성식품협회(Plant Based Foods Association)와 좋은음식연구소(Good Food Institute)의 의뢰로 진행한 조사에서 발췌한 것이다.

3 Fox, K. "Here's Why You Should Turn Your Business Vegan in 2018." *Forbes*, December 27, 2017. Packaged Facts도 참조하라.

4 다음을 참조하라. "Dairy Farmers of American Reports 1 Billion in Losses in 2018." *The Bullvine*, March 22, 2019.

5 Kirkey, Sharon, "Got Milk? Not so Much. Health Canada's New Food Guide Drops 'Milk and Alternatives' and Favours Plant-Based Protein." *Canada News Media*, January 22, 2018.

6 시장조사기관 바랏 북(Bharat Book)의 보고서를 근거로 한 것이다.

7 Eerenbeemt, Marc van den, "De opmars van de vleesvervangers zet door: Unilever koopt Vegetarische Slager." *De Volkskrant*, December 19, 2018.

8 전 세계 최장수 비건협회인 비건소사이어티(Vegan Society)가 내놓은

추정치다.

9 다음을 참조하라. Hedges, Chris, "What Every Person Should Know About War." *New York Times*, July 6, 2003. 다음도 참조하라. Barwick, Emily Moran, "How Many Animals Do We Kill Every Year?" *Bite Size Vegan*, May 27, 2015.

10 Harari, Yuval Noah, *Sapiens: A Brief History of Humankind*. New York, HarperCollins, 2015.

11 "Verrassing: in appelsap zit vaakvarkensvlees." *Joop*, October 2, 2016.

12 Hublin, Jean-Jacquesen Abdelouahed Ben-Ncer, Shara E. Bailey, Sarah E. Freidline, Simon Neubauer, Matthew M. Skinner, Inga Bergmann, Adeline Le Cabec, Stefano Benazzi, Katerina Harvati, and Philipp Gunz, "New Fossils from Jebel Irhoud, Morocco and the Pan-African Origin of *Homo Sapiens*." *Nature* 546 (2017): 289-292.

13 Reese, Jacy, "Survey of US Attitudes Towards Animal Farming and Animal-Free Food October 2017." *Sentience Institute*, November 20, 2017.

14 "Zuivelindustrie." *ABN AMRO Insights*, April 13, 2017.

15 "Tijdbalk Vrouwenkiesrecht." *Vereniging voor Gendergeschiedenis*.

16 Walters, Kerry S., and Lisa Portmess, eds., *Ethical Vegetarianism: From Pythagoras to Peter Singer*. Albany, NY: State New York Univ. Press (1999), 13-22.

17 Scholier, Peter, *Koock-boeck ofte familieren kevken-boeck*, 1663.

18 zuivelonline.nl을 참조하라.

19 zuivelonline.nl을 참조하라.

20 Meijer, Anke, "De groteboerenkoolhype." *NRC Handelsblad*, July 12, 2014.

21 Thole, Herwin, "Superfoods zijn pure marketing, daar prikt de Keuringsdienst genadeloos doorheen." *Business Insider*, April 30,

2015.

22 Brodwin, Erin, "Silicon Valley's Favorite Veggie Burger Is About to Hit a Wave of Controversy—But Scientists Say It's Bogus." *Business Insider*, April 20, 2018. 다음도 참조하라. Hincks, Joseph, "Meet the Founder of Impossible Foods, Whose Meat-Free Burgers Could Transform the Way We Eat." *Time*, April 23, 2018.

23 "David Chang on Veganism and the Environment." Big Think, April 23, 2012.

24 "Hoeveel dieren zijn er in 2017 geslacht in Nederland?" *VATD Blog*, June 26, 2018.

25 Vugts, Pascal, "Waarom mannen barbecueen." *Hoe mannen denken*, May 28, 2016.

26 "Vandaag: protest tegen de dieetindustrie in Engeland." *Wondervol*, January 16, 2012.

27 Markey, Charlotte, "5 Lies from the Diet Industry." *Psychology Today*, January 21, 2015.

28 Jonkers, Aliette, "Hoe gezond zijn vleesvervangers?" *De Volkskrant*, December 18, 2016.

29 Li, Fei, Shengli An, Lina Hou, Pengliang Chen, Chengyong Lei, and Wanlong Tan, "Red and Processed Meat Intake and Risk of Bladder Cancer: a Meta-Analysis." *International Journal of Clinical and Experimental Medicine* 7, no. 8 (2014): 2100–2110. 다음도 참조하라. Steck, Susan, Mia Gaudet, Sybil Eng, Julie Britton, Susan Teitelbaum, Alfred Neugut, Regina Santella, and Marilie Gammon, "Cooked Meat and Risk of Breast Cancer—Lifetime versus Recent Dietary Intake." *Epidemiology* 18, no. 3 (2007): 373–382. 다음도 참조하라. Rohrmann, Sabine, et al., "Meat Consumption and Mortality—Results from the European Prospective Investigation into Cancer and Nutrition." *BMC Medicine* 11, no. 63 (2013). 다음도 참조하라. Aune, Dagfinn, Doris S. M. Chan, Ana Rita Vieira, Deborah

A. Navarro Rosenblatt, Rui Vieira, Darren C. Greenwood, Ellen Kampman, and Teresa Norat, "Red and Processed Meat Intake and Risk of Colorectal Adenomas: a Systematic Review and Meta-Analysis of Epidemiological Studies." *Cancer Causes & Control* 24, no. 4 (2013): 611-627. 다음도 참조하라. Zwaan, Juglen, "6 wetenschappelijk onderbouwde voordelen van veganistisch eten." *A Healthy Life*, February 9, 2017.

30 Oyebode, Oyinlola, Vanessa Gordon-Dseagu, Alice Walker, and Jennifer S. Mindell, "Fruit and Vegetable Consumption and All-Cause, Cancer and CVD Mortality: Analysis of Health Survey for England Data." *Journal of Epidemiology and Community Health* 68, no. 9 (2014): 856-862. 다음도 참조하라. Herr, I., and M. W. Buchler, "Dietary Constituents of Broccoli and Other Cruciferous Vegetables: Implications for Prevention and Therapy of Cancer." *Cancer Treatment Reviews* 36, no. 5 (2010): 377-383. 다음도 참조하라. Royston, K. J., and T. O. Tollefsbol, "The Epigenetic Impact of Cruciferous Vegetables on Cancer Prevention." *Current Pharmacology Reports* 1, no. 1 (2014): 46-51.

31 Zhang, Caixia, Suzanne C. Ho, Fangyu Lin, Shouzhen Cheng, Jianhua Fu, and Yuming Chen, "Soy Product and Isoflavone Intake and Breast Cancer Risk Defined by Hormone Receptor Status." *Cancer Science* 101 (2001): 501-507. 다음도 참조하라. Wu, Anna H., Peggy Wan, Jean Hankin, Chiu-Chen Tseng, Mimi C. Yu, and Malcolm C. Pike, "Adolescent and Adult Soy Intake and Risk of Breast Cancer in Asian Americans." *Carcinogenesis* 23, no. 9 (2002): 1491-1496. 다음도 참조하라. "Eten en kanker: de broodnodige nuance." *Gezondheidsnet*, December 8, 2016. 다음도 참조하라. Katan, Martijn B., *Voedingsmythes: over valse hoop en nodelozevrees*. Amsterdam: Prometheus/Bert Bakker, 2016.

32 *Soja en borstkanker: wat ishet verband?* Wereld Kanker Onderzoek

Fonds.

33 Le, Lap Tai, and Joan Sabaté, "Beyond Meatless, the Health Effects of Vegan Diets: Findings from the Adventist Cohorts." *Nutrients* 6, no. 6 (2014): 2131–2147. 다음도 참조하라. Oyebode, Oyinlola, Vanessa Gordon-Dseagu, Alice Walker, and Jennifer S. Mindell, "Fruit and Vegetable Consumption and All-Cause, Cancer and CVD Mortality: Analysis of Health Survey for England Data." *Journal of Epidemiology and Community Health* 68, no. 9 (2014): 856–862. 다음도 참조하라. Casiglia, Edoardo, et al., "High Dietary Fiber Intake Prevents Stroke at a Population Level." *Clinical Nutrition* 32, no. 5 (2013): 811–818. 다음도 참조하라. Threapleton, Diane E., Darren C. Greenwood, Charlotte E. L. Evans, Cristine L. Cleghorn, Camilla Nykjaer, Charlotte Woodhead, Janet E. Cade, Chris P. Gale, and Victoria J. Burley, "Dietary Fiber Intake and Risk of First Stroke— A Systematic Review and Meta-Analysis." *Stroke* 44, no. 5 (2013): 1360–1368. 다음도 참조하라. Bazzano, Lydia A., Jiang He, Lorraine G. Ogden, et al., "Legume Consumption and Risk of Coronary Heart Disease in US Men and Women: NHANES I Epidemiologic Follow-up Study." *Archives of Internal Medicine* 161, no. 21 (2001): 2573–2578. 다음도 참조하라. Nagura, Junko, Hiroyasu Iso, Yoshiyuki Watanabe, Koutatsu Maruyama, et al. "Fruit, Vegetable and Bean Intake and Mortality from Cardiovascular Disease among Japanese Men and Women: the JACC Study." *British Journal of Nutrition* 102, no. 2 (2009): 285–292.

34 Dinu, Monica, Rosanna Abbate, Gian Franco Gensini, Alessandro Casini, and Francesco Sofi, "Vegetarian, Vegan Diets and Multiple Health Outcomes: A Systematic Review with Meta-Analysis of Observational Studies." *Critical Reviews in Food Science and Nutrition* 57, no. 17 (2017): 3640–3649. 다음도 참조하라. Mishra, S., J. Xu, U. Agarwal, J. Gonzales, S. Levin, and N. D. Barnard, "A

Multicenter Randomized Controlled Trial of a Plant-Based Nutrition Program to Reduce Body Weight and Cardiovascular Risk in the Corporate Setting: The GEICO Study." *European Journal of Clinical Nutrition* 67, no. 7 (2013): 718-724. 다음도 참조하라. Macknin, Michael, Tammie Kong, Adam Weier, Sarah Worley, Anne S. Tang, Naim Alkhouri, and Mladen Golubic, "Plant-Based No Added Fat or American Heart Association Diets, Impact on Cardiovascular Risk in Obese Hypercholesterolemic Children and Their Parents." *Journal of Pediatrics* 166, no. 4 (2015): 953-959. 다음도 참조하라. Wang, Fenglei, Jusheng Zheng, Bo Yang, Jiajing Jiang, Yuanqing Fu, and Duo Li, "Effects of Vegetarian Diets on Blood Lipids: A Systematic Review and Meta Analysis of Randomized Controlled Trials." *Journal of the American Heart Association* 4, no. 10 (2015).

35 Lu, Y., K. Hajifathalian, et al., "Metabolic Mediators of the Effects of Body-Mass Index, Overweight, and Obesity on Coronary Heart Disease and Stroke: A Pooled Analysis of 97 Prospective Cohorts with 1.8 Million Participants." *Lancet* 383, no. 9921 (2014): 970-983. 다음도 참조하라. Tonstad, Serena, Terry Butler, Ru Yan, and Gary E. Fraser, "Type of Vegetarian Diet, Body Weight, and Prevalence of Type 2 Diabetes." *Diabetes Care* 32, no. 5 (2009): 791-796. 다음도 참조하라. Gojda, J., J. Patkova, M. Jaek, J. Potokova, J. Trnka, P. Kraml, and M. Andl, "Higher Insulin Sensitivity in Vegans Is Not Associated with Higher Mitochondrial Density." *European Journal of Clinical Nutrition* 67 (2013): 1310-1315. 다음도 참조하라. Le, Lap Tai, and Joan Sabate, "Beyond Meatless, the Health Effects of Vegan Diets: Findings from the Adventist Cohorts." *Nutrients* 6, no. 6 (2014): 2131-2147. 다음도 참조하라. Craig, Winston J., "Health Effects of Vegan Diets." *The American Journal of Clinical Nutrition* 89, no. 5 (2009): 1627S-1633S. 다음도 참조하라. Barnard, Neal D., Joshua Cohen, David J. A. Jenkins, Gabrielle Turner-McGrievy,

Lise Gloede, Brent Jaster, Kim Seidl, Amber A. Green, and Stanley Talpers, "A Low-Fat Vegan Diet Improves Glycemic Control and Cardiovascular Risk Factors in a Randomized Clinical Trial in Individuals with Type 2 Diabetes." *Diabetes Care* 29, no. 8 (2006): 1777-1783. 다음도 참조하라. Morita, E., and S. Fukuda, J. Nagano, et al., "Psychological Effects of Forest Environments on Healthy Adults: Shinrin-Yoku(Forest-Air Bathing, Walking) as a Possible Method of Stress Reduction." *Public Health* 121 (2007): 54-63. 다음도 참조하라. Pearson, D. G., and T. Craig, "The Great Outdoors? Exploring the Mental Health Benefits of Natural Environments." *Frontiers in Psychology* 5 (2014): 1178. 다음도 참조하라. Mackay, J., and G. N. James, "The Effect of 'Green Exercise' on State Anxiety and the Role of Exercise Duration, Intensity, and Greenness: A Quasi-Experimental Study." *Psychology of Sport and Exercise* 11 (2010): 238-245. 다음도 참조하라. Coon, J. Thompson, K. Boddy, K. Stein, et al., "Does Participating in Physical Activity in Outdoor Natural Environments Have a Greater Effect on Physical and Mental Wellbeing than Physical Activity Indoors? A Systematic Review." *Environmental Science & Technology* 45, no. 5 (2011): 1761-1772.

36 "Meer vitamine B12 in lupine tempé door in-situ verrijking." Wageningen University and Research, January 1, 2016—December 31, 2018.

37 Zwaan, Juglen, "8 signalen en symptomen van een eiwittekort." *A Healthy Life*, June 14, 2018. 다음도 참조하라. Hamilton, Lee, "Welke eiwitten zijn het best voor spieropbouw—dierlijke of plantaardige?" *EOS Wetenschap*, April 5, 2017.

38 Mangano, Kelsey M., Shivani Sahni, Douglas P. Kiel, Katherine L. Tucker, Alyssa B. Dufour, and Marian T. Hannan, "Dietary Protein Is Associated with Musculoskeletal Health Independently of

Dietary Pattern: The Framingham Third Generation Study." *The American Journal of Clinical Nutrition* 105, no. 3 (2017): 714-722.

39 Melamed, Yoelen, Mordechai E. Kislev, Eli Geffen, Simcha LevYadun, and Naama Goren-Inbar, "The Plant Component of an Acheulian diet at Gesher Benot Ya'aqov, Israel." *PNAS* 113, no. 51 (2016): 14674-14679.

40 Berkel, Rob van, "Is melk een probleem door lactose-intolerantie?" *Over voeding en gezondheid*, November 19, 2014.

41 Finch, C. E., and C. B. Stanford, "Meat-Adaptive Genes and the Evolution of Slower Aging in Humans." *Quarterly Review of Biology* 79, no. 1 (2004): 3-50.

42 "Slachtdoordacht - ptimaal slachtgewicht." *Varkensloket*.

43 "Misstand #74: Afbranden/knippen van biggenstaartjes." *Varkens in Nood*.

44 "Boeren omzeilen verbod op afbranden varkensstaartjes." *Metro*, November 1, 2016.

45 "Veelgestelde Vragen." *Hobbyvarkenvereniging*, 2019.

46 Heck, Wilmer, "Nederland hakt of vergast 30 miljoen jonge haantjes per jaar." *NRC*, May 7, 2012.

47 "Zo doden Nederlandse slachters jaarlijks miljoenen varkens." *NOS*, March 28, 2017.

48 "Meer varkens en 1,5kilo zwaarder geslacht in 2017." *Varkens.nl*, January 4, 2018

49 Keuken, Teun Van De, "Het grote 'verwarringsgevaar': Sojamelk mag geen soja melk meer heten." *De Volkskrant*, July 3, 2017.

50 "Is a McCricket the Breakfast of Our Future?" *American Council on Science and Health*, August 13, 2018. 다음도 참조하라. "McDonald's komt met McVegan: 'Over 15 jaar zijn alle snacks vega'" *NOS*, December 19, 2017.

51 Carrington, Damian, "Humans Just 0.01% of All Life but Have

Destroyed 83% of Wild Mammals—Study." *The Guardian*, May 21, 2018.

52 Bregman, Rutger, "Hoe de mens de baas op aarde werd." *De Correspondent*, August 4, 2018.

53 Fur Europe 웹사이트를 참조하라.

54 Udell, Monique A. R., "When Dogs Look Back: Inhibition of Independent Problem Solving Behaviour in Domestic Dogs *(Canis lupus familiaris)* Compared with Wolves *(Canis lupus).*" *Biology Letters* 11 (2015).

55 Graaff, R. L. de, "Dieren zijn geenzaken." *Ars Aequi*, September 2017.

56 "USDA Publishes 2016 Animal Research Statistics." *Speaking of Research*, June 19, 2017.

57 "USDA Publishes 2016 Animal Research Statistics—7% Rise in Animal Use." *Speaking of Research*, June 19, 2017.

58 "Vleesproductie; aantal slachtingen en geslacht gewicht per diersoort." *CBS*, January 31, 2019.

59 다음을 참조하라. Scully, Matthew, *Dominion*, p. 236. VHL Genetics 웹사이트도 참조하라.

60 Brief van Robert Hooke aan Robert Boyle (November 10, 1664). In Hunter, M., A. Clericuzio, and L. M. Principe (ed.), *The Correspondence of Robert Boyle* (2001), vol. 2, 399.

61 "De Peiling: Honderdduizenden proefdieren sterven nutteloos." *NH Nieuws*, July 5, 2018.

62 Safi, Michael, "Ganges and Yamuna Rivers Granted Same Legal Rights as Human Beings." *The Guardian*, March 21, 2017.

63 "Four Reasons Why India Recognises Dolphins as 'Non-P. 190' In 2005 werdeen . . .' Schweig, Sarah V., "Smart Zoo Gives Perfect Explanation for Why It No Longer Has Elephants." *The Dodo*, April 6, 2016.

64 "Order against Caging of Birds Upsets Poultry Farmers in India." *The Poultry Site*, October 31, 2018. 다음도 참조하라. Saha, Purbita, "Do Birds Have an Inherent Right to Fly?" *Audubon*, April 2016. 다음도 참조하라. Mathur, Aneesha, and Satish Jha, "Do Birds Have a 'Fundamental Right to Fly'" *The Indian Express*, December 15, 2015.

65 Mountain, Michael, "Sea Life Trust Is Building the World's First Beluga Sanctuary." *The Whale Sanctuary Project*, August 30, 2018.

66 Khan, Shehab, "Pet Translator Devices Could Let Us Talk to Dogs within 10 Years, Amazon-Backed Report Says." *Independent*, July 22, 2017.

67 Hansen, James, "Disastrous Sea Level Rise Is an Issue for Today's Public—Not Next Millennium's." *Huffington Post*, December 6, 2017.

68 Speksnijder, Cor, "Onderzoekers: plasticsoep in Stille Oceaan komt vooral van visserij en scheepvaart." *De Volkskrant*, March 22, 2018.

69 "Deliciously Ella: The Podcast." PodBean. 다음도 참조하라. "Why a Vegan Diet Is the Single Biggest Positive Change You Can Make for the Planet, with Joseph Poore at Oxford University." *Deliciously Ella: The Podcast*, October 9, 2018.

70 Kilvert, Nick, "Would you go vegan to save the planet? Researchers say it might be our best option." *ABC News*, May 31, 2018.

71 Springmann, M. et al., "Options for Keeping the Food System within Environmental Limits." *Nature*, October 2018.

72 "Schwarzenegger moet zorgen dat Chinezen minder vlees eten." *NOS*, July 25, 2016.

73 Joosten, Peter, "Sterrenkunde, Supernova's & Ruimtevaart. Met Ans Hekkenberg." *Biohacking Impact*.

74 Koops, Enne, "Bijzondere vrouwen in de Eerste Wereldoorlog." *Historiek*, May 21, 2015.

어떻게 고양이를 끌어안고
통닭을 먹을 수 있을까

제1판 1쇄 인쇄 I 2024년 5월 13일
제1판 1쇄 발행 I 2024년 5월 20일

지은이 I 로아네 판 포르스트
옮긴이 I 박소현
펴낸이 I 김수언
펴낸곳 I 한국경제신문 한경BP
책임편집 I 윤효진
외주편집 I 김정희
저작권 I 박정현
홍 보 I 서은실·이여진·박도현
마케팅 I 김규형·정우연
디자인 I 장주원·권석중
본문디자인 I 디자인 현

주   소 I 서울특별시 중구 청파로 463
기획출판팀 I 02-3604-590, 584
영업마케팅팀 I 02-3604-595, 562   FAX I 02-3604-599
H I http://bp.hankyung.com   E I bp@hankyung.com
F I www.facebook.com/hankyungbp
등   록 I 제 2-315(1967. 5. 15)

ISBN 978-89-475-4953-0 03300